T0169794

PHILOSOPHIE DES SCIENCES HUMAINES
II. Méthodes et objets

Philosophie des sciences humaines. Concepts et problèmes, tome I, textes réunis sous la direction de F. Hulak et Ch. Girard, Paris, Vrin, 2011.

BIBLIOTHÈQUE D'HISTOIRE DE LA PHILOSOPHIE

Fondateur Henri GOUHIER   Directeur Emmanuel CATTIN

PHILOSOPHIE DES SCIENCES HUMAINES

II. MÉTHODES ET OBJETS

Textes réunis
sous la direction de

Florence HULAK et Charles GIRARD

PARIS

LIBRAIRIE PHILOSOPHIQUE J. VRIN

6 place de la Sorbonne, V e

2018

© *Librairie Philosophique J. VRIN*, 2018
ISSN 0249-7980
ISBN 978-2-7116-2787-5
www.vrin.fr

AVANT-PROPOS

La publication du second tome de *Philosophie des sciences humaines* complète, sept ans plus tard, celle du premier tome en l'enrichissant de neuf nouvelles études[1]. Chacune est menée au prisme d'un concept, choisi pour l'entrée qu'il offre dans un champ de réflexion plus vaste. Ce nouveau volume élargit la liste des notions étudiées, en explorant les objets (« la population », « le psychisme », « la pratique ») et les méthodes (« le quantitatif », « la comparaison ») de ces sciences, mais aussi en clarifiant les catégories qu'elles interrogent (« le genre », « les classes ») et leur rapport à la normativité (« la critique », « le public »). Sans entreprendre le quadrillage méthodique d'un domaine, à la façon d'un manuel ou d'un dictionnaire, ces études restent, comme les précédentes, des contributions singulières ; si elles peuvent parfois se croiser ou se répondre, elles ne visent aucune forme d'exhaustivité. Leur unité réside plutôt dans la démarche qui les inspire. Quoiqu'elles adoptent des styles philosophiques différents et expriment des orientations théoriques variées, elles partagent en effet certaines convictions, fondatrices pour la philosophie des sciences humaines et sociales.

1. Voir F. Hulak et C. Girard, « Introduction », dans F. Hulak et C. Girard (éd.), *Philosophie des sciences humaines. Concepts et problèmes*, t. 1, Paris, Vrin, 2011.

Les études réunies dans ces deux tomes se rejoignent d'abord dans leur conception du rapport entre ces sciences et la philosophie. Il ne s'agit pas ici d'éclairer les méthodes et les objets des premières de la lumière éternelle de la seconde, mais plutôt de montrer comment leur dialogue ne laisse aucune d'elles inchangées. Si l'élaboration théorique de ces sciences bénéficie du regard d'une philosophie dont elles sont les héritières, les concepts philosophiques se trouvent de leur côté radicalement altérés par leur mise à l'épreuve dans l'enquête empirique. Des notions telles que « les normes », « la nature », « l'événement », « la pratique » ou « la critique », qui appartiennent au vocabulaire philosophique classique, ne peuvent plus être pensées de la même façon une fois révisées et réappropriées par la sociologie ou l'histoire, la psychologie ou la géographie, l'anthropologie ou la psychanalyse, la démographie ou la science politique.

Elles ont ensuite en commun l'idée que les sciences humaines et sociales constituent un champ à la fois unique et pluriel, au sein duquel chaque discipline possède ses procédures et questionnements spécifiques, tout en s'élaborant en relation avec les autres. Certaines études se situent à l'intersection de plusieurs disciplines (c'est notamment le cas des articles focalisés sur des questions de méthodes, tels « l'expérimentation », « la causalité », « la comparaison », ou « le quantitatif »). D'autres privilégient l'analyse de l'une d'entre elles (ainsi la psychanalyse pour « l'inconscient », la psychologie pour « le psychisme », la sociologie pour « l'interaction » ou « la société », l'anthropologie pour « la nature », la démographie pour « la population »), car chacune propose, à propos des objets qui lui sont le plus propres, une élaboration théorique dont l'originalité se doit être examinée.

Aucune de ces sciences ne constitue pour autant un champ d'investigation étanche, inaccessible aux critiques que les autres disciplines sont susceptibles de lui adresser. L'unité de la réalité humaine et sociale, qu'il s'agit toujours de connaître, l'interdit.

La démarche commune présidant à ces deux tomes repose enfin sur la certitude que les problèmes politiques et épistémologiques rencontrés par ces sciences ne sauraient être entièrement séparés. La philosophie des sciences humaines et sociales n'est pour cette raison pas simplement une extension de la philosophie des sciences, qui ne peut se contenter de lui appliquer des questionnements forgés pour les sciences de la nature, ou de la philosophie politique, qui ne peut espérer y trouver la simple confirmation de ses présupposés factuels ou normatifs. Son originalité tient précisément à ce qu'elle explore nécessairement la frontière entre les questionnements politique et épistémologique. Ainsi, bien que les notions de « classes », de « genre », de « critique » ou de « public » aient d'emblée une portée politique, celle-ci reste tributaire des enjeux épistémologiques soulevés par leur emploi. Inversement, si la « population », la « statistique », l'« expérimentation », la « neutralité » ou la « comparaison » apparaissent d'abord comme épistémologiques, la dimension politique de leur construction ne saurait être éludée.

En s'adressant aux étudiants comme aux enseignants et chercheurs, cet ouvrage espère contribuer à une meilleure compréhension de l'apport propre de la philosophie des sciences humaines.

LA POPULATION

Si dans le langage courant le terme de « population » est souvent synonyme de « peuple », « masse », « foule » ou « société », le concept scientifique de population est employé, au sens large, pour indiquer « un ensemble d'individus répondant à une même définition »[1]. La démographie, en tant qu'étude statistique des populations humaines, donne cette définition en termes d'unité spatiale et temporelle : la population est « le nombre de personnes présentes à un moment donné sur un territoire donné »[2] (mais certaines définitions spécifient plutôt une profession donnée, un niveau d'éducation donné, etc.). L'*Encyclopaedia of Population* rapporte toutefois deux définitions distinctes tirées de l'*Oxford English Dictionary* : une population est d'une part « le nombre total des personnes habitant un pays, une ville, ou un lieu quelconque » et, en même temps, « *the body of inhabitants of a place* » (littéralement : le corps des habitants d'un lieu, c'est-à-dire la totalité qu'ils forment)[3]. Ces deux définitions, apparemment similaires, sont en réalité radicalement différentes et contradictoires.

1. J. Vallin, *La démographie*, Paris, La Découverte, 2002, p. 7.
2. A. Sauvy, *Théorie générale de la population*, Paris, P.U.F., 1952-1954, p. 50.
3. G. McNicoll, « Population », dans P. G. Demeny, G. McNicoll (éd.), *Encyclopaedia of Population*, New York, MacMillan Reference, 2003, vol. II, p. 730-732.

Dans le premier cas, la population est un nombre, une mesure obtenue par un ensemble de techniques de comptage ou de projections, c'est-à-dire des estimations chiffrées de son évolution. Ces mesures sont des conventions permettant la coordination d'un ensemble d'acteurs : dans une approche de statistique inférentielle, par exemple, la population est une entité abstraite construite par la combinaison des taux de natalité, de mortalité, la répartition par âge, etc. sans qu'il soit nécessaire de savoir si elle existe en tant qu'entité réelle, comme groupe ou agrégat ayant une identité temporelle. Dans le second cas, la population est substantialisée et identifiée à l'ensemble dénombrable des habitants d'un territoire qui évolue dans le temps : elle existe sous la forme d'un groupe stable qui persiste dans le temps même quand il y a renouvellement intégral de ses membres.

La philosophie parle dans ce cas de « groupe nominal » pour indiquer une entité rassemblant des individus sur la base d'une caractéristique commune, qui perdure même lorsque les constituants individuels changent. Ainsi, dans une approche de statistique descriptive, la population est décrite comme un agrégat d'individus liés par la reproduction, dont l'évolution est représentée par des variables montrant une certaine stabilité et une identité évolutive. La population, en somme, ne saurait être qu'un *nombre*, une quantité, elle est aussi et toujours un *groupe*, un ensemble circonscrit de gens, d'animaux ou des choses, défini à partir d'une qualité commune à ces entités, dont le nombre est calculé sur la base de cette appartenance. Cette dichotomie est constamment présente dans les débats sur la « nature » de l'objet population. Il est en effet rare qu'une notion soit intuitive et ancrée dans le langage commun, et en même temps transversale pour un spectre de sciences allant du « naturel » au « social » : la biologie, l'écologie, la statistique, l'analyse des probabilités et la physique, étudient des « populations » au même titre que la sociologie, l'économie ou encore l'histoire. La difficulté consiste à tenir ensemble des *concepts* de population provenant d'horizons aussi éloignés, sans ignorer les transferts de significations et d'outils intellectuels entre sciences sociales et sciences naturelles.

Dans un premier temps, nous explorerons la variété d'approches épistémologiques de la notion de population pour aborder ensuite les approches « politiques », relatives à la façon dont la notion a été mobilisée dans les pratiques de gouvernement des populations humaines. Dans un second temps, nous parcourrons l'histoire du concept de « population » à travers une brève généalogie afin de mettre en évidence sa construction politique et sociale. La prise en compte de la « construction sociale » de la population permet de voir que si le concept n'est pas universel, il n'est pas pour autant le simple produit d'une construction institutionnelle ou scientifique.

Entre sciences naturelles et sociales : la question épistémologique

Dans cette section nous introduisons différentes approches épistémologiques du concept de population, à partir de la définition la plus large possible pour restreindre progressivement notre objet aux êtres vivants puis aux populations humaines.

En statistique, le concept de population acquiert son extension maximale, car elle représente toute agrégation finie ou infinie d'individus commensurables, animés ou non, pouvant faire l'objet d'un calcul. La population ne désigne plus ici une réalité nécessairement mesurable, puisqu'elle peut être infinie ; surtout elle ne représente pas une réalité biologique inscrite dans un espace et un temps, puisqu'elle consiste en un agrégat d'individus – choses, êtres vivants, ou réalités abstraites –, dont l'identité est purement extensionnelle. Trop générale, cette définition ne justifie pas l'existence d'une branche spécifique du savoir[1], elle renvoie plutôt à « loi des grands nombres » prouvant que l'étude des grands ensembles finis ou infinis manifeste des régularités inobservables chez des individus pris singulièrement ou dans de petits échantillons[2].

Les sciences du vivant opèrent une première restriction du concept. En écologie, la population désigne l'ensemble des individus d'une seule espèce dans une aire donnée : on parle alors de « populations » tant à propos des ours blancs du Groenland que d'une culture bactérienne ou encore des plantes d'un territoire identifié. Les définitions « écologiques » mettent l'accent sur le rapport de la population à son milieu de développement à travers le concept d'*écosystème*, en tant que système où « les éléments sont des espèces biologiques que leurs relations de dépendance (nourriture, protection des jeunes contre les adultes prédateurs) mettent en situation de prospérer, de compenser par la reproduction les effets de mortalité, et de donner naissance éventuellement, à partir de variations héréditaires, à des nouvelles variétés plus résistantes aux changements possibles des conditions de vie »[3].

Étroitement lié à cette définition écologique, le concept de « population locale » désigne, en biologie, la communauté

---

1. H. Le Bras, « Peuples et populations », dans H. Le Bras, (éd.), *L'invention des populations. Biologie, idéologie et politique*, Paris, Odile Jacob, 2000, p. 9.

2. I. Hacking, *The Taming of Chance*, Cambridge, Cambridge University Press, 1990, p. 160-169. Sur les conceptions statistiques de la population voire Isabelle Drouet, « Le quantitatif », cet ouvrage, t. 2.

3. G. Canguilhem, « La question de l'écologie. La technique ou la vie », *Dialogue*, Cahier, 22, mars 1974, p. 37-44.

des individus à panmixie potentielle (capable d'accouple-
ment) dans un lieu donné : l'espèce peut ainsi être considérée
comme un groupe de populations interfécondes sexuellement
isolées. De même, en génétique, la population mendélienne
désigne une collection d'organismes par opposition à une
collection de gènes. Au sein d'une même population, les
individus partagent un seul et même « *pool* de gènes »,
ces gènes s'organisent en combinaisons multiples qui
permettent à la population de se transformer dans le temps
grâce à l'adaptation individuelle [1]. La notion même
d'évolution chez Darwin et chez Wallace est pensable
seulement par des variations dans la population et *entre*
populations (et donc dans une « métapopulation »)[2] : la
contrainte que des limites spatiales ou de ressources
imposent à la puissance de reproduction donne l'impulsion
à la transformation des formes vivantes [3].

Les sciences du vivant – biologie, écologie, génétique
– insistent en somme sur deux aspects : l'adaptation de la
population aux ressources d'un écosystème et la communauté
reproductive permettant la persistance d'une même
population au fil du temps. Le concept de « population
minimale viable » désigne ainsi la taille minimale que doit
avoir une population pour assurer sa perpétuation, alors
que, à l'inverse, la « population maximale » désigne le
nombre le plus élevé d'êtres vivants d'une certaine espèce
qui pourraient vivre sur un territoire, compte tenu des
ressources disponibles.

1. E. Mayr, *Populations, espèces et évolution*, trad. fr. Y. Guy, Paris, Hermann, 1974, p. 96.
2. J. Gayon, *Darwin et l'après-Darwin. Une histoire de l'hypothèse de sélection naturelle*, Paris, Kimé, 1992, p. 21-65.
3. F. Jacob, *La logique du vivant. Une histoire de l'hérédité*, Paris, Gallimard, 1970, p. 177-195.

La démographie s'inspire de ces définitions pour étudier l'évolution de l'espèce humaine du point de vue de l'intensité et du rythme de ses processus de reproduction, au cours de son adaptation à un milieu. Dans les modèles démo-économiques, le rapport à l'écosystème est visible par le biais de la relation de la population aux ressources : ainsi la population peut apparaître à la fois comme variable endogène (influencée par les processus économiques de production) ou exogène (capable d'influer sur le processus économique à travers la production des ressources)[1]. La *régulation courante* équivaut au maintien d'un équilibre sans fluctuation particulière entre la population et son écosystème, alors qu'on parle de *régulation de crise* lorsqu'il y a récupération après une crise de mortalité. Pour le démographe, en effet, la croissance, la décroissance ou la stabilisation d'une population dépendent en dernier ressort d'une combinaison de mortalité, fécondité et migration, ces trois variables définissant une certaine structure de l'évolution populationnelle qui représente en même temps un système de contraintes et de possibilités pour les agents individuels et collectifs[2]. En ce sens la démographie, beaucoup plus que la simple « écriture (mesure) du peuple », comme l'indique l'analyse étymologique, doit être considérée comme une science du processus, étudiant la structure, la dynamique, les mouvements d'un ensemble humain qui perdure dans son identité[3].

---

1. *Cf.* C. M. Cipolla, *Histoire économique de la population mondiale*, trad. fr. S. Bricianer, Paris, Gallimard, 1964.

2. D. Courgeau, R. Franck, « La démographie, science constituée ou en voie de constitution ? Esquisse d'un programme », *Population*, 2007/1, vol. 62, p. 39-45.

3. A. Guillard, *Éléments de statistique humaine, ou démographie comparée*, Paris, Guillaumin, 1855, p. 271.

En revanche, l'analyse des mouvements d'une population humaine doit prendre en compte des stratégies reproductrices et migratoires qui renvoient à des décisions individuelles ou collectives, incluant des variables juridiques, ethniques et religieuses, ou encore des modes de socialisation et des institutions qui influencent les dynamiques de natalité, de mortalité et les conditions de vie. Une autre tension émerge alors entre l'auto-régulation « biologique » de la population par rapport au milieu et les processus de reproduction sociale.

Tout en s'inspirant de la biologie, de la génétique et des mathématiques pour étudier la natalité et la mortalité des populations humaines, la démographie sociale ne peut renoncer à s'intéresser aux causes humaines des phénomènes étudiés, en entretenant des liens avec la sociologie, l'histoire, l'économie et la géographie humaine. Ainsi, dans sa *Théorie générale de la population*, Sauvy affirme que si « la lutte d'une population primitive contre le milieu ne diffère pas sensiblement de celle d'une espèce animale », l'étude d'une société humaine plus évoluée implique le concept d'*optimum de population*, défini comme le niveau de peuplement d'un territoire où le bien-être individuel est maximal et serait diminué par l'adjonction ou la soustraction d'une seule entité individuelle[1]. Même si la notion de « bien-être individuel » reste floue (faut-il la définir sur la base du revenu, du produit intérieur brut par tête, de l'indice relatif de bonheur, etc. ?), le concept d'*optimum* permet d'inclure la variable sociale sans recourir aux concepts de population minimale viable et de population maximale. En effet, c'est parce que l'*optimum* dépend de l'évolution des modes d'organisation, des connaissances et des

---

1. A. Sauvy, *Théorie générale de la population*, *op. cit.*, vol. 1, p. 355.

technologies, que sa mesure purement quantitative (nombre des personnes ou espérance de vie individuelle) implique et dévoile une *qualité socialement estimée de la vie*. Georges Canguilhem peut ainsi affirmer que des mesures abstraites comme la mortalité ou la durée de la vie moyenne sont fonction des choix de valeur faits par la société en matière de préservation de la vie et « traduisent l'importance que donne ou non une société à la prolongation de la vie » par la mise en place des *standards* d'hygiène collective, d'alimentation, de santé, etc.[1] Ainsi, les indicateurs démographiques décrivant la composition d'une population (dimensions, taux de croissance, répartition selon le sexe, l'âge, le niveau de revenu et d'éducation, etc.) sont à la fois des variables explicatives du comportement individuel et collectif et des fenêtres sur l'évolution de nos sociétés. Symétriquement, en tant qu'objet « construit et façonné en permanence par l'organisation sociale », la « population » peut être reconduite à un aspect de la création des sociétés par elles-mêmes[2].

LA QUESTION POLITIQUE

Le rôle joué par les facteurs sociaux dans la régulation démographique appelle ainsi une réflexion sur l'organisation politique de la société et ses influences sur les dynamiques démographiques. Dans cette section, nous aborderons les approches des sciences sociales dans lesquelles la définition

1. G. Canguilhem, *Le normal et le pathologique*, Paris, P.U.F., (1966) 2013, p. 103.
2. P.-A. Rosental, « Pour une histoire politique des populations », *Annales. Histoire Sciences Sociales*, 61e année, n° 1 jan.-fév. 2006, p. 24-29.

de la « population » apparaît plus immédiatement liée à des enjeux « politiques ».

Le droit distingue la « population légale », constituée par l'ensemble des résidents habituels d'un État et la « population totale » qui comprend les diplomates ou les militaires appartenant à d'autres pays, les étrangers, etc. L'économie opère une distinction similaire entre population « résidente » et « présente ». Dans les deux cas, des constructions culturelles et politiques, comme les frontières physiques et symboliques ou la notion de « territoire national », remplacent les concepts d'écosystème et de « milieu » pertinents en sciences naturelles. Le critère moderne de l'appartenance territoriale nationale pour définir une population est en effet justifié par les leviers d'action dont dispose la puissance publique pour influencer les dynamiques démographiques : l'État moderne réglemente l'immigration et agit sur la mobilité interne, il statue sur les unions et le droit à la reproduction, il distribue des ressources et construit des programmes de santé. L'emprise des États et, dans une moindre mesure, de certaines agences intergouvernementales sur les stratégies de reproduction biologique et sociale peut donner lieu à des politiques « populationnistes » (lors de la mise en place de mesures incitatives à la reproduction) ou « malthusiennes » (lorsqu'il s'agit, en revanche, d'actions restrictives visant à promouvoir le contrôle des naissances, le planning familial, etc.).

De ce point de vue, la traduction, opérée par la démographie, des phénomènes bio-sociaux en un ensemble de mesures permet d'obtenir des indicateurs susceptibles d'orienter l'action politique. Jacques Dupâquier a pu ainsi affirmer que toute démographie est aussi une « démonomie », une science normative de l'action qui, tout en se présentant comme une science constative et neutre, ne cesse de transformer ses projections en prescriptions [1]. De même, Alfred Sauvy, en constatant le vieillissement futur de la population française, affirmait qu'il s'efforçait de déjouer ses propres projections en indiquant des possibles leviers d'action pour des politiques d'encouragement à la natalité. L'étude scientifique des mouvements de population se situe ainsi toujours entre le scientifique et le politique, la connaissance et l'action, *ce qui est* et *ce qui doit être*.

Ce constat pourtant, loin de disqualifier l'objectivation démographique, ne fait que rapprocher la démographie des autres sciences sociales. C'est pourquoi il est particulièrement important de ne pas confondre la question politique avec la question ontologique, comme le font maintes approches « constructionnistes » décrivant les populations comme des simples « constructions » d'une statistique toute-puissante [2]. Si les approches « constructionnistes » ont permis de rediscuter l'objectivisme souvent naïf de certaines approches statistiques [3], la complexité biologico-sociale-politique de l'objet population ne peut être intégralement reconduite à une « invention » catégorielle qui pourrait contenir et informer par le haut tous les comportements. La première raison en est que, si la production des chiffres n'est jamais neutre, elle n'est pas non plus le résultat d'une *unique* instance de contrôle ou d'influence. Au contraire, la production de chiffres dépend d'une division sociale du travail de quantification, par

1. J. Dupâquier, *Introduction à la démographie historique*, Paris-Tournai-Montréal, Gamma, 1974, p. 62.

2. L. Schwerber, « L'histoire de la statistique, laboratoire pour la théorie sociale », *Revue française de sociologie*, 37, 1, 1996, p. 107-128.

3. S. Greenhalgh, « The Social Construction of Population Science : An Intellectual, Institutional, and Political History of Twentieth-Century Demography », *Comparative Studies in Society and History*, vol. 38, 1, 1996, p. 26-66.

conséquent le sens du chiffre dépend d'un cadre interprétatif où agissent une multitude d'acteurs : experts, sociétés savantes, associations militantes, etc. La deuxième raison en est que les politiques publiques ne peuvent orienter que partiellement des pratiques individuelles s'enracinant dans des modes de vie collectifs qui sont également guidés par des choix de valeurs et de croyances. C'est pourquoi il faudrait parler d'une construction simultanément conceptuelle et matérielle de l'objet population par le haut et par le bas. Il faudrait par la même occasion élargir le concept lui-même d'« action politique » influençant les dynamiques de population, en y incluant la limitation volontaire des naissances, les batailles pour le droit à la contraception et l'avortement, et plus récemment pour le droit à la procréation et l'euthanasie[1]. Symétriquement, l'action des États en matière de politiques démographiques est systématiquement débordée « par le haut », notamment au cours du xxe siècle, par l'action d'organismes internationaux (le BIT, l'ONU), d'ONG nationales ou internationales et agences spécialisées en *family planning*, sociétés savantes et groupes pharmaceutiques, sans oublier les Églises.

Une autre raison de ne pas réduire les politiques de population au cadre territorial défini par l'État est la coexistence de plusieurs *patterns* reproductifs au sein d'un même ensemble populationnel. Par exemple, les castes indiennes fonctionnent comme des sous-populations fermées, dans la mesure où leurs membres peuvent se reproduire seulement entre eux (l'analogie, bien qu'elle demande à être nuancée, est possible avec les « classes » européennes). Ainsi, pour penser la coexistence et le développement des différentes sous-populations sur un

---

1. F. Ronsin, *La grève des ventres. Propagande néo-malthusienne et baisse de la natalité en France xix-xxe siècle*, Paris, Aubier, 1980.

même territoire, Alfred Sauvy introduit la notion de
« conscience de groupe », seule capable de témoigner de
la persistance d'une population dans son identité[1]. Non
seulement cette définition pose la question de la distinction
entre une population et des entités collectives comme la
"nation" ou la "classe", mais encore sa définition comme
« groupe nominal » ne semble plus suffire, dès lors que
l'existence d'une population implique une expérience
linguistique, culturelle et historique commune aux individus
qui en font partie. Il y a là plus qu'une simple ambiguïté
conceptuelle, car cette définition « communautaire » renvoie
à une conception prémoderne de la population comme
réseau de groupes, factions, familles liés par des alliances
non-éphémères. Cette conception de la population comme
« corps politique » plutôt que comme « ensemble d'habitants » ne s'efface pas complètement dans une modernité
où s'affirme en même temps la double exigence de
connaissance de la reproduction sociale du point de vue
des régularités émergentes dans les grands ensembles
humains et d'influence sur les processus reproductifs
d'une collectivité sociale.

La population prémoderne,
une affaire de réseaux

Notre enquête préliminaire sur les usages contemporains
du terme dans les sciences naturelles et sociales a permis
de définir la population moderne comme un ensemble
d'individus comparables et comptabilisables, qui perdure
à travers des processus de reproduction biologique et
sociale, qui manifeste des régularités sur lesquelles et par

---

1. A. Sauvy, *Traité général de la population*, *op. cit.*, vol. I, p. 80.

le moyen desquelles il est possible d'agir. Ces régularités dans la population humaine relèvent tant de procès *naturels* de reproduction, mortalité, vieillissement, que de choix *politiques ou sociaux*. Nous verrons maintenant comment cette dichotomie s'est construite à travers l'histoire des différentes tentatives d'objectivation des multiplicités humaines et de réflexion sur l'action que les sociétés exercent sur elles-mêmes.

Historiquement, le souci du nombre des hommes est lié à la question du bon gouvernement : les réflexions de Platon et Aristote sur le nombre idéal d'habitants de la *polis*, le populationnisme biblique et romain, le *Domesday Book*, recensant la population anglaise en 1085, témoignent de l'intérêt très ancien pour les questions démographiques. Pourtant le risque est de projeter de manière anachronique l'idée moderne de population sur les doctrines anciennes, en oubliant que les conditions de possibilité du concept moderne de population ne sont pas réunies pendant l'Antiquité et le Moyen Âge. Il manque notamment l'idée d'une égalité généralisée entre les êtres humains, permettant de les comptabiliser dans une même catégorie, ainsi que le cadre de la souveraineté étatique permettant de circonscrire une population sur un territoire. Surtout, fait défaut l'idée d'une connaissance et d'une action concertée sur la reproduction, la fertilité et la mortalité n'étant pas pensées comme les déterminants essentiels de la taille, de la structure et de la croissance d'une population. Selon Philip Kreager, c'est précisément parce que la théorie politique, d'Aristote jusqu'à Rousseau, conçoit moins la population comme un agrégat dénombrable d'humains que comme un assemblage précaire de différentes sous-populations, que le gouvernant s'intéresse moins au nombre des sujets, à la taille de la population, qu'à l'équilibre qu'il doit maintenir entre les différentes factions en compétition[1]. Les sujets d'un souverain sont repartis en sous-groupes incommensurables – familles, clans, ordres – chacun ayant ses propres moyens d'évolution et de régulation : il est impossible de comparer et de compter *ensemble* les citoyens avec les métèques, les nobles avec les artisans, les hommes avec les femmes. Ainsi les populations prémodernes n'étaient pas pensées comme des communautés nationales fermées mais comme des réseaux limités et ouverts articulant des communautés « naturelles ».

Cette conception reste prégnante dans les théories politiques de la Renaissance pour au moins trois raisons. Premièrement, le grand nombre n'est jamais envisagé comme une valeur absolue, mais toujours mis en relation avec le maintien de l'ordre dans les communautés politiques. Ainsi, pour Machiavel, la question du « juste nombre » des habitants renvoie à l'équilibre entre les différentes parties du corps social comme à la nature du régime politique.[2] Sparte et Venise ont pu perdurer pendant une longue période grâce au maintien d'un *ordre intérieur* dont la possibilité repose sur la limitation du nombre des nouveaux citoyens, natifs ou étrangers, alors que l'augmentation exponentielle de la plèbe de Rome permet de fonder la puissance militaire expansive de la République, mais est aussi une cause possible de sédition en son sein[3]. De la même façon, le fameux adage de Bodin, selon lequel

1. P. Kreager, « Population and the making of human sciences. A historical outline », dans P. Kreager, *Population in the Human Sciences. Concepts, Models*, Oxford, Oxford University Press, 2015, p. 55-85.

2. N. Machiavel, *Discours sur la première décade de Tite Live*, dans *Œuvres*, éd. par J. Giono, Paris, Gallimard, 1952, p. 522.

3. *Ibid.*, I, 6, p. 83-87.

« il n'y a de richesse, ni force que d'hommes »[1] signifie qu'un nombre élevé de sujets assure une plus grande complexité de la population, en empêchant la bipolarisation des conflits et permettant enfin d'obtenir la juste « balance » entre les factions à l'intérieur de l'État. L'éloge de la population chez Bacon, l'un des premiers à utiliser le mot, montre également le souci du rapport entre la richesse des différentes « parties » du corps social et notamment entre les membres productifs (le peuple) et non-productifs (les grands)[2].

Deuxièmement, si agir politiquement signifie maintenir un équilibre entre des parties incommensurables, c'est moins du *nombre* des individus constituant le peuple dont se soucie le souverain que de la connaissance de chaque partie du corps politique. C'est pourquoi, jusqu'à la Renaissance tardive, le recensement semble davantage concerner l'activité du censeur romain que celle du démographe avant la lettre : l'« examen physique et moral » des citoyens, prenant en compte leur « vertu », prime sur la connaissance du nombre des citoyens, sujets aux obligations militaires, fiscales et politiques[3]. Encore chez Bodin, la population au sens moderne n'apparaît pas au niveau de la pertinence et de la finalité de l'action politique, car la censure désigne précisément la connaissance des « mœurs et de la vie de chacun » afin de « reigler et morigerer les sujets »[4].

1. J. Bodin, *Les six livres de la République*, Paris, Fayard, (1576) 1986, livre V, chap. II.

2. F. Bacon, « Des troubles et des séditions », dans *Essais*, éd. bilingue, Paris, Aubier, 1979, p. 60.

3. C. Nicolet, *Le métier de citoyen dans la Rome républicaine*, Paris, Gallimard, 1988, p. 71-121.

4. J. Bodin, *Les six livres de la République*, *op. cit.*, livre VI, chap. I, p. 8, 10.

Troisièmement, une véritable politique démographique visant la reproduction était impensable car la procréation dépendait, en dernière instance, de la répétition quotidienne de l'acte divin de la création. L'enfantement appartenait à l'ordre des forces cosmiques inaccessibles à l'entendement humain : l'ensemble des citoyens était pensé comme un corps vivant qui se régénérait continuellement selon un ordre naturel. L'impossibilité d'agir directement dans la sphère de la procréation se traduisait toutefois par une série de mesures pour augmenter le nombre des familles et assurer le bon ordre au sein de celles-ci : réduction de la pauvreté, éducation, promotion des valeurs familiales chrétiennes, et surtout migrations et immigration [1].

Chez le théoricien de l'État Giovanni Botero, le nombre des citoyens apparait, pour la première fois, comme une donnée entièrement *positive*, « substance vivante, active, laborieuse », elle assure la puissance de l'État d'un point de vue militaire, mais surtout économique. La nouveauté de son discours consiste à établir, dans un premier temps, la connexion entre la force de l'État et la population dans le domaine de la production et de l'activité humaine, et, dans un second temps, de concevoir cette relation comme un *fait moderne* qui provient aussi bien de la recherche de stabilité que de la nécessité de conservation de l'État en tant que donnée primordiale du politique. Ce dernier doit désormais administrer le jeu des intérêts privés et de l'utilité publique, l'intérêt étant en effet un principe d'ordre et de cohésion sociale [2]. Les doctrines mercantilistes,

---

1. P. Kreager, « Early Modern Population Theory : a Reassessment », *Population and Development Review*, 17, 2 (juin 1991), p. 207-227.

2. G. Botero, *De la Raison d'État*, trad. fr. R. Descendre, Paris, Gallimard, 2014.

tout au long du XVIIe et du XVIIIe siècle, vont développer progressivement le thème de la population comme force étatique dans le cadre d'une gestion continue des affaires publiques. La répression de l'oisiveté devient à peu à peu un chapitre central de la stratégie politique, car mettre la population au travail signifie augmenter la richesse publique, distribuer aux gens des moyens qui permettront de fonder de nouvelles familles et par conséquent une nouvelle force de travail [1].

Dès lors, l'action politique implique la constitution d'un savoir empirique, interne à l'exercice du pouvoir, sur les conditions d'existence de chaque État en fonction de son histoire, de sa situation géographique et de ses ressources physiques et humaines. L'arithmétique politique anglaise du XVIIe siècle de John Graunt et William Petty représente en ce sens un avancement essentiel : d'une part on découvre des composantes fixes et régulières au sein de phénomènes de population, et de l'autre on construit à peu à peu une connaissance quantitative des villes par l'usage de « tables de mortalité » et de multiplicateurs. La construction progressive d'une connaissance quantitative de l'ensemble de la population dans le cadre d'une « statistique » (littéralement doctrine de la connaissance des forces de l'État) permet de concevoir les populations nationales comme des entités fixées à un certain territoire, et non plus comme des réseaux ouverts entre groupes. Mais le but reste toujours celui de répartir l'ensemble des habitants d'une ville en différentes rubriques représentant des unités incommensurables que l'on doit connaître afin de bien gouverner des groupes incomparables.

---

1. P. Napoli, *Naissance de la police moderne*, Paris, La Découverte, 2005, p. 40-41.

DE LA *POPULATIO* À LA POPULATION

Si la réflexion sur les moyens d'agrandir la population reste solidement installée dans le cadre économique et statistique, l'apparition du mot « population », au cours du XVIIIe siècle, témoigne d'un changement de paradigme. Le latin *populatio* signifiait jusqu'alors corruption, ruine, destruction et *depopulatio* recouvrait la même signification mais sur un mode accentué. En 1721, les *Lettres persanes* de Montesquieu lancent un vaste débat international sur la « dépopulation de l'univers », constat que le Bordelais fonde sur l'observation de campagnes inhabitées et de villes dépeuplées. Cette observation, fausse par ailleurs, est relayée par un discours *critique* du « mercantilisme » comme de la monarchie absolue. Le débat sur la dépopulation ouvert par Montesquieu renvoie en effet à la question politique du bonheur de la « société » : de quoi le déclin démographique est-il le signe, sinon d'un défaut du gouvernement ? Comment assurer le bonheur au plus grand nombre ? Comment assurer la circulation et la distribution des ressources dans les différentes strates de la société ? C'est la réflexion économique qui prend alors en charge la question : pour Cantillon « les hommes se multiplient comme des souris dans une grange s'ils ont le moyen de subsister sans limitation »[1], Quesnay et Hume pensent également que le niveau de ressources disponibles détermine l'effectif de population. Nul étonnement, donc, que ce soit précisément chez les économistes français de l'école de Gournay (Forbonnais, Herbert) et ensuite chez toute une série de pamphlétaires (Goudar, Coyer, Mirabeau) que le mot de « population » apparaisse au cours des années 1750, avec d'emblée une étendue sémantique beaucoup plus vaste qu'aujourd'hui.

1. R. Cantillon, *Essai sur la nature du commerce en général*, Paris, INED, (1755) 1952, chap. 15, p. 47.

Premièrement, le terme recouvre au moins deux significations : il désigne l'ensemble des habitants d'un territoire, mais aussi la propagation et la multiplication des hommes par la reproduction. La population apparaît ainsi à la fois comme un *produit* de la puissance d'engendrer et *l'acte* même de cette multiplication, or cette ambiguïté entre le processus et le produit permet d'envisager la population elle-même comme une réalité qui s'auto-engendre, se renouvelle, s'accroît ou décroît selon ses dynamiques spécifiques. On s'interroge alors sur les régularités et les proportions quasi constantes des phénomènes qui semblent relever de la contingence, comme les morts, les naissances, le nombre de mariages. En Allemagne, l'école de la Physico-théologie soutient que l'ordre des phénomènes démographiques révèle la bienveillance suprême qui informe la nature. Les physiocrates, en revanche, interprèteront les mécanismes sociodémographiques comme le reflet d'un ordre naturel qui va de l'économie animale à l'économie politique.

Deuxièmement, le concept de population, utilisé comme synonyme d'« espèce » désigne une certaine appartenance de l'homme au régime général des êtres vivants. À la différence des mots « peuple », « peuplade », « populace », la « population » concerne indistinctement les hommes et les animaux : Mirabeau mentionne la population des rats, des loups et des moutons, Voltaire se réfère, ironiquement, à la population des chenilles et Malthus écrit que « la population de la tribu se mesure par la population de ses troupeaux »[1].

---

1. V. R. Mirabeau, *L'Ami des hommes ou Traité de la population*, 3 vol., Avignon, 1756-58, I, p. 40-41, 52, III, p. 461 ; Voltaire, article « Population » dans *Questions sur l'Encyclopédie*, Genève, Bardin, 1775 ; T. R. Malthus, *Essai sur le principe de population*, trad. fr. P. et G. Prévost, Paris, Flammarion, (1817) 1992, livre III, chap. v, p. 53.

Troisièmement, la population, c'est ce qui résulte du fait que la puissance générative de l'espèce se soumet à la contrainte de l'espace et des ressources : la population définit alors le « rapport des hommes au terrain qu'ils occupent »[1]. Quatrièmement, la « population » commence à désigner une technique politique qui s'exerce sur le grand nombre et une branche du gouvernement consistant à favoriser la multiplication de l'espèce : gouverner la population signifie agir sur les causes physiques (subsistances, richesses, agriculture, industrie, climat) et morales (habitudes, mœurs et coutumes) d'un complexe hommes/choses[2]. Ces variables sont pourtant autant d'obstacles sur lesquelles bute l'action du gouvernement, qui ne peut jamais les maîtriser complètement. C'est pourquoi, selon Michel Foucault, la population devient peu à peu un objet opaque, manifestation d'une « nature » qu'il faut respecter pour bien gouverner : « un ensemble de processus qu'il faut gérer dans ce qu'ils ont de naturel et à partir de ce qu'ils ont de naturel »[3].

Il convient d'insister sur cette interprétation foucaldienne car elle est particulièrement intéressante dans le cadre d'une reconstruction de la naissance de sciences sociales. Pour Foucault la population n'est pas à cette époque comprise comme le « corps biologique » de la société civile, ni comme une sorte d'organisme qui contient, en

---

1. J.-N. Demeusnier (comte de), « Population » dans *Encyclopédie méthodique. Économie politique et diplomatique*, Paris-Liège, Panckouke-Plompteux, 1784-1788, 4 vol. in-4°.

2. F. Quesnay, « Hommes », dans *Œuvres économiques complètes*, éd. par C. Théré, L. Charles, J.-C. Perrot, Paris, INED, 2 vol, 2005, p. 259-323 ; Rousseau, *Du contrat social*, Paris, Flammarion, (1762) 1992, III, IX, p. 112.

3. M. Foucault, *Sécurité, territoire, population. Cours au Collège de France. 1977-1978*, Paris, Gallimard-Seuil, 2004, p. 74.

soi, la loi de son développement[1]. Elle est plutôt un ensemble de multiples habitudes, de comportements variés qui peuvent toutefois être saisis grâce à un invariant comportemental : l'intérêt, une forme de volonté immédiate et atomistique, intransmissible, inconditionnellement référée au sujet lui-même, clé d'une économie politique où chacun a droit à la jouissance[2]. Ensemble de « conduites » intéressées, la population représente ainsi le niveau de pertinence d'un nouvel art de gouverner libéral s'adressant à la circulation des richesses, mais aussi aux mœurs, aux opinions aux valeurs morales et religieuses, « depuis l'enracinement biologique par l'espèce jusqu'à la surface de prise offerte par le public »[3]. Ce « nouveau personnage » est désormais le corrélat majeur d'une forme de gouvernement économique qui se caractérise comme une limitation de l'interventionnisme étatique sur le marché selon le principe de la libre concurrence des intérêts, fondée sur la thèse de l'autorégulation naturelle du système des prix. Mais le discours de l'intérêt qui « dompte » les passions destructrices de la société[4] va également pénétrer, combattre et subvertir le discours juridique de la « cession de droits » au souverain, de l'obligation et de l'obéissance : si la population est un sujet politique, c'est qu'elle représente un mode de conceptualisation de la communauté humaine radicalement alternatif à la notion de peuple en tant que

1. *Cf.* sur ce point, G. Canguilhem, « Le problème des régulations dans l'organisme et dans la société », dans *Écrits sur la médecine*, Paris, Seuil, 2002, p. 101-125.

2. M. Foucault, *Naissance de la biopolitique. Cours au Collège de France. 1978-1979*, Paris, Gallimard-Seuil, 2004, p. 276-277 ; C. Larrère, *L'invention de l'économie au XVIIIᵉ siècle*, Paris, P.U.F., 1992, p. 201.

3. M. Foucault, *Sécurité, territoire, population*, *op. cit.*, p. 77.

4. A. O. Hirschman, *Les passions et les intérêts*, trad. fr. P. Andler, Paris, P.U.F., (1977) 1980.

collection de sujets de droit obéissant à un souverain ou porteur d'une volonté collective.

Le gouvernement de la population dans une approche libérale faisant du marché le principe auto-régulateur du social devient ici le prisme réflexif à travers lequel Foucault aborde la question de la naissance de la société civile. Le concept de « société », distingué ici de celui de « peuple », en tant qu'ensemble humain distinct et autonome par rapport à la volonté souveraine, n'est de ce point de vue que le produit du gouvernement de la population dans l'espace économique. Ainsi Foucault peut-il affirmer que l'homme des sciences humaines – à savoir l'homme vivant, travaillant et parlant, sujet et objet des sciences humaines et sociales du XIXᵉ siècle – n'est qu'une figure de la population[1]. L'économie, la sociologie, la démographie trouvent leur condition de possibilité dans l'étude des grands ensembles humains opérée selon des finalités gouvernementales, et ne peuvent se constituer en « sciences » qu'en s'émancipant du « magma » de l'art gouvernemental prémoderne, pour devenir des savoirs objectifs neutres, guides « externes » du politique[2].

Que le « social » soit le produit d'une stratégie gouvernementale est toutefois une thèse qu'il convient de nuancer lorsque l'on prend en compte la problématique de la reproduction au XVIIIᵉ et surtout au XIXᵉ siècle, du fait notamment de la large diffusion du contrôle de naissances dans des sphères de plus en plus étendues de la population en France puis en Europe[3]. Foucault ne semble pas voir la profonde transformation sociale qui a

1. M. Foucault, *Sécurité, territoire, population, op. cit.*, p. 81.

2. *Ibid.*, p. 359.

3. H. Bergues (éd.), *La prévention de naissances dans la famille. Ses origines dans les temps modernes*, « Travaux et document : Cahier 35 », Paris, INED, 1960.

permis la maîtrise des comportements reproductifs au sein de la famille, produisant une réflexion sur la reproduction humaine à toutes les échelles sociales. Du point de vue épistémologique, c'est l'obstacle de l'égalité entre hommes et femmes de différentes conditions sociales qui est surmonté au niveau de l'observation de comportements reproductifs : c'est parce que les classes populations commencent à prendre en compte volontairement le fait de se reproduire, à l'instar des classes nobles et bourgeoises, que l'on peut finalement appliquer l'étude des taux de natalité et de mortalité à l'échelle d'une population entière. Du point de vue politique, l'action sur la reproduction peut ainsi être envisagée comme une action sur les comportements reproductifs dans la famille. En somme, si l'étude de la population doit désormais prendre en compte la complexité de la reproduction comme phénomène semi-volontaire, qu'il est possible d'influencer par des politiques démographiques, c'est qu'il y a d'abord eu transformation de la normativité sociale autour des phénomènes de reproduction, engendrant par là une nouvelle exigence d'objectivation scientifique.

MALTHUS OU MARX

L'énorme production intellectuelle, scientifique et pamphlétaire sur les questions de reproduction et de ressources au XVIIIe siècle débouche, vers la fin du siècle, sur une crainte exactement inverse de celle de Montesquieu : la peur du trop-plein et de l'impossible maîtrise sociale de la prolifération du nombre. Deux façons de penser la régulation démo-économique s'imposent. Dans son livre *A Dissertation on the Poor Laws by a Well Wisher to Mankind*, Townsend soutient que la population est *déterminée* par les subsistances de façon quasi-mécanique, le seul ajustement possible se faisant par l'augmentation de la mortalité une fois que la population a dépassé la quantité de subsistances mise à disposition par le territoire. Condorcet et Godwin, en revanche, défendent l'idée d'une auto-organisation sociale et politique permettant à la société de maîtriser les incontrôlables forces démographiques qui risquent de la détruire, grâce à une action politique indirecte sur les milieux, le commerce, l'hygiène publique, la maîtrise de la natalité. Pour eux, l'ajustement aux subsistances se fait donc a priori : la population est seulement *conditionnée* par les subsistances, car la population maximale se situe toujours en-dessous du minimum vital.

Les deux approches sont présentes respectivement dans les deux versions, de 1798 et de 1803, de l'*Essai sur le principe de population* de Thomas Malthus. Dans la première édition, se fondant sur la loi de rendements décroissants qui montre que l'augmentation de population oblige à exploiter des terres moins fertiles et donc moins productives, Malthus oppose la progression géométrique de la population (2, 4, 8, 16…) à la progression arithmétique (2, 4, 6, 8…) des subsistances. La progression « naturelle » de la population est par conséquent soumise aux freins destructifs (*positive check*) des famines et des disettes qui abrègent la durée naturelle de la vie humaine. L'existence humaine prend alors la forme d'une lutte permanente dirigée d'un côté contre la rareté des ressources, de l'autre contre l'instinct reproducteur. Malthus prescrit la continence, la contrainte morale, ou le retard de l'âge au mariage (*preventive check*) comme moyens de régulation volontaire, en polémique avec l'idée d'auto-régulation sociale de Cordorcet et Godwin. En effet, la loi « naturelle et éternelle » de population est également un principe providentiel qui explique le progrès humain, car en poussant les hommes au perfectionnement moral, la pression démographique donne à la vie sociale tension et signification : « Si population et subsistances avaient augmenté au même rythme, il est vraisemblable que l'homme n'aurait peut-être jamais émergé de l'état sauvage »[1].

Dans la deuxième édition, en revanche, Malthus maintient un mode de raisonnement proche de l'ancien modèle de la population-réseau stratifiée et préconise une régulation de type principalement économique. En effet, l'éloignement progressif des instincts par le perfectionnement moral n'est pas uniforme : il a lieu de façon différenciée, entre les classes supérieures qui, conscientes de la difficulté d'entretenir une famille, adoptent le frein préventif, et les classes « extrêmes », exposées à la misère et à l'animalité du vice. Contourner les freins destructifs signifie reconnaître que c'est la demande de travail qui gouverne l'offre, c'est-à-dire qu'il faut gouverner la production par les revenus et le pouvoir d'achat préexistants. Puisque les seuls groupes sociaux capables de générer une demande forte et soutenue sont les classées élevées, le meilleur moyen de régler la population par rapport aux subsistances est d'augmenter la consommation des biens de luxe. En privilégiant la manufacture nationale de ces biens, dont peuvent jouir seulement les classes bourgeoises, il s'agit ainsi de baisser leur prix pour augmenter le prix des biens de première nécessité, qui doivent être importés, afin de décourager la reproduction des prolétaires. Cela revient à maintenir la stratification sociale car, pour Malthus, les « classes supérieures, comme les classes inférieures, sont inévitables [...] et elles sont très utiles. Si l'on ôtait des sociétés

---

1. T. R. Malthus, *Essai sur le principe de population*, Paris, INED, (1798) 1980, p. 156.

l'espérance de s'élever et la crainte de déchoir, si le travail ne portait pas avec lui sa récompense et l'indolence sa punition, on ne verrait nulle part cette activité, cette ardeur avec laquelle chacun travaille à améliorer son état et qui est le principal instrument de la prospérité publique » [1].

C'est là que se loge la critique de Marx et Engels : « Malthus nous dit que c'est le sort de l'humanité d'être en surnombre, et donc en classes diverses dont certaines sont riches, les autres pauvres » [2], pourtant l'analyse économique montre que l'excès démographique se traduisant dans une masse de travailleurs surnuméraires susceptibles d'être exploités est « une invention propre à l'époque du Capital » [3]. Marx inverse complètement la démarche de Malthus : si pour ce dernier l'accroissement géométrique de la population est une donnée uniforme tout au long de l'histoire et le paupérisme « une loi de la nature », il s'agit de montrer que « chaque mode de production a ses propres lois de l'accroissement de la population et de la surpopulation, cette dernière étant synonyme de paupérisme » [4]. Il n'y a donc pas un seul « principe de population », mais plusieurs lois et limites de la population selon l'élasticité d'une forme de production déterminée, et la manière dont chaque mode de production, en reproduisant les rapports sociaux de production dominants, produit et reproduit un certain régime démographique.

---

1. T. R. Malthus, *Essai sur le principe de population*, 1817 (5ᵉ éd.), *op. cit.*, livre IV, p. 326.

2. K. Marx et F. Engels, *Critique de Malthus*, Paris, Maspero, 1978, p. 66.

3. K. Marx, *Fondements de la critique de l'économie politique*, Paris, Anthropos, 1968, p. 109.

4. K. Marx et F. Engels, *Critique de Malthus*, *op. cit.*, p. 86.

Pour Marx, la structure de reproduction d'une population dépend du mode de production, c'est-à-dire d'un ensemble de forces productives (hommes, machines, animaux…) combiné à des rapports sociaux. Au cours de l'évolution du mode de production capitaliste, des phases d'incitation à la procréation, visant à constituer une force de travail, alternent avec des phases où le développement technologique expulse cette même force de travail de la production. Il crée ainsi une « armée de réserve » de travailleurs qui représentent un gisement de main-d'œuvre, où le capital peut aller pêcher selon ses besoins. Cette « population flottante » permet d'établir une concurrence parmi les ouvriers qui comprime les salaires en augmentant la surexploitation. Ainsi le capital ne reproduit pas seulement les conditions de travail mais aussi le travail salarié et les travailleurs productifs dont il a besoin : il éternise le rapport social entre capitaliste et salarié, le présentant sous la forme du « principe de population » métaphysique alors qu'il est le produit historique d'un développement social.

L'alternative Malthus-Marx détermine l'avenir de la question démographique dans les sciences sociales en posant des questions qui sont encore les nôtres. En affirmant l'existence d'une « loi naturelle » de la reproduction que l'on retrouve dans toutes les classes et toutes les structures populationnelles, le premier Malthus ouvre la voie à la démarche analytique déductive qui permet de raisonner sur des données hypothétiques et de lier les comportements procréateurs à la mortalité par classe d'âge. La population peut désormais être envisagée comme une collectivité stable, homogène et sans échange migratoire avec l'extérieur, en totale opposition avec le modèle prémoderne de la population ouverte. En construisant en 1911 le modèle d'une population fermée, soumise à des conditions de fécondité et de mortalité invariables sur une longue période, dont l'accroissement tend vers un état stable à structures par âge et taux d'accroissement invariables, Lotka pose les bases de la « démographie pure » comme description mathématique de l'évolution de toute population humaine[1].

Toutefois, chez le deuxième Malthus et Marx persiste aussi une façon prémoderne de penser la population comme un ensemble des groupes hétérogènes en réseau, mais à partir des rapports de production entre classes dans une société. Pour Malthus ces sous-groupes sont naturels, alors que pour Marx ils sont socialement construits au cours d'une histoire : « La population est une abstraction si je néglige, par exemple, les classes dont elle se compose. À leur tour, ces classes sont vides de sens, si j'ignore les éléments sur lesquels elles reposent, par exemple le travail salarié, le capital, etc. »[2]. Mais les deux approches impliquent de penser les variables clés – fécondité, mortalité, migrations –, à partir de la stratification et de l'organisation sociales. Autrement dit, les stratégies et les *patterns* reproductifs dépendent des manières de vivre socialement déterminées. Au XXe siècle, par exemple, la microéconomie de Gary Becker a permis de montrer que la différenciation des taux de fécondité à l'intérieur d'une même population dépend de stratégies reproductives rationnelles qui peuvent être étudiées dans le même cadre économique que la demande de biens durables : il y a une demande d'enfants comme il peut y avoir une demande de biens immobiliers, et il y a un prix de l'enfant qui dépend des investissements en matière d'éducation. Or, la nature de ces investissements

1. Al. J. Lotka, *Théorie analytique des associations biologiques*, Paris, Hermann, 1939.

2. K. Marx et F. Engels, *Critique de Malthus*, *op. cit.*, p. 83.

ou simplement la façon elle-même d'envisager l'avenir changent selon l'appartenance de classe, ce qui finit par influencer la reproduction de chaque classe[1]. Au niveau macro-économique, l'historienne et démographe Ester Boserup a renversé la perspective malthusienne : selon elle la population n'est pas dépendante de l'évolution des subsistances, puisque la croissance démographique a pour effet de stimuler le développement agricole et les techniques d'exploitation du sol[2].

La question du rapport entre facteurs biologiques et sociaux est devenue cruciale lorsque, dans la seconde moitié du XXe siècle, les démographes ont découvert la « transition démographique », soit le passage de taux de natalité et mortalité élevés à faibles qui s'est opéré d'abord en Europe à partir du XIXe siècle par le biais du contrôle de naissance et des progrès médicaux. Selon la théorie « pure » de la transition démographique toutes les populations du monde vont évoluer selon ce même modèle, et la population mondiale devrait par conséquent se stabiliser autour des 11 milliards à l'horizon 2050. Mais dans la mesure où la transformation d'une structure reproductive dépend de toute une organisation sociale, quelle confiance avoir dans ces projections ? Quel modèle de production et de consommation serait compatible avec cette évolution ? La promotion de politiques de restriction de naissance dans des pays à forte croissance démographique comme le Nigeria ou l'Inde est-elle destinée à maîtriser la démographie mondiale ou plutôt à conserver des rapports de force existants entre Nord et Sud du monde ? Ces questions

1. P. Bourdieu, « Avenir de classe et causalité du probable », *Revue Française de Sociologie*, XV, 1974, p. 3-42.
2. E. Boserup, *The Conditions of Agricultural Growth : The Economics of Agrarian Change under Population Pressure*, Chicago, Aldine, 1965.

intrinsèquement politiques continuent en somme d'habiter la réflexion démographique aujourd'hui[1].

Sommes-nous assez ou trop nombreux ? Cette question a toujours joué un rôle central dans la manière de penser la communauté politique, soulevant des questions de droit, de justice et de redistribution. Jusqu'à la Renaissance, la notion de « nombre des hommes » exprimait une conception « réseautale » de la communauté, dont la taille ne pouvait en dernière instance que dépendre d'une volonté divine. La notion de « population » fait plus spécifiquement partie de la constellation conceptuelle (« société », « classe », « nation », « peuple ») que les modernes ont mis en place pour objectiver les forces biologiques et sociales qui le déterminent. Son émergence à travers l'arithmétique politique, la statistique et la démographie témoigne de la volonté de construire à la fois un savoir descriptif axiologiquement neutre sur les régularités des phénomènes reproductifs au sein d'une collectivité humaine *et* un savoir prescriptif pour l'action que l'homme exerce sur son devenir d'animal politique ayant à reproduire ses conditions d'existence.

---

1. *Cf.* M. Connelly, *Fatal Misconception : The Struggle to Control World Population*, Cambridge, Harvard University Press, 2008.

LE PSYCHISME

Quel est l'objet de la psychologie? Qu'est-ce que le psychisme? Présentée ainsi la question est sans doute excessive mais elle est pourtant légitime, pour au moins deux raisons :

1. La psychologie scientifique, depuis son invention à la fin du XIXe siècle en Europe et aux États-Unis, aura vu se succéder des définitions du psychisme si contrastées, opposées les unes aux autres par des polémiques si violentes et des critiques si radicales, qu'en apparence *tout fut possible* au long d'une telle histoire. Quoi de commun, par exemple, entre un fait de conscience (dans la psychologie d'introspection) et un comportement (dans le behaviorisme), aussi différents l'un de l'autre que peut l'être l'intériorité vécue pour soi seul, de la conduite extérieure et publiquement observable? Ou quoi de commun encore entre une méthode de décomposition à l'élémentaire, modélisée par l'analyse physico-chimique (dans la psychologie associationniste), et la modélisation informatique du psychisme dans l'Intelligence artificielle puis la psychologie cognitive? On est donc en droit de se demander, au vu de l'incroyable liberté qu'ils s'arrogèrent chaque fois dans la définition de leur objet d'étude, ce que l'introspectionniste, le behavioriste, l'associationniste ou le cognitiviste entendaient chaque fois par « psychisme ».

2. La seconde raison est non plus historique mais conceptuelle. Les psychologies historiquement constituées ont beau différer du tout au tout, elles s'accordent cependant autour d'une commune adhésion aux méthodes issues des sciences de la nature. Depuis cent cinquante ans qu'elles existent nos psychologies, quel que soit le paradigme qui les constitue, sont clairement *naturalistes* : le fait psychique est pour elles sinon un fait de nature (naturalisme ontologique), du moins connaissable sur le modèle des sciences de la nature (naturalisme épistémologique). Mais cela signifie alors que le psychisme doit être connu objectivement et de l'extérieur, en faisant abstraction de toutes les composantes subjectives qui pourraient venir brouiller ou invalider ce droit scientifique à l'objectivité. La « conscience », l'« expérience », le « vécu », le « phénoménal », l'« effet que ça fait », les « *qualia* », doivent être neutralisés, exactement comme doit l'être, dans la connaissance de l'eau et de sa formule moléculaire, la saveur qu'elle a pour nous. En physique on connaît l'éclair comme un phénomène électrique, non comme un spectacle poétique ou un signe des dieux ; de la même manière la psychologie depuis ses débuts tourne résolument le dos aux traits phénoménologiques de son objet : elle prétend connaître la douleur sans l'expérience viscérale de la douleur, la couleur sans la vivacité de la couleur vue, la mémoire sans l'agacement de celui qui a le mot « sur le bout de la langue ». Or ce qui est légitime dans l'ordre des phénomènes physico-chimiques ne l'est pas forcément dans l'ordre des phénomènes psychiques. Car si le subjectif participe de la définition de ces phénomènes, s'il appartient à leur mode d'être d'impliquer, directement ou indirectement, l'expérience que nous en avons, alors, comme dit Thomas Nagel, « aucun concept courant de réduction ne [leur] est

applicable » [1]. La réduction des apparences subjectives ne fonctionne pas ici comme en physique : plutôt que de nous faire gagner en objectivité, elle semble nous éloigner au contraire de notre objet, nous faisant rater la vraie nature du psychisme.

Au vu de ce problème qui, comme dit Nagel, « a un caractère unique » [2], on voit qu'il est non seulement légitime, mais même nécessaire d'interroger la nature du psychisme. Prise en défaut par rapport à la teneur subjective de son matériau, l'objectivité scientifique sous sa forme classiquement désubjectivante appelle d'elle-même une réflexion sur le psychisme en son mode d'être – une réflexion proprement philosophique à la hauteur de « l'abîme qui sépare le subjectif de l'objectif » [3]. C'est pourquoi du reste l'histoire de la psychologie n'aura jamais été une histoire totalement autonome. Elle aura été continûment escortée par une réflexion philosophique qui, dès le début, voulut assumer certaines distances critiques à l'égard de l'objectivisme des psychologues et faire valoir, comme une justice rendue, tout ce qui ne rentrait pas dans leur corset épistémique trop étroit : la conscience, l'expérience, le sens, les raisons, la « grammaire » de nos pratiques, etc. De Bergson à Wittgenstein, de Husserl à la Philosophie de l'esprit, de Merleau-Ponty et Sartre à Nagel et Searle, la philosophie ne cessa de défendre le principe d'une psychologie alternative à la psychologie scientifique, rappelant à cette dernière tout ce qui du psychisme peut échapper à la connaissance objective. En ceci la question

1. T. Nagel, « Quel effet cela fait d'être une chauve-souris ? » (1974), dans *Questions mortelles*, trad. fr. P. Engel et C. Engel-Tiercelin, Paris, P.U.F., 1983, p. 194.

2. *Ibid.*, p. 204.

3. *Ibid.*, p. 208.

essentielle, celle de la définition de son objet, fut posée
tout au long de l'histoire de la psychologie, sinon par les
psychologues eux-mêmes, du moins par des philosophes
qui, ressentant « jusque dans leur chair »[1] le problème de
l'irréductibilité du psychisme, ne voulurent pas se contenter
du travail des psychologues.

Nous poserons donc une telle question ; nous
examinerons pour ce faire les différents paradigmes qui
rythmèrent l'histoire de la psychologie scientifique depuis
le XIXe siècle. De ces paradigmes en effet on peut considérer
qu'ils constituèrent la définition que cette psychologie se
donna chaque fois, d'une manière sinon officielle du moins
opératoire, du psychisme. Nous constaterons alors qu'en
son départ, comme en chacun de ses nouveaux départs, la
psychologie dut affronter le même problème : si le
psychisme, c'est d'abord ce que nous vivons et la manière
unique dont nous le vivons, alors il revient à la psychologie
de produire une connaissance objective du subjectif ; il lui
revient de traduire dans des énoncés universellement
communicables des expériences chaque fois irréductiblement
singulières. Dans son ambition d'accéder au rang de science
la psychologie affronte une véritable tension ; chacun de
ses paradigmes ressemble à un compromis savamment
élaboré, à une antinomie stabilisée. Car d'un côté, au nom
de l'objectivité-universalité requise par la science, elle a
toutes les raisons de se méfier du vécu et de ses aléas ; mais
d'un autre côté, et en vertu de son empirisme même, il lui
faut se tenir au plus près de cette expérience-source. Elle
a en charge un type d'expérience dont il lui faut pourtant,
incessamment, neutraliser les méfaits. Nous reviendrons
alors sur cette étrange « double vie » du psychisme, pris

---

1. D. Chalmers, *L'Esprit conscient. À la recherche d'une théorie
fondamentale*, trad. fr. S. Dunand, Paris, Ithaque, (1996) 2010, p. 13.

entre sa réduction objectiviste et sa restitution phénoménale. Nous tenterons de comprendre l'étrange histoire qui fut celle du coup de la psychologie scientifique : une histoire imprévisible et innovante parce que faite de compromis et d'autocorrections, de négociations et de repentirs.

L'INTROSPECTION

La psychologie dite « scientifique » naît à la fois anglaise et allemande, au milieu du XIXᵉ siècle. Elle hérite d'un côté de l'associationnisme anglais, systématisé en particulier en 1843 par John S. Mill dans son *Système de logique déductive et inductive*. Dans le droit fil de la théorie de la science de Locke, Hume ou Condillac, on produit la genèse de nos différentes connaissances à partir de ce donné premier et épistémiquement irréfutable qu'est la sensation. Et dans la mesure où connaître c'est composer avec lui-même ce donné élémentaire, alors une psychologie « associationniste » s'en déduit tout naturellement, comme recherche des lois d'association de nos différentes sensations. Mais la psychologie naissante s'appuie par ailleurs sur les progrès fulgurants, au milieu du siècle en Allemagne, de la physiologie du système nerveux. La psychologie allemande naît comme une « psychophysique », si on entend par là une psychologie puisant l'essentiel de son autorité dans les découvertes de Müller, Weber ou Helmholtz sur les tissus nerveux, et espérant se donner à partir de là une connaissance rigoureuse des phénomènes psychiques correspondants.

En apparence tout sépare les deux branches de cette première psychologie, aussi éloignées l'une de l'autre que l'intérieur de l'extérieur. Les uns s'attachent à l'entendement comme pouvoir de connaissance, les autres au système nerveux et cérébral comme pouvoir causal de détermination de nos états mentaux. Les uns connaissent le psychisme directement et par introspection ; les autres, mesurant la vitesse des influx nerveux ou les temps de réaction, l'abordent « par le bas », à partir de son soubassement physique. Et pourtant tout rapproche ces deux types de préoccupations ; c'est sinon à une même psychologie, du moins à un même paradigme opératoire, qu'on a affaire de part et d'autre.

Les uns et les autres, tout d'abord, reconnaissent un même prestige aux sciences de la nature. Depuis le XVIe siècle celles-ci ont fait leurs preuves en astrophysique, en physique, peu après en chimie, bientôt en biologie et en physiologie. Par une contamination progressive et ascendante de leur méthode expérimentale, on peut espérer l'invention d'une psychologie qui serait, comme disait d'Alembert à propos de la science de l'esprit humain de Locke, « une physique expérimentale de l'âme »[1]. La première psychologie scientifique hérite de cette puissante inspiration naturaliste, comme en témoigne cette déclaration de Taine, à la fin du XIXe siècle : « La science approche enfin, et approche des sciences de l'homme ; elle a dépassé le monde visible et palpable des astres, des pierres, des plantes, où, dédaigneusement, on la confinait ; c'est à l'âme qu'elle se prend, munie des instruments exacts et perçants dont trois cents ans d'expérience ont prouvé la justesse et mesuré la portée »[2]. La psychologie ne paraît pouvoir devenir scientifique, comme elle y aspire alors, qu'en croyant à l'unité de la science et à sa modélisation par les seules sciences de la nature ; elle ne saurait rêver autre

---

1. D'Alembert, *Discours préliminaire de l'Encyclopédie*, Paris, Vrin, (1751) 2000, p. 132.
2. H. Taine, *Histoire de la littérature anglaise*, t. IV, Paris, Hachette, 1866, p. 421.

chose que l'établissement de lois inductivement issues de l'observation raisonnée, de l'expérimentation, et si possible mathématiquement formulables, comme en découvrent chaque jour les physiciens ou les chimistes. C'est un point crucial : tandis que Wundt fonde le premier laboratoire de psychologie expérimentale à Leipzig, en 1879, Mill déclare de son côté qu'entre la science encore approximative de l'homme et une science exacte comme l'astronomie, la différence ne saurait être que de degré [1]. Pour les uns et les autres les faits psychiques sont des faits naturels, c'est-à-dire à la fois *connaissables* selon les méthodes des sciences naturelles et *déterminables* à partir de lois naturelles.

Au-delà de ce naturalisme d'époque, il est un autre point commun à la psychologie associationniste d'origine britannique et à la psychologie expérimentale allemande. L'une et l'autre sont des psychologies d'*introspection*. Le fait psychique est pour elles un fait intérieur ou mental. Cela peut surprendre, au vu des professions de foi systématiquement positivistes ou naturalistes des inventeurs de cette première psychologie. Mais c'est qu'en réalité cette introspection des pionniers est tout sauf une introspection naïve ; elle possède un sens précis. L'entendement britannique attend certes toute sa future science de l'expérience ; mais quelle expérience ? Ce qui viendra s'imprimer sur la cire vierge de notre esprit ne pourra être un vécu global et indivis, comme peut l'être par exemple la perception d'un

---

1. J. S. Mill, *La Psychologie et les sciences morales. Sixième chapitre du Système de logique*, trad. fr. G. Belot, Paris, L'Harmattan, (1843) 2006, p. 27 : « [La science de la nature humaine] est encore très loin de l'idéal d'exactitude réalisé par l'astronomie actuelle ; mais il n'y a pas de raison pour qu'elle ne soit pas une science [...] comme l'était l'astronomie lorsqu'elle n'avait encore soumis à ses calculs que les phénomènes principaux, et non les perturbations ».

paysage et le sentiment que celui-ci produit en moi. Ce sera au contraire une sensation ponctuelle, causée en moi par une stimulation elle-même ponctuelle de mes organes sensoriels. Je reçois du milieu environnant des stimuli, c'est-à-dire des piqûres matérielles, qui mécaniquement produisent en moi des sensations, comme autant de piqûres mentales ; et c'est l'association et la combinaison de ces sensations élémentaires qui à la fin composent le visage dérivé du perçu. C'est dire que le sens de mon expérience est prédéterminé par une définition matérialisante et atomistique du vécu reçue en droite ligne de la connaissance physico-chimique de la matière : je ne peux expérimenter que des atomes psychiques directement imprimés en moi par des événements physiques discrets. Le vécu intérieur est bien ici la source première du savoir psychologique, mais il a pris une tournure particulière : il faut l'entendre désormais comme un phénomène dérivé, le résultat d'un processus d'association et de combinaison de sensations simples, elles-mêmes corrélées à la simplicité des stimulations matérielles. Parce que directement reliés aux stimulations sensorielles, les faits psychiques sont pensés sur le mode d'être de l'extériorité matérielle. Ajouter que ces faits sont « mentaux » ou « intérieurs » n'y change rien : dans un univers où se correspondent rigoureusement stimulations et sensations, états externes et internes, l'intériorité n'est que l'envers de l'extériorité, son double mental.

La psychologie expérimentale allemande, de son côté, se définit comme une approche indirecte des faits psychiques, connus à partir de leur soubassement nerveux et cérébral. C'est donc bien, en un sens, une psychologie d'introspection : dans un protocole expérimental c'est toujours à ce que perçoit, ressent ou pense le sujet de l'expérience qu'on s'en remettra. Sauf que cette intériorité qu'on interroge est, comme dans l'associationnisme, moins vécue que causée ; comme effet d'un état matériel du corps, elle est tout entière sous dépendance ; elle est un « phénomène à double face »[1]. Comme résume Ribot, le phénomène psychique « cesse d'être une abstraction flottant dans le vide. Il se fixe. Rivé à son concomitant physique, il rentre avec lui et par lui dans les conditions du déterminisme, sans lequel il n'y a pas de science »[2]. La psychologie a pour objet « les phénomènes nerveux accompagnés de conscience »[3], autrement dit non pas ce qui se vit dans l'obscurité de la vie intérieure, mais ce qui s'atteste dans le fonctionnement des organes. Elle est une « psycho-physique », au sein de laquelle « la science supérieure s'appuie sur la science inférieure »[4].

En ceci les psychologies anglaise et allemande se rejoignent. Leur méthode introspectionniste regarde concurremment dans la direction de l'expérience vécue et de l'analyse causale. Elle assume la dimension phénoménale du psychisme mais l'inscrit en même temps dans l'ordre des faits naturels. Les faits psychiques se définissent comme des « choses » intérieures, homogènes aux choses matérielles parce que communiquant causalement et donc directement avec elles. En dépit d'un dualisme opposant apparemment l'intérieur et l'extérieur, leur ontologie est simple ou moniste ; l'esprit obéit rigoureusement aux mêmes catégories que l'univers des choses matérielles. De ce point de vue, et comme l'avait bien noté Gilbert Ryle[5], faire de

1. T. Ribot, *La psychologie allemande contemporaine : école expérimentale*, Paris, Germer Baillière, 1879, p. XI.

2. *Ibid.*, p. XII.

3. *Ibid.*

4. *Ibid.*, p. XII.

5. G. Ryle, *La Notion d'esprit. Pour une critique des concepts mentaux*, trad. fr. S. Sterne-Gillet, Paris, Payot, (1949) 2005, p. 86.

l'introspection la voie d'accès à notre vie psychique vaut plutôt confirmation de ce monisme, plutôt qu'exception : car dire que le psychisme est « ce que je perçois à l'intérieur de moi » accrédite en psychologie un lexique perceptif, donc chosique. Celui-ci est partout dans les manuels de l'époque comme dans les traités systématisant cette première psychologie scientifique. On y rencontre à chaque pas des « images mentales » redoublant à l'intérieur leur original physique ; des « facultés » rangeant comme dans des compartiments nos différents comportements ; des « entités » substantiellement présentes en nous, comme l'amour, l'envie ou la colère ; enfin un pouvoir magiquement reconnu à ces images, facultés ou entités de produire causalement des événements soit psychiques, soit psychiques.

Ainsi l'expérience en première personne est-elle tout entière traduite dans un lexique en troisième personne. Le fait psychique est certes un fait « intérieur », mais plutôt à titre de chose intérieure ; ce n'est pas un fait « intime ». De cette intimité rendue extérieure à elle-même témoigne la fameuse « loi de Weber-Fechner ». Issue au milieu du XIXᵉ siècle des travaux du physiologiste allemand Ernst Weber, systématisée par Gustav Fechner qui avait été son élève, celle-ci fit longtemps office de paradigme pour une psychologie décidée à penser le psychique depuis son soubassement physique (le « supérieur » depuis « l'inférieur »), et du coup à tenter la mathématisation du premier depuis celle du second[1]. La question est simple, c'est d'abord celle d'un physiologiste : quelle est la plus petite différence perceptible entre deux stimulations ? À partir de quelle augmentation de l'excitation vais-je ressentir

---

1. G. T. Fechner, *Elemente der Psychophysik*, Thoemmes Press et Maruzen Co, (1860) 1998.

la différence? Par exemple si j'ai dans la main un poids de 29 onces[1], il faudra rajouter 3 onces et donc aller jusqu'à 32 onces pour que je *sente* l'augmentation du poids. Or ce seuil quantitatif est en réalité une constante proportionnelle, indexée sur la stimulation de départ. Car si j'ai dans la main non pas 29 onces mais 29 drachmes (soit un poids huit fois moindre)[2] alors il suffira cette fois de 3 drachmes pour que je perçoive la différence : l'augmentation requise est non pas absolue mais proportionnelle (très exactement de 3/32). On peut du coup formaliser la chose dans une équation mettant en rapport la sensation (S) et la stimulation ou l'excitation (E), sous la forme soit d'une constante proportionnelle, comme chez Weber ($\Delta E/E = cstte$), soit d'une constante logarithmique, comme chez Fechner ($S = k \log E$).

On voit bien le type d'espoir qu'une telle loi a pu susciter : on allait pouvoir mesurer nos états internes, révéler la quantité sous la qualité, montrer que nos sensations ont une « grandeur intensive » correspondant à la « grandeur extensive » des stimulations physiques. On tenait une loi répartissant les différents cas le long d'une courbe de Gauss, autour d'un point de normalité statistique. L'inflation des recherches sur les « temps de réaction », à la même époque, témoignait d'une même direction de pensée. La mesure du temps séparant une stimulation sensorielle de la réponse motrice correspondante permettait en effet d'inférer le nombre des opérations mentales requises pour fournir la réponse en question. Le temps mis par le sujet pour répondre à une tâche donnée était directement corrélé à la longueur de la séquence cognitive requise : à nouveau,

1. Une once, dans le système anglo-saxon, vaut approximativement 28 g.

2. Une drachme vaut en effet 3,9 g.

l'esprit se laissait quantifier depuis son accompagnement physique[1].

Sauf qu'en réalité, comme le montrait Bergson à la même époque, une loi comme la loi de Weber-Fechner mesurait moins la sensation elle-même qu'elle ne déterminait « le moment précis où un accroissement d'excitation la fait changer »[2]. Elle se maintenait au seuil du vécu qualitatif, quantifiant *de l'extérieur* ce qui peut faire changer, qualitativement, ce vécu. Dire plus, considérer que ce changement vécu est lui-même de type quantitatif, c'est confondre une « sensation d'accroissement » avec un « accroissement de sensation »[3], c'est quantifier la sensation en plaquant sur elle la représentation de sa cause extérieure, c'est spatialiser indûment le psychisme. La loi de Weber-Fechner est symptomatique d'une psychologie qui certes reconnaît l'intériorité psychique (par la méthode introspective), mais sans jamais s'y engager, en s'en donnant la représentation matérialisante que seul un spectateur étranger peut en avoir. Cette critique des philosophes se rencontrera souvent au XXe siècle, à l'égard d'un psychisme chosifié, et qui du coup n'est plus vraiment mien[4].

---

1. Sur l'importance de la chronométrie mentale dans la psychologie expérimentale, et jusque dans la psychologie cognitive contemporaine, *cf.* F. Parot et M. Richelle, *Introduction à la psychologie. Histoire et méthodes*, Paris, P.U.F., 1992, p. 213-219.

2. H. Bergson, *Essai sur les données immédiates de la conscience*, Paris, P.U.F., (1889) 2007, p. 45.

3. *Ibid.*, p. 36.

4. Voir par exemple le concept de « réflexion impure », développé par Sartre dans *L'Être et le Néant. Essai d'ontologie phénoménologique*, Paris, Gallimard, (1943) 1982, p. 194 : se retournant sur ce que nous vivons et en figeant la logique phénoménale, perdant la joie irréfléchie au profit d'une joie-objet, une telle réflexion est accusée de dénaturer, au profit d'une représentation réifiante, la teneur propre de nos vécus.

S'il revint pourtant à la philosophie de revendiquer, sur un mode défensif et critique, la prise en charge du subjectif, on ne saurait pourtant en rester à cette version des choses. Car ce serait cantonner la psychologie à la surface publique ou objective du psychisme, par opposition à son noyau phénoménal, réservé au seul philosophe. Ce serait entériner un partage des tâches qui ne rend justice ni au psychologue (incapable de voir en face la totalité de son objet), ni au philosophe (incapable de se laisser instruire par la méthode expérimentale de la science). En réalité le travail d'élaboration théorique de la psychologie scientifique fut toujours plus ouvert, plus inquiet, et plus capable de se laisser infléchir par un retour du phénoménal, que ne peut le laisser imaginer une sèche définition du psychisme comme fait mental, causalement et mathématiquement corrélé à son soubassement physique. De cet affleurement du phénoménal dans le savoir du psychologue témoigne exemplairement, au début du xx e siècle en Allemagne, l'invention de la psychologie de la forme (*Gestaltpsychologie*).

La psychologie d'introspection, comme on l'a vu, héritait de la philosophie empiriste de la connaissance un postulat atomiste. Le départ de toute connaissance, mais par là également le fait psychique élémentaire, ce sont nécessairement des sensations simples, résultant de stimulations physiques ponctuelles. Qui a pourtant jamais éprouvé une sensation simple ? Chez les psychologues de l'École de Graz dans les années 1890, comme à partir des années 1910 chez les psychologues de l'École de Berlin, on rappelle que l'expérience témoigne pour une tout autre version des faits. Le donné premier, ce n'est pas la sensation simple ou isolée, la mosaïque éparse ; c'est la figure se détachant sur un fond, donc d'ores et déjà une totalité sensible, une structuration active du champ, bref une forme

(*Gestalt*). Or s'il est vrai que le « préjugé de la sensation » est directement l'effet d'une conception matérialiste du psychisme, important dans l'expérience vécue la représentation de sa cause extérieure ; si la sensation c'est la stimulation physique intériorisée ; si enfin il y a lieu de dénoncer « l'erreur du stimulus » consistant à « confondre les conditions physiques de l'expérience avec cette expérience elle-même »[1], alors cela veut dire inversement que la psychologie de la forme veut être une psychologie de la forme *perçue*, faisant valoir l'expérience directe contre sa reconstruction réaliste. Où l'on voit que dans une telle psychologie le primat de l'expérience phénoménale résulte moins d'un réquisit reçu en droite ligne de la philosophie (par exemple de la phénoménologie), que de cette expérience elle-même, plaidant pour ainsi dire sa propre cause. Ce furent directement des phénomènes de totalisation, comme la structuration figure-fond, le mouvement stroboscopique ou encore le changement d'aspect, qui accréditèrent l'idée d'une logique proprement phénoménale, irréductible à celle de la chose matérielle. Voir une figure se détacher d'un fond indifférencié, un mouvement continu supplanter une succession discrète de clignotements, enfin voir la même figure comme un lapin ou comme un canard : à chaque fois ce fut tel phénomène particulier, plutôt qu'une position philosophique de principe, qui força l'analyse à se référer à ce que vivait, avant toute reprise physicaliste, le sujet percevant.

La *Gestalt* apparaît ainsi comme un objet foncièrement ambigu, situé à mi-chemin de ce que nous percevons en fait et de ce que la science peut en connaître. Elle figure

1. W. Köhler, *Psychologie de la forme. Introduction à de nouveaux concepts en psychologie*, trad. fr. S. Bricianer, Paris, Gallimard, (1929) 1964, p. 162.

exemplairement le type de compromis que tente de construire la psychologie, vouée à constamment composer entre elles la logique phénoménale du vécu et la logique objectivante de la science.

LE COMPORTEMENT

À partir du début du XXe siècle et jusque dans les années soixante, l'ensemble de la psychologie se repositionne autour d'une conception bien différente du psychisme : on assimile désormais le fait psychique non plus au fait intérieur, mais au *comportement*. Certes l'ensemble des psychologues ne deviennent pas forcément des « behavioristes », au sens précisément défini par John B. Watson dans son article-manifeste de 1913, « La psychologie comme le behavioriste la voit »[1]. On a bien affaire pourtant à un paradigme opératoire qui, au-delà du noyau dur du behaviorisme, fédère implicitement mais sûrement l'ensemble de la recherche autour de nouvelles méthodes et de nouveaux principes d'investigation.

Le psychisme, c'est désormais l'ensemble des réactions observables d'un organisme à une situation observable. Nous voici rendus en apparence à l'opposé de l'introspection des Mill, Wundt, Fechner ou Titchener. Le psychisme est officiellement rendu extérieur à lui-même. Tout y est entièrement observable et épistémologiquement transparent ; le comportement c'est ce qui reste lorsqu'on ne veut plus avoir affaire à la conscience ou à l'expérience vécue. De fait l'introspection avait un double tort, à la fois épistémique et ontologique : comme expérience propre à un seul, elle nous situait d'abord à l'opposé de l'accord des esprits sur

---

1. J. B. Watson, « Psychology as the Behaviorist Views it », *Psychological Review*, n°20, 1913, p. 158-177.

quoi la science peut fonder l'objectivité de ses énoncés ; elle nous condamnait, comme résume Pierre Naville, à avoir « autant de psychologies que de psychologues »[1]. Par ailleurs le retranchement de l'expérience intérieure n'était pas sans évoquer l'idée d'une substance mentale délestée des lois de la physique et de la biologie ; l'introspection apparaissait facilement comme l'un des derniers bastions de la métaphysique.

L'hypothèse behavioriste, que l'on peut étendre à l'ensemble de la psychologie de la première moitié du XXe siècle, est alors une hypothèse essentiellement méthodologique. On ne dit pas forcément que la conscience, l'état mental ou l'intériorité n'existent pas, ou sont des illusions (ce qui constituerait une interprétation forte ou ontologique du behaviorisme) ; on décide plutôt de *ne pas en tenir compte*, en mettant entre parenthèses toute référence à des vécus psychologiques qui risqueraient de fragiliser l'enquête. Comme dit Watson, « je crois que l'on peut faire la psychologie suivante [...] : ne jamais utiliser les termes de conscience, états mentaux, esprit, contenu vérifiable introspectivement, imagerie, etc. »[2]. Cette orientation méthodologique du discours s'officialisera du reste avec Burrhus F. Skinner, à travers ce qu'on a appelé le « dilemme du théoricien »[3]. Soit l'état mental obéit à des lois, auquel cas celles-ci transparaîtront nécessairement dans la relation entre stimulation et réaction ; soit il n'y a pas de lois, auquel cas l'état mental, dépourvu de toute efficace causale, peut être oublié. Dans les deux cas, parce qu'il joue un rôle

1. P. Naville, *La Psychologie du comportement. Le behaviorisme de Watson*, Paris, Gallimard, 1963, p. 18.

2. J. B. Watson, « Psychology as the Behaviorist Views it », art. cit., p. 162 (*nous traduisons*).

3. P. Engel, *Philosophie et psychologie*, Paris, Gallimard, 1996, p. 154.

explicatif ou au contraire parce qu'il n'en joue aucun, l'état mental est une hypothèse inutile. Le behaviorisme est un pari épistémique consistant à faire comme si tout du psychisme, et jusqu'aux événements privés eux-mêmes (du type « j'ai mal aux dents »), pouvait se résorber sans reste dans la relation publique entre stimulus et réponse [1]. On ne dira pas, par exemple, qu'un singe est « surpris » ou « déçu » de ne pas trouver la banane escomptée dans une boîte ; on décrira plutôt « le brusque arrêt des mouvements afférents à la situation ordinaire », mais aussi « les réactions organiques diffuses » qui accompagnent cet arrêt, etc [2]. Le pari, c'est qu'une telle révision lexicale suffira à la tâche, et qu'on pourra, dans ce nouveau cadre, décrire fidèlement les différentes capacités sensorielles, motrices, intellectuelles, et jusqu'à la personnalité et l'individualité d'un organisme. Le psychisme, ce sont des séries de gestes et des dispositions comportementales intégralement observables ; par exemple dire que Jean croit qu'il va pleuvoir ce n'est pas inférer un état intérieur qui serait sa croyance ; c'est simplement décrire Jean en train de fermer les fenêtres, mettre à l'abri les accessoires de jardin, emporter un parapluie quand il sort, etc [3]. De même, et dans cette version plus élaborée du behaviorisme qu'est le behaviorisme logique, on pose qu'une propriété psychologique n'est pas un état intérieur à un sujet valant comme une cause occulte de ses conduites, mais un ensemble

---

1. Sur cette radicalité épistémique (et non ontologique) du behaviorisme, *cf.* S. Demazeux, *Qu'est-ce que le DSM ? Genèse et transformations de la bible américaine de la psychiatrie*, Paris, Ithaque, 2013, p. 61-62.

2. P. Guillaume, « L'Objectivité en psychologie », *Journal de psychologie*, nov.-déc. 1932, p. 730.

3. J. Searle, *La Redécouverte de l'esprit*, trad. fr. C. Tiercelin, Paris, Gallimard, 1995, p. 61.

d'actions possibles, descriptibles au conditionnel : « Si X se trouve dans telles circonstances, alors il aura tel comportement ». L'intelligence, par exemple, n'est pas considérée comme une fonction abstraite et donnée indépendamment de ses effets ; il faudrait plutôt pour la comprendre l'opposer à l'habitude et dire alors, avec Ryle : « L'essence des pratiques habituelles est que chaque acte est la réplique de celui qui a précédé. L'essence des pratiques intelligentes, en revanche, est que chaque acte est influencé et modifié par ceux qui l'ont précédé ; l'agent continue d'apprendre »[1]. Ainsi on connaît le psychisme en établissant des relations régulières entre les conditions objectives du milieu et les réactions de l'organisme ; et en s'assurant de la constance de ces relations par une variation contrôlée des conditions et un recueil des réactions correspondantes.

On a beaucoup à gagner dans cette éviction des qualités phénoménales du psychisme. Tout d'abord, et comme on vient de le voir, on gagne en objectivité. La requalification du psychisme en termes de conduites publiquement observables est ainsi contemporaine de l'adoption un peu partout de méthodes nouvelles favorisant, par leur systématicité, l'accord des observateurs. Les tests, en psychologie appliquée ; les épreuves projectives (comme le fameux Rorschach), en psychologie de la personnalité ; les questionnaires, en psychologie sociale ; les entretiens standardisés,

---

1. G. Ryle, *La Notion d'esprit*, *op. cit.*, p. 115. Le « behaviorisme logique » trouve l'une de ses formulations les plus radicales sous la plume de C. Hempel : « Tout énoncé pychologique doué de sens […] est traduisible en un énoncé où ne figure plus aucun concept psychologique, mais seulement des concepts physiques. Les énoncés de psychologie sont des énoncés physicalistes » (« L'analyse logique de la psychologie », trad. fr. J. Haendler, dans D. Fisette et P. Poirier (éd.), *Philosophie de l'esprit. Psychologie du sens commun et sciences de l'esprit*, Paris, Vrin, 2002, p. 206).

en psychiatrie [1] : autant de procédures garantissant la reproduction et la communicabilité des enquêtes, et du coup la fiabilité des résultats. On dira, pour reprendre le titre d'un article fameux de 1923, que « l'intelligence est ce que le test teste » [2].

Mais on gagne également en extension. Alors que dans l'introspection seuls ceux qui pouvaient rendre compte verbalement de leurs états mentaux étaient concernés, la psychologie du comportement au contraire élargit considérablement le spectre de ses observations en direction de tous ceux à qui fait défaut l'usage de la parole : les enfants, les animaux, ou les « anormaux ». Il est inutile de requérir une description fine de ce que perçoit ou ressent le sujet de l'expérience : on peut savoir si les nouveau-nés discriminent tel type de syllabe non en le leur demandant, mais par exemple à travers un processus d'habituation largement pratiqué en psychologie du développement. Un bébé en effet qui suce une tétine et qui s'interrompt à chaque événement non-habituel, témoigne par cette seule interruption comportementale qu'il a entendu du nouveau. Nul besoin pour cela d'une déclaration verbale ; l'interruption des mouvements buccaux y suffit [3]. On peut de même évaluer la sensibilité chromatique d'un animal en faisant, après conditionnement opérant, que celui-ci réagisse positivement (par un comportement particulier) face à un papier rouge, et négativement devant un papier bleu. À travers différentes expériences de contrôle, on aura pris

1. S. Demazeux, *Qu'est-ce que le DSM ?*, *op. cit.*, p. 63-65.

2. E. G. Boring, « Intelligence as the Test Tests It », *New Republic*, 35, 1923, p. 35-37 ; cité par S. Demazeux dans *Qu'est-ce que le DSM ?*, *op. cit.*, p. 61.

3. F. Parot et M. Richelle, *Introduction à la psychologie*, *op. cit.*, p. 214-216.

soin de montrer que c'est bien à la couleur, et non à la forme, à la taille, à la texture, ou encore à d'autres propriétés du papier, que l'animal réagit. On sera alors en mesure de dire que l'animal distingue le bleu du rouge, en se référant par là non à « la qualité intime et indéfinissable de la perception du rouge et du bleu »[1], mais à des réactions transparentes au regard de l'observateur, et sur lesquelles tout un chacun peut s'accorder.

Une telle redéfinition du psychisme n'est pourtant pas sans poser question. On peut en effet, au-delà de son caractère épistémologiquement opératoire, s'interroger sur l'ontologie qui la fonde. Celle-ci est foncièrement ambiguë. D'un côté en effet, le psychisme redéfini comme comportement promeut un principe d'étrangeté radicale. Il est devenu un objet observé à distance, avec lequel l'observateur a coupé tous les liens. Il est ce dont cet observateur ne veut rien connaître à l'avance. Paul Guillaume, en 1932, pointait la radicalité de cette posture épistémique : « Si quelque Micromégas, tombé sur notre terre d'une planète lointaine, entreprenait l'étude scientifique de l'espèce humaine sans se croire autorisé à conclure par analogie avec sa propre vie intérieure, il n'est pas absurde de penser qu'il pourrait arriver à fonder sur une observation méthodique et prolongée de la conduite humaine des prévisions exactes : or c'est là tout ce que postule la psychologie de comportement »[2]. Il en va ici comme avec le « canon de Morgan », largement à l'honneur dans les protocoles expérimentaux des premiers behavioristes : un comportement devra toujours s'expliquer, non « à partir d'un processus psychologique élaboré », tel qu'il se présente spontanément à l'esprit et qui nous est familier, mais de

1. P. Guillaume, « L'Objectivité en psychologie », art. cit., p. 718.
2. *Ibid.*, p. 713.

préférence (pour se garder de tout anthropomorphisme) « à partir d'un processus moins élevé dans l'échelle de l'évolution et du développement psychologiques »[1]. Ce n'est pas un hasard, du reste, si une telle psychologie prit pour objet privilégié le comportement des animaux, avec Pavlov et Bechterew en Russie, ou Watson et Skinner aux États-Unis. Cela signifie que pour se connaître adéquatement l'homme doit se voir *comme il verrait un animal*, selon une méthode de distanciation systématique. Tout ce qu'il vit et fait avant de rencontrer l'objet de son expérience doit être oublié, comme épistémologiquement dommageable. Nous avons plus à apprendre des chiens de Pavlov et des rats de laboratoire que de nous-mêmes et de nos expériences directes. Nous avons plus à attendre de ce que nous ne sommes pas mais qui, dans son étrangeté, s'objective de soi-même, que de ce que nous sommes, vivons et faisons spontanément. C'est pourquoi dans ses versions cardinales, qui sont aussi les plus rigoureuses, la psychologie du comportement refuse non seulement de prendre en compte l'hypothèse de la conscience, mais également toute catégorie qui de près ou de loin risquerait de réaccréditer une telle hypothèse : l'intention, le but, le moyen, le désir, l'antici-pation, le motif, les raisons d'agir, etc. En ceci elle offre le plus souvent du comportement une conception mécaniste, comme on voit dans la réflexologie de Pavlov, ou encore dans le concept de conditionnement opérant de Skinner. Apprendre, dans les deux cas, c'est fixer par la répétition une relation causale directe entre un stimulus et une réaction élémentaires ; c'est acquérir des réflexes.

Mais ce n'est là qu'une moitié de la vérité. Car si on en restait là on s'exposerait à ne pas comprendre comment

1. C. L. Morgan, *An Introduction to Comparative Psychology*, Londres, W. Scott, 1903, p. 59.

le succès ou l'échec d'une tentative (le choix de tel trajet, pour un rat dans un labyrinthe ; telle façon de manipuler un levier, pour un chat dans une boîte de Skinner) peut fixer rétrospectivement comme bons ou mauvais les comportements qui ont mené à ce résultat. Si en effet la conduite n'est qu'une suite de gestes élémentaires reliés entre eux par une causalité mécanique, on ne voit pas ce qui donne au succès ou à l'échec le pouvoir de conférer une *signification* (positive ou négative) aux étapes préalables. Inversement on explique mieux ce qui arrive, et on est plus fidèle à la description des faits, lorsqu'on accepte que le comportement de l'animal, au lieu d'être considéré comme un agrégat de gestes aveugles, se laisse totaliser par une signification fonctionnelle englobante (sortir du labyrinthe, obtenir la nourriture en poussant correctement sur le levier, etc.) S'éclairant d'une vue générale de la situation, s'unifiant à partir du but poursuivi, la conduite du coup met en relation directe et signifiante les étapes préparatoires et le résultat final. C'est ainsi que le behaviorisme téléologique de Tolman [1] assuma, par une évolution interne au concept de comportement, de recourir à des concepts mentaux (comme le fait de viser un but ou une fin), considérés comme des variables intermédiaires nécessaires à l'intelligence des phénomènes.

Le paradigme du comportement n'est donc pas d'une pièce. D'un côté il représente, pour la communauté des psychologues, un ensemble de gains épistémologiques inestimables, et pour les humains que nous sommes, une somme de blessures narcissiques sans précédent. D'un autre côté pourtant il appartient à notre psychologie la plus spontanée. Comme l'avait souligné Gilbert Ryle, le

---

1. E. C. Tolman, *Purposive Behavior in Animals and Men*, New York, The Century Company, 1932..

comportement soutient nos énoncés psychologiques les plus élémentaires. « Les actions et les réactions des hommes, leurs discours, privés ou publics, leurs intonations de voix, leurs jeux de physionomie, leurs gestes servent depuis toujours de données à ceux qui étudient l'être humain et sont, après tout, les seules manifestations à prendre en considération »[1]. En ceci le comportement accompagne le mouvement de l'objectivation, mais en même temps il force la science à une certaine vertu descriptive, et fait droit, et concurremment, aux descriptions phénoménales les plus précises. C'est une notion inquiète et épistémologiquement instable, où se mesure le pouvoir « d'autocritique »[2], d'invention et de renouvellement de la psychologie scientifique.

LA COGNITION

La psychologie cognitive qui naît dans les années 1960-1970 semble faire retour vers une définition du psychisme en termes d'introspection. On invoque, entre les stimulations et les réponses, des processus directement psychologiques tels que les représentations, les croyances, les désirs ou les volitions. On rouvre la « boîte noire » des behavioristes et on tente de se donner une connaissance rigoureuse des entités mentales jadis proscrites par un Watson ou un Skinner. De quelle manière le cognitivisme définit-il alors les faits mentaux ?

1. L'approche est d'abord *fonctionnelle* : si les représentations mentales renaissent de leurs cendres, c'est d'abord pour jouer un rôle causal entre la situation et le comportement qui y répond – entre les entrées (*inputs*) et

1. G. Ryle, *La Notion d'esprit, op. cit.*, p. 461.
2. M. Merleau-Ponty, *Phénoménologie de la perception*, Paris, Gallimard, 1945, p. 77.

les sorties (*outputs*) du système. L'état mental est au centre des sciences cognitives, mais essentiellement comme fonction explicative de nos comportements. Le premier cognitivisme est dit, en ce sens précis, « fonctionnaliste ».

2. L'objectivation de nos différents événements mentaux passe d'autre part par une modélisation issue du traitement de l'information à l'œuvre dans nos ordinateurs : on assimile nos représentations à des symboles abstraits, et leurs relations à des opérations logiques formelles ; on considère ainsi que penser (quel que soit le mode de cette pensée : perceptif, judicatif, volitif, et même émotionnel) c'est traiter de l'information, c'est calculer. Le cognitivisme, d'une manière générale, obéit à un modèle « computationnel ».

3. Même si les procédures de traitement de l'information sont connaissables sous la forme d'algorithmes formels, même si la syntaxe de la pensée représente en ceci un langage autonome, indépendant des aléas de son incarnation (c'est la thèse de la « réalisabilité multiple » du fonctionnement de l'esprit), il n'empêche que la computation mentale est pensée, dès le premier jour, comme causalement dépendante d'un support matériel. Certes ce support est d'une certaine manière indifférent, le même algorithme pouvant en principe s'implémenter aussi bien dans un circuit en silicium que dans un réseau de neurones organiques ; il n'empêche que l'implémentation matérielle est, en tant que telle, nécessaire. C'est pourquoi, dans une version plus fine et plus aboutie du fonctionnement de l'esprit, dite « connexionniste », le cerveau et son fonctionnement effectif ont toute leur part ; la cognition est désormais liée par le cerveau au fonctionnement global du corps vivant et à ses impératifs biologiques ; on parle volontiers de « neurosciences cognitives ».

Le psychisme, c'est donc ce que « fait » un système cognitif pour accomplir telle fonction ; c'est en même temps le calcul (la procédure algorithmique) qu'il suit pour traiter l'information reçue ; c'est enfin l'implémentation cérébrale de ce calcul. Or chacun de ces niveaux – fonctionnel, algorithmique et physique [1] – se conforme aux canons d'une science expérimentale. Rien dans le comportement, l'algorithme et le substrat matériel n'échappe au regard et à l'accord possible d'une communauté d'observateurs ; tout y est public et garant d'impartialité. C'est pourquoi il est indifférent que l'état psychique considéré (la vision en trois dimensions, par exemple) soit conscient ou non : l'accomplissement d'une fonction par un organisme, la manipulation de symboles formels selon des règles syntaxiques et le fonctionnement du cerveau selon les lois biologiques et physico-chimiques se passent parfaitement d'une telle considération. La cognition, tout comme l'introspection et le comportement, déclasse cette question comme scientifiquement inopérante : la subjectivité n'est pas essentielle à l'esprit, la conscience n'est pas essentielle à l'état de conscience.

Cette éviction du phénoménal s'accomplit, dans le cognitivisme, à travers le concept d'« information ». L'information, c'est la pensée (sous toutes ses formes : juger, voir, vouloir, ressentir), mais 1. objectivée comme l'ingrédient nécessaire d'une fonction, 2. réduite à un symbole abstrait au sein d'un enchaînement logique, et 3. matériellement causée par un système informatique ou organique. Autrement dit c'est la pensée triplement mécanisée, la pensée sans personne pour la penser. On

---

1. Sur ces trois niveaux du discours cognitiviste, *cf.* D. Marr, *Vision*, San Francisco, Freeman, 1982.

peut dire d'un système biologique ou artificiel qu'il
« contient » ou même « traite » (mécaniquement) des
informations, mais non qu'il « pense » (qu'il juge, qu'il
voit, etc.), comme seul un sujet pourrait le faire. C'est à
un tel constat que nous convie l'expérience de pensée de
la chambre chinoise, de John Searle [1]. Une personne qui
ne parlerait pas un mot de chinois mais qui, enfermée dans
une chambre, aurait à sa disposition un manuel lui permettant
d'identifier et d'articuler entre eux les symboles chinois,
cette personne pourrait répondre en chinois aux questions
qu'on lui glisserait sous la porte. Elle obéirait aux règles
du manuel de traduction et finalement ferait l'affaire, mais
en traduisant mécaniquement et sans en passer par une
sémantique (sans comprendre le sens des mots). Elle ferait
comme si elle parlait le chinois, mais sans le parler ; elle
serait là, mais sans vraiment y être. L'expérience de pensée
de Searle illustre ainsi de manière emblématique la direction
prise par une psychologie qui, ayant délibérément fait
l'impasse sur la dimension subjective du psychisme, se
révèle dès lors incapable de distinguer entre un être vivant
et un ordinateur ou un robot. Une telle psychologie peut
certes espérer beaucoup dans la compréhension de comportements fonctionnellement transparents comme la mémoire,
la résolution de problèmes ou l'apprentissage ; mais qu'en
est-il de nos émotions, ou de nos sensations de plaisir et
de peine ? Qu'est-ce qu'une douleur qui ne serait pas
éprouvée, ou une tristesse qui ne serait pas vécue ?

D'où la possibilité parfois de remises en cause frontales,
en particulier au nom de l'irréductibilité de la conscience
phénoménale, comme par exemple chez Thomas Nagel [2],

1. J. R. Searle, « Minds, Brains and Programms », *Behavioral and
Brain Sciences*, 3, 1980, p. 417-457.

2. T. Nagel, « Quel effet cela fait d'être une chauve-souris ? », art. cit.

Hubert Dreyfus [1] ou plus récemment David Chalmers [2]. La psychologie cognitive aura ainsi fait l'objet, depuis les premiers pas de l'Intelligence Artificielle dans les années 1940-1950, d'une réflexion philosophique qui lui fut quasiment dédiée, ladite « philosophie de l'esprit » (*Philosophy of Mind*). Et pourtant si évolution il y eut, celle-ci fut largement le fait de la psychologie cognitive elle-même, et sous l'effet de remaniements internes à la théorie. On ne saurait sous-estimer, de ce point de vue là, l'importance du tournant connexionniste, au début des années 1980, soit la décision de confier au cerveau et à ses fonctions biologiques la tâche de rendre compte des processus cognitifs. Car c'est alors l'ensemble de l'analyse qui en reçoit une impulsion nouvelle. Le psychisme ne peut plus se présenter en effet comme une instance abstraite d'extraction, de manipulation et d'optimisation d'informations objectives sur le milieu objectif. La logique adaptative du cerveau désintellectualise d'elle-même cette version des choses. Le psychisme se décrira dès lors en termes d'adaptation pratique au milieu, de couplage interactif avec l'environnement, plutôt que de représentation ou de connaissance. D'où alors l'essor de psychologies prenant délibérément le contre-pied de la « Théorie computationnelle de l'esprit » [3], comme les théories de la cognition « énactive » (*enacted*), « incarnée » (*embodied*), « étendue » (*extended*), « embarquée » (*embedded*), ou encore « affective ». Au fil de ces différentes approches, unies par un même refus du concept de représentation, la cognition s'est, comme on dit, réchauffée. Le psychisme a son lieu non plus à

---

1. H. L. Dreyfus, *Intelligence artificielle. Mythes et limites*, Paris, Flammarion, 1992.

2. D. Chalmers, *L'Esprit conscient, op. cit.*

3. D. Andler, *La Silhouette de l'humain, op. cit.*, p. 113.

l'intérieur, avec pour tâche de relier cognitivement les entrées et les sorties du système, mais plutôt à l'extérieur, dans le rapport vital, pratique ou affectif à la situation. D'où un adoucissement phénoménal du discours et de son objectivisme, à la faveur d'une description qui a fait du corps vivant et de son immersion concrète dans le milieu environnant le porteur de la cognition.

UNE ASYMÉTRIE ÉPISTÉMIQUE

La psychologie scientifique, comme l'ensemble des sciences humaines depuis leur avènement au XIXᵉ siècle, est une science qui se cherche. Non seulement sa définition du psychisme, comme intériorité, comportement ou processus cognitif, varia du tout au tout en l'espace d'un siècle ; mais en outre ces définitions furent chaque fois l'objet de remaniements internes parfois spectaculaires, comme on voit avec la *Gestaltpsychologie*, le behaviorisme téléologique ou plus récemment les théories non représentationalistes de l'esprit. La psychanalyse représenta à cet égard, tout au long de cette histoire, un foyer de dissidence et de contestation particulièrement offensif. En témoigna par exemple, à partir des années 1980, et à la faveur de la querelle qui l'opposa aux thérapies brèves (dites « cognitivo-comportementales »), sa remise en cause du modèle cognitiviste[1].

Or il faut bien comprendre. Cette inquiétude propre à la psychologie, et la tournure agonistique qui fut la sienne depuis ses débuts, n'est pas exactement conforme à ce que nous connaissons des sciences humaines en général. La psychologie n'est pas seulement ambivalente ; le psychisme ne se prête pas seulement à deux approches distinctes et

---

1. C. Pagès, « L'Inconscient », cet ouvrage, t. 1.

complémentaires, entre troisième et première personne, explication et compréhension, genèse causale et interprétation signifiante, causes et raisons. En réalité cette opposition du naturalisme et de l'herméneutique, qu'on invoque souvent pour rendre compte du cours dialectique des sciences humaines, concerne bien davantage la sociologie ou l'anthropologie sociale, par exemple, que la psychologie elle-même. Car l'histoire de cette dernière, dans la succession de ses différents paradigmes, n'apparaît pas vraiment sinusoïdale, comme si à une phase objectiviste ou causale de cette histoire devait ensuite répondre une orientation subjectiviste ou compréhensive, et ainsi de suite. Il semble au contraire que le socle proprement théorique de la psychologie scientifique ait été *de part en part* tourné vers le principe d'une objectivation rigoureusement déterminante du psychisme. Le psychisme est pour elle un objet qu'elle voulut *le plus objectif possible*, le moins contaminé de traits singuliers et intimes, de vocables comme la conscience, l'expérience ou le vécu. Qu'il s'envisage comme fait intérieur, comme comportement ou comme processus cognitif, il se connut chaque fois en troisième personne et par une mise entre parenthèses méthodiquement accomplie de ce que nous en vivons. Et c'est alors à rebours de cet objectivisme, dans le jeu d'une naïveté concertée, dans l'accueil plus souple de nos vécus de conscience, que purent s'inventer des psychologies alternatives comme la *Gestaltpsychologie*, le behaviorisme téléologique ou les théories de l'énaction. On peut alors poser la question : pourquoi est-ce de prime abord le lexique chosique et réaliste qui s'impose si spontanément en psychologie, induisant, dans l'après-coup seulement d'une protestation subjective, une restitution de l'expérience vécue et de sa logique propre ?

Il y aurait bien des manières sans doute de justifier cette inquiétude propre à la psychologie, et la tournure agonistique qui fut la sienne depuis ses débuts. On peut bien sûr comprendre la chose de manière historique, en invoquant le naturalisme qui informe cette psychologie depuis le premier jour. Au sens épistémologique, le naturalisme du psychologue consiste à créditer les sciences de la nature d'un pouvoir explicatif universel, auquel rien de ce qui est humain ne saurait être étranger. Un jour, pense-t-on, ce qu'on ne sait comprendre qu'en requérant pour l'instant d'étranges entités comme la conscience ou le vécu, saura s'expliquer plus efficacement depuis les lois de la nature physico-chimique ou biologique. Le naturalisme peut également s'envisager sur un mode ontologique. On dira alors, comme John S. Mill en son temps, ou comme Paul Churchland aujourd'hui [1], qu'il n'y a qu'un seul mode d'être, qui est celui des phénomènes naturels. Et on le dira en enrôlant la psychologie dans un combat contre la métaphysique, si on entend par là le règne d'entités capables de s'affranchir du pouvoir causal de la nature, ou de soumettre la nature à leur propre pouvoir causal. Si la psychologie s'effraie depuis le premier jour de vocables comme la conscience, l'expérience ou le vécu, et si en même temps elle ne cesse, comme discipline attitrée, de les prendre en charge, c'est en grande partie parce qu'elle aperçoit derrière eux le spectre du surnaturel, quand ce n'est pas de la religion. Le psychologue s'obsède bien souvent du dualisme cartésien, il s'arme contre lui d'une attitude plus souvent défensive que constructive, qui l'empêche de décrire sereinement ce qui est pourtant son objet.

---

1. P. Churchland défend aujourd'hui en philosophie de l'esprit une position matérialiste radicale, dite « éliminativiste ». Cf. *Le Cerveau : moteur de la raison, siège de l'âme*, Bruxelles, De Boeck-Wesmael, 1995.

Il existe pourtant une raison plus déterminante, et réellement constitutive, qui explique la difficulté de la psychologie à assumer sereinement la dimension subjective de son objet. On peut se référer pour ce faire à ce qu'on appelle la « psychologie populaire » (*folk psychology*). On entend par là l'ensemble des présuppositions structurant spontanément notre usage, au quotidien, d'un vocabulaire psychologique [1]. On remarquera tout d'abord que ces présuppositions sont ambiguës, pour ne pas dire contradictoires. D'un côté nous créditons d'un contenu « intentionnel » ou « propositionnel » nos différents états mentaux : c'est parce que je vois *le ciel s'assombrir* et que je crois *qu'il va pleuvoir*, que je cherche *mes bottes de pluie*. Voir, croire et chercher sont employés ici directement en rapport avec la situation, ils m'entretiennent du sens de cette situation plutôt que d'états psychiques intérieurs. L'intentionalité, la « relation à », est la marque de l'esprit, sa caractéristique propre. D'un autre côté pourtant, comme l'a bien montré Ryle, nos compte-rendus psychologiques sont invariablement réalistes ou, comme on dit, « mentalistes » : on situe le psychisme ou l'esprit quelque part dans le corps, et plus exactement dans le cerveau (« Il avait en tête de sortir, malgré la pluie ») ; on le peuple d'entités substantiellement attribuables à leur porteur (« Il était rongé par la jalousie ») ; on attribue à ces entités un pouvoir causal (« L'amour le porta aux dernières extrémités »), etc. C'est là, sans doute, l'effet d'un réalisme général, qui s'exprime à propos de l'esprit comme il s'exprime à propos du monde. Quoi qu'il en soit notre psychologie spontanée convoque deux registres distincts. Elle mêle comme l'eau et le feu les lexiques intentionnel

---

1. P. Engel, *Philosophie et Psychologie*, *op. cit.*, p. 138-145.

et chosique ; elle comprend un comportement à partir de son sens intentionnel, qu'elle décrypte savamment en termes de motivations, de raisons d'agir ou de significations affectives ; mais elle l'explique en même temps à partir d'entités intérieures conçues comme les causes cachées de ce comportement. Si nous sommes spontanément psychologues, nous le sommes selon deux voies opposées.

Mais il faut dire plus, et comprendre le déséquilibre, au-delà de l'antinomie. Pourquoi, dans cette histoire, est-ce toujours l'objectivisme qui prévaut, appelant, dans l'après-coup d'une critique interne, l'invention de psychologies plus nuancées ? Il y a là sans doute une raison de principe. Ce n'est pas seulement, en effet, qu'on a affaire à deux types de catégories différentes, les unes intentionnelles ou signifiantes, les autres réalistes ou causales. Le sens intentionnel, les raisons d'agir et de comprendre, les normes et les formes de vie, ne peuvent s'apercevoir qu'en première personne, pour un regard engagé dans ce qu'il vit. Il faut chaque fois assumer d'être le sujet d'une expérience possible, quelqu'un à qui il peut arriver quelque chose, pour se sentir requis par la teneur émotionnelle d'un visage, mobilisé le sens pratique d'une situation, motivé par un interdit, obligé par une norme. Or on touche ici à une certaine vulnérabilité du lexique intentionnel. Il n'est jamais simplement « donné » ; il faut l'accomplir pour le voir en face. Certes l'expérience en première personne possède son « immunité épistémique » : ce que je pense (ce que je juge, vois, ressens…) est absolument certain de soi, en tant que je le pense ; c'est ce que nous expérimentons dans le Cogito. Pourtant cette certitude de l'expérience en première personne possède son revers. Car il ne tient qu'à moi, paradoxalement, de réfléchir mon expérience et de faire son droit à son autoévidence. L'expérience est certaine de soi pourvu que je la voie en face ; mais il m'est toujours possible justement de ne pas la voir en face et d'en dénier la légitimité au regard de de la chose matérielle qui elle est présente, tangible, irrécusable. On donnera toujours plus d'autorité à une chose qui est là sans contestation possible, qu'à un vécu dont je peux toujours me détourner.

L'évidence de l'expérience n'éclate qu'à celui qui s'y est converti. Comme Merleau-Ponty le souligne dans la *Phénoménologie de la perception*, « cette conversion du regard, qui renverse les rapports du clair et de l'obscur, doit être accomplie par chacun et c'est ensuite seulement qu'elle se justifie par l'abondance des phénomènes qu'elle fait comprendre. Mais avant elle ils étaient inaccessibles, et à la description qu'on en fait, l'empirisme peut toujours opposer qu'il ne comprend pas » [1]. L'autoévidence du vécu possède ainsi une autorité ambiguë : absolue à l'intérieur de son ordre propre, dès lors qu'on s'est installé en elle ; mais révocable, oubliable, donc fragile, quand on se tient à l'extérieur et qu'on l'envisage depuis le point de vue en troisième personne. Car rien dans un tel point de vue ne nous mène au subjectif. On ne *démontre pas* l'existence de la conscience. La seule démonstration viable consisterait, comme le dit ironiquement Searle contre l'objectivisme de la psychologie cognitive, à se pincer, ou à pincer le contradicteur sceptique, pour ensuite aller consigner ce témoignage personnel dans le *Journal of Philosophy* [2]. Seule l'expérience peut s'attester et produire, comme on dit, ses titres de créance ; mais alors c'est pour soi seule, et sans autre possibilité que de taper du poing sur la table

---

1. M. Merleau-Ponty, *Phénoménologie de la perception*, *op. cit.*, p. 31.
2. J. R. Searle, *La Redécouverte de l'esprit*, *op. cit.*, p. 28.

pour en convaincre autrui. Le subjectif ou la conscience n'ont pour elles que des preuves sans preuves. Elles seront toujours impuissantes face à celui qui, insincère, ne voulant pas s'engager dans sa propre expérience pour expérimenter ce dont il est question, s'en tient au regard en troisième personne. La psychologie possède son Malin génie : c'est « l'examinateur distrait »[1], celui qui par manque de sincérité reste sourd aux descriptions de l'expérience et des structures de la conscience.

On comprend mieux alors que notre conception spontanée du psychisme, comme la psychologie scientifique en général, se range si facilement du côté d'un objectivisme fort. Celui-ci est certes largement sous-tendu par l'attrait épistémique des sciences de la nature, ou encore par la crainte de retomber dans la métaphysique, mais il repose pourtant sur une motivation plus fondamentale, en forme de fragilité constitutive de toute appréhension psychique : rien n'est plus indéfendable, publiquement, qu'un fait de conscience ou un vécu singulier. Rien n'est plus difficile à porter au plan où un accord des esprits, une discussion transparente et finalement une objectivité sont possibles. La psychologie est la science d'un objet qui, pour être connu en toute rigueur, demande à la science un peu plus qu'elle-même comme science : la fidélité à soi de l'expérience, la sincérité du vécu témoignant pour lui-même.

---

1. L'expression est de Walter Benjamin et elle concerne l'attitude du public au cinéma, dans *Œuvres III*, trad. fr. R. Rochlitz, Paris, Gallimard, 2003, p. 313 ; nous la détournons donc de son contexte.

LA PRATIQUE

Avant d'être en usage dans les sciences humaines et sociales, le concept de pratique apparaît d'abord comme le produit d'une longue tradition philosophique.

Il revient à Aristote d'avoir scellé la définition du concept de *praxis*. Celle-ci s'établit, dans la *Métaphysique* et l'*Éthique à Nicomaque*, à travers la distinction inaugurale de la *théôria*, de la *poïesis* et de la *praxis*. La *théôria*, ou contemplation, est une application de l'âme ou de l'esprit qui lui permet de voir les formes intelligibles, non accessibles aux sens. Elle est au principe de la connaissance et de la vie pleinement accomplie. La *poïesis* est une « disposition à produire accompagnée de règles »[1] dont procède la création artificielle ou artistique d'une œuvre extérieure à l'agent. Par différence, la *praxis* se définit comme une « disposition à agir accompagnée de règles »[2]. Elle se distingue ainsi de la *théôria* en ce qu'elle implique une ou des action(s) concrète(s) de l'agent. Elle diffère par ailleurs de la *poïesis* en ce que sa finalité ne se situe pas en dehors de l'action entreprise et renvoie plus particulièrement au champ de la morale et de la politique. L'acquis de cette délimitation conceptuelle est donc double : d'une part, la

1. Aristote, *Éthique à Nicomaque*, trad. fr. J. Tricot, VI, 4, 1140 a, Paris, Vrin, 2007, p. 303.
2. *Ibid.*

praxis désigne les actions humaines alors que la théorie suppose une forme de « loisir » (*skholè*) ; d'autre part, elle n'implique pas nécessairement la production d'une œuvre.

Au-delà du rappel de cette distinction tripartite, notons que la pratique a fait l'objet d'investissements philosophiques divers et variés : elle peut occuper une place marginale tout autant que centrale. La conception aristotélicienne de la pratique a ainsi favorisé sa dévalorisation, voire sa déconsidération. En effet, pour Aristote, celui qui s'adonne à la science dite théorétique, celle qui prend pour objet la connaissance en général (*théôria*) et se caractérise par son désintéressement, exerce la meilleure part de l'homme [1] : pour cette raison, la métaphysique a une dignité plus grande que la philosophie « pratique » qui fait de la pratique l'objet de ses considérations. Mais l'histoire de la philosophie a aussi été animée par un mouvement contraire de réestimation de la pratique : on plaide alors en faveur de sa meilleure prise en compte philosophique, laquelle peut aller jusqu'à affirmer l'existence d'un « primat de la pratique » [2]. La pratique est comprise comme une réalité première et, en un sens, indépassable. L'enjeu, pour la philosophie, n'est donc pas seulement de dire ce qu'est la pratique, mais aussi de reconnaitre pleinement la place qu'elle occupe au sein de nos existences : nous vivons par la pratique et nous pensons aussi, différemment, en pratique.

Les sciences humaines et sociales se situent, par rapport à la longue tradition philosophique, dans un double rapport de dette et de mise à distance. D'une part, elles enregistrent l'héritage du concept de pratique et l'utilisent souvent

---

1. Aristote, *Éthique à Nicomaque*, X, 8, 1178 b 20-23, p. 555.
2. Voir S. Haber (éd.), *L'action en philosophie contemporaine*, Paris, Ellipses, 2004.

comme une notion banale et ordinaire, qui ne réclamera pas d'examen plus attentif. C'est par là, sans doute, que s'explique le fait que l'entrée « pratique » est absente de la plupart des dictionnaires spécialisés dans le lexique des sciences humaines et sociales : en un sens, le concept de pratique ne fait plus même question puisque sa validité est déjà éprouvée par ailleurs. Mais, d'autre part, les sciences humaines et sociales revendiquent un abord spécifique de la pratique ou plutôt des pratiques : elles analysent leurs réalités concrètes, au plus près de leurs accomplissements. Elles prolongent ainsi, voire radicalisent, le mouvement philosophique de reconnaissance du primat de la pratique en faisant de l'analyse des pratiques une voie d'accès privilégiée à la réalité sociale et historique.

Notons bien ce point : ce double rapport de dette et de mise à distance trouve son origine dans l'*usage* spécifique que les sciences humaines et sociales font du concept de pratique. Les sciences humaines et sociales nous invitent à renoncer aux splendeurs abstraites du concept pour faire l'épreuve de la réalité concrète et empirique *des* pratiques, c'est-à-dire de leur diversité, de leur particularité et de leur complexité. En effet, l'enjeu fondamental, pour les sciences humaines et sociales, n'est pas tant de penser abstraitement et généralement *la* pratique que d'analyser *les* pratiques, en les décrivant, en exhibant leurs réalités objectives, en constatant leurs régularités, en les expliquant et/ou en les comprenant, en restituant leurs logiques. C'est bien cet enjeu, celui d'une analyse empirique et réaliste, qui décide directement de l'usage qui peut être fait du concept de pratique dans le champ des sciences humaines et sociales. Cet usage particulier présente trois caractéristiques générales.

Tout d'abord, le terme de « pratique » vaut souvent comme une *désignation ontologique* : il s'applique à une activité humaine particulière qui est géographiquement, historiquement et socialement située et il délimite ainsi un objet d'investigation. À cet égard, le concept de pratique dont les sciences humaines et sociales font usage est d'une extension considérable. Les pratiques, ce sont tout ce que les hommes font, c'est-à-dire toutes les activités humaines (les *pragmata*, au sens d'Aristote) : on y trouvera des conduites rationnelles, décidées et délibérées, orientées selon une finalité ou une valeur, mais aussi des routines ou des recettes, des habitudes, des rites, des mœurs, et encore des comportements anormaux ou exceptionnels, que l'on dira passionnés, irrationnels ou fous. Cette entente extrêmement large de la pratique maintient le plus souvent une distinction classique entre les pratiques qui sont choses faites et les œuvres qui sont choses créées. Mais la distinction entre théorie et pratique, souvent si rigoureuse pour la philosophie, devient en revanche plus flottante, puisque des activités « théoriques » telles que celles de la science, de la méditation religieuse ou de la contemplation esthétique peuvent apparaître comme autant de « pratiques » aux yeux des sciences humaines et sociales. La désignation ontologique est souvent si large qu'elle appelle souvent une qualification secondaire qui vient la préciser : on parlera ainsi de pratiques culturelles, professionnelles, urbaines, sportives, etc, en spécifiant de la sorte le domaine d'exercice des pratiques considérées.

Ensuite, l'identification d'une pratique en tant que « pratique » vaut aussi bien souvent, dans les sciences humaines et sociales, comme une sorte de *commencement méthodologique*, au sens où se découvre par là ce qui reste à étudier. Cette remarque vaut également pour ce que l'on appelle le « terrain », terme qui a pour fonction de circonscrire, par avance ou après-coup, un certain domaine d'expérience livré à une enquête méthodique et qui est le plus souvent un ensemble de pratiques référées à un contexte particulier. Le recours au terme de pratique permet de cerner un domaine d'objet et cette délimitation inaugurale a une vertu heuristique qu'il faut faire apparaître. Faire de telle ou telle activité une « pratique », c'est déjà en faire un objet *pour* les sciences sociales. Ainsi la pratique n'est-elle pas seulement une chose que l'on désigne mais une réalité dont il s'agira de révéler le sens objectif. Un tel projet suppose que l'on puisse mobiliser avec méthode des procédures d'investigation, des instruments d'analyse, des modèles théoriques. Le terme de pratique se trouve ainsi pourvu d'une fonction méthodologique particulière : loin d'être ce qui nécessairement décevra la pensée, la pratique est ce dont il faut dire la logique particulière. L'identification de la pratique est ainsi au principe du raisonnement spécifique déployé par les sciences humaines et sociales [1].

La référence à la pratique vaut enfin, dans les sciences humaines et sociales, comme un *marqueur disciplinaire*. Le concept de pratique représente de ce fait un lieu théorique crucial où la différence des sciences humaines et sociales se joue et se rejoue, tout particulièrement par rapport à la philosophie. Les sciences humaines et sociales peuvent s'enorgueillir d'une compréhension non-spéculative ou non-intellectualiste de la pratique, qu'elles revendiquent parfois contre la philosophie ou les théories de l'action [2].

1. J.-C. Passeron, *Le raisonnement sociologique. Un espace non poppérien de l'argumentation*, Paris, Albin Michel, 2006.

2. C. Lévi-Strauss, *Tristes tropiques*, chap. VI, « Comment on devient ethnographe », Paris, Plon, 1955, p. 52 *sq*.

Elles peuvent alors être tentées de dénoncer la philosophie pour son incapacité foncière à penser la réalité des pratiques.

Le concept de pratique en usage dans les sciences humaines et sociales vaut donc à la fois comme une désignation ontologique commode, comme une ouverture méthodologique incontournable et enfin comme un marqueur disciplinaire fort. La question qui se pose alors est de savoir quel peut être le sens d'une pensée de *la* pratique dans les sciences humaines et sociales, au-delà de l'investigation méthodique, informée et réfléchie de la particularité *des* pratiques. En effet, on peut fort bien considérer que les sciences humaines et sociales pourraient se contenter d'un usage purement opératoire du concept de pratique et il n'y aurait pas lieu de réfléchir plus longuement ce qu'est la pratique en général. Mais on peut aussi soutenir l'idée qu'il y a nécessité, pour l'exercice même des sciences humaines et sociales, de réfléchir à la pratique en général, en mobilisant des ressources inédites pour repenser la pratique, par-delà l'héritage philosophique qui marque ce concept. C'est cette deuxième option que nous allons tenter de suivre, celle d'une pensée de la pratique renouvelée par les sciences humaines et sociales : comment peut-on produire une théorie de la pratique qui ne nous fasse pas perdre la spécificité des pratiques ?

La réflexion sur le concept de pratique, dans les sciences humaines et sociales, n'a sans doute jamais été poussée si loin que dans l'œuvre de Pierre Bourdieu. Nous allons donc privilégier cette référence pour voir comment et sous quelles conditions peut s'élaborer une théorie de la pratique refondée par les sciences humaines et sociales. Nous verrons tout d'abord comment Bourdieu élabore un concept original de pratique et comment il reconsidère, plus généralement, le rapport de la théorie à la pratique. Ensuite, nous montrerons que sa théorie de la pratique se soutient d'une théorie de la *génération* des pratiques, développée au moyen des concepts d'*habitus* et de *champ*. Enfin, nous reviendrons sur la critique sociologique de la philosophie qui en découle, en tant qu'elle remet en cause le rapport de cette dernière à la pratique.

DES PRATIQUES À LA THÉORIE DE LA PRATIQUE

Au point de départ des réflexions que Bourdieu a pu conduire sur *la* pratique, il y a toujours *des* pratiques. Dans les études sur l'Algérie, ce sont les conduites d'honneur, l'organisation de la maison, tout ce qui se trouve déterminé par les rapports de parenté[1]. Dans les textes sur le Béarn, ce sont le célibat des aînés et les stratégies matrimoniales[2]. Plus tard, ce sont les pratiques culturelles, les pratiques éducatives, les pratiques artistiques, les pratiques académiques, les pratiques scientifiques, etc[3]. Dans tous les cas, il s'agit d'analyser ce que font certains agents du monde social. Les pratiques sont donc, très généralement, des manières d'agir en société ou par rapport à la société. Elles sont aussi des objets privilégiés pour les sciences humaines et sociales, même s'il est vrai que celles-ci ne se conçoivent pas toujours, ni exclusivement, comme des sciences des pratiques.

1. P. Bourdieu, *Esquisse d'une théorie de la pratique, précédé de Trois études d'ethnologie*, Paris, Seuil, 2000.
2. P. Bourdieu, *Le bal des célibataires. Crise de la société en Béarn*, Paris, Seuil, 2002.
3. Respectivement : P. Bourdieu, *La distinction : critique sociale du jugement*, Paris, Minuit, 1979 ; P. Bourdieu, *La reproduction : Éléments d'une théorie du système d'enseignement*, Paris, Minuit, 1970 ; P. Bourdieu (éd.), *Un art moyen : Essai sur les usages sociaux de la photographie*, Paris, Minuit, 1965 ; P. Bourdieu, *Homo academicus*, Paris, Minuit, 1984 ; etc.

La spécificité de l'œuvre de Bourdieu tient à l'ambition qui est la sienne de produire une théorie de la pratique sociologiquement informée. Cette ambition est explicite dans l'*Esquisse d'une théorie de la pratique* de 1972, dans *Le sens pratique* de 1980 et dans les *Méditations pascaliennes* de 1995 [1]. Les premiers textes de Bourdieu nomment « praxéologie » la théorie qui doit établir les fondements de la sociologie des pratiques. Par la suite, Bourdieu évoque plus volontiers une « anthropologie » de la pratique. Plus tardivement, celle-ci sera encore conçue comme une « anthropologie générale fondée sur une analyse historique des caractéristiques spécifiques des sociétés contemporaines » [2]. Cette anthropologie que Bourdieu appelle de ses vœux ne se conçoit pas d'emblée, *a priori*, comme une interrogation générale sur une improbable et mystérieuse « nature humaine ». On s'épargne ainsi la recherche laborieuse de critères définitionnels distinctifs (la raison, le langage, la politique, etc.) : ce que réclame le point de vue de l'anthropologie, c'est de ressaisir le point de vue de « la » pratique et de la penser en sa généralité, voire en son universalité.

Or, singulièrement, il s'avère que la réalisation de ce projet « anthropologique » ne donne pas lieu à une définition générale de la pratique. Dans l'*Esquisse*, Bourdieu se concentre plus volontiers sur le problème des modalités et des fondements de « l'observation participante », méthode qui consiste à étudier une société en partageant le mode de vie de ses membres. Dans *Le sens pratique*, Bourdieu

---

1. P. Bourdieu, *Esquisse d'une théorie de la pratique, op. cit.* ; *Le sens pratique*, Paris, Minuit, 1980 ; *Méditations pascaliennes*, Paris, Seuil, 1997.

2. P. Bourdieu, L. Wacquant, *Invitation à la sociologie réflexive*, Paris, P.U.F., 2014, p. 212.

engage une « critique de la raison théorique » qui est en réalité une critique du subjectivisme et de l'objectivisme, c'est-à-dire des tendances « anthropologiques » qui réduisent les pratiques à des vécus, à des intentionnalités (c'est le grand tort de la phénoménologie aux yeux de Bourdieu) ou à des réalités purement objectives (c'est le travers du structuralisme). Mais cette double critique se déploie sans jamais prendre le temps de nous préciser ce qu'est « la » pratique. Dans les *Méditations pascaliennes*, le problème des conditions d'une théorie de la pratique est constamment présent, mais sans que la pratique, là encore, ne soit vraiment définie. L'*Index Rerum* de l'ouvrage renonce même à recenser les occurrences du terme de pratique et renvoie aux termes suivants : *action, connaissance, logique, raison, sens*. Comment justifier une telle lacune ?

Une première hypothèse pourrait être que l'on n'a pas à définir la pratique parce que l'on sait toujours déjà fort bien de quoi elle est faite. Tout se passe donc comme si le sens de ce qu'il faut entendre par pratique allait toujours de soi. Cela vaut pour l'agent pris dans la pratique : la pratique a pour principe de se savoir ou de s'éprouver comme pratique, au sens où l'on sait toujours, plus ou moins clairement, que l'on est en train de « faire » quelque chose. Cela vaut aussi pour l'ethnologue ou le sociologue qui a circonscrit l'objet de ses recherches et qui « sait bien », pour des raisons liées à la constitution même de ces disciplines, ce qui mérite d'être regardé comme « pratique ».

En seconde hypothèse, on pourrait considérer qu'il s'agit d'assumer un paradoxe : chercher à penser *la* pratique, au singulier, c'est toujours courir le risque d'en faire une pure construction spéculative. En effet, l'idée même d'une théorie de la pratique suppose que le cours de la pratique soit suspendu puis repris par la pensée. Comme le souligne fort justement Pierre Macherey :

> Une pensée soumise aux exigences immédiates de l'action s'aliénerait et perdrait de son caractère de pensée authentique. Et, inversement, une action figurée dans la forme exclusive que lui assigne une pensée qui l'essentialise en en fixant les règles, renoncerait à tout caractère réellement actif, deviendrait le schéma formel d'une action vidée de son principe vivant. [1]

Ainsi est-ce peut-être pour ne pas l'essentialiser qu'il n'y aurait pas lieu de définir la pratique.

Mais ces hypothèses ne sont guère tenables car il s'avère que Bourdieu mobilise en réalité un concept bien déterminé de pratique. Seulement, celui-ci ne fait pas l'objet d'une définition simple et univoque. Il fonctionne bien plutôt à la manière de ce qu'Eugen Fink appelait un « concept opératoire », en ce sens qu'il est « plus largement utilisé de manière opératoire qu'éclairé thématiquement » [2]. Selon Fink, les concepts thématiques nous permettent de « fixer » objectivement « ce qui est pensé » et les concepts opératoires jouent le rôle de schèmes intellectuels : les seconds servent à penser les premiers sans être eux-mêmes pensés en propre. C'est cette dernière hypothèse de lecture qu'il faut privilégier. Le concept de « pratique », non explicitement défini, agit dans le discours bourdieusien comme une présupposition qui opère et gagne progressivement en opérativité, par le biais de déterminations implicites ou

---

1. P. Macherey, « Penser la pratique », dans *L'action en philosophie contemporaine*, *op. cit.*, p. 17

2. E. Fink, *Proximité et distance. Essais et conférences phénoménologiques*, trad. fr. J. Kessler, Grenoble, J. Millon, 1994, p. 165.

explicites. En cela, la théorie bourdieusienne de la pratique illustre le décentrement salutaire si souvent assuré par les sciences humaines et sociales : il ne s'agit pas d'appliquer des concepts philosophiques prédéfinis mais de les réformer à l'aune de la considération de la réalité historique et sociale.

Ainsi, à la lecture conjointe de *L'esquisse* et du *Sens pratique*, il apparaît que la « pratique » est implicitement et progressivement déterminée par quatre présuppositions complémentaires qui font d'elle un objet sociologique à part entière.

1. La pratique implique une certaine *régularité*. La pratique, c'est l'action que l'on observe fréquemment et qui présente un caractère de répétition. Elle n'est pas tant ce qui fait événement que ce qui a cours. Cette régularité peut ainsi être objectivée par l'enquête statistique. Mais il ne s'agit pas seulement de la constater : cette régularité correspond à une logique interne de la pratique qui ne doit pas être comprise comme une simple obéissance à des règles, ni comme un pur mécanisme. La pratique a sa logique propre, même si le sens de celle-ci n'est pas immédiatement évident. La pratique, ce sont d'abord et avant tout des actions, des manières de faire, de dire et de penser régies par une « nécessité » interne, par des raisons qui peuvent passer pour arbitraires mais dont on pressent aussi la cohérence. La régularité des pratiques est ce par quoi elles se manifestent, en vertu d'une sorte de nécessité interne qui reste à expliquer.

2. Il apparaît que la pratique n'est intelligible que par le « sens pratique » qu'elle manifeste. Cette seconde présupposition est, en fait, une substitution : la considération du sens pratique prend le pas sur celle de la pratique. Ce n'est jamais la pratique seule qu'il s'agit de penser, mais

bien une certaine « faculté de connaître » qui s'avère en elle et qui invite à penser la pratique sous l'angle de sa « maîtrise ». Ainsi, dans l'*Esquisse*, Bourdieu en vient bien vite à parler de la « maîtrise pratique », et plus précisément encore de « la maîtrise pratique qui rend possible une action objectivement intelligible »[1]. Les choses sont plus claires encore dans *Le sens pratique*, qui ne se présente plus sous la perspective d'une théorie de « la » pratique mais bien comme une étude sur le sens pratique. Bourdieu évoque d'emblée l'existence d'un « principe ordonnateur [...] capable d'orienter les pratiques de manière à la fois inconsciente et systématique »[2]. La pratique trouve donc sa garantie d'intelligibilité dans un « sens pratique » situé à son principe, sens pratique qui apparaît comme une connaissance immédiate et intuitive de ce qui est à faire. C'est pour cette raison, sans doute, que les dictionnaires consacrés aux travaux de Bourdieu évitent la rubrique de la pratique[3] ou dissertent à propos du sens pratique là où on s'attendrait à les voir traiter de la pratique[4]).

3. Il faut affirmer l'existence d'une logique de la pratique. Une « pratique » pure, au sens d'une pratique qui ne serait qu'action ou actions, n'existe pas aux yeux de l'ethnologue, du sociologue ou de l'anthropologue qui adopte la perspective bourdieusienne. Si les pratiques sont l'objet de la science sociale, c'est qu'elles ont un sens, et si elles ont un sens, c'est qu'elles mobilisent une certaine

---

1. P. Bourdieu, *Esquisse d'une théorie de la pratique, op. cit.*, p. 236.

2. P. Bourdieu, *Le sens pratique, op. cit.*, p. 22.

3. S. Chevallier et C. Chauviré (éd.), *Dictionnaire Bourdieu*, Paris, Ellipses, 2010.

4. J.-P. Cazier (éd.), *Abécédaire de Pierre Bourdieu*, Paris, Éditions Sils Maria, 2006, p. 149-152.

connaissance pratique. C'est aller plus loin que l'affirmation précédente, qui situait un « sens pratique » au principe de la pratique. La pratique est toujours pensée, même si elle n'est pas toujours réfléchie. De ce fait, elle a sa logique propre. Et l'une des caractéristiques de la pensée ou connaissance pratique est d'être structurée selon des distinctions qui sont souvent des oppositions. La logique de la pratique, « logique "sauvage" au cœur même du monde familier »[1], est fondamentalement duelle et puissamment oppositive, et l'opposition du sujet et de l'objet est l'une de ses distinctions fondamentales[2].

4. Enfin, une dernière présupposition : la pratique est toujours sociale. D'une part, elle est le produit d'une genèse particulière qui est le résultat d'un parcours individuel dans un certain espace social. Agir, c'est toujours se situer dans cet espace et par rapport à lui. D'autre part, les pratiques sont aussi sociales dans la mesure où la société, par elles, existe et se manifeste. En ce sens, la sociologie n'est pas et ne peut pas être une pure et simple ontologie sociale, c'est-à-dire une théorie générale, abstraite, de ce qu'est le social. Cette intention peut bien sûr être celle de la philosophie, mais elle est précisément ce que la sociologie doit s'interdire. Le social y est à la fois agi et agissant, cause et effet, présent partout sans qu'il ne soit possible, *a priori*, de lui assigner un site propre. Seule l'analyse sociologique des pratiques révèle le social en tant que tel. *La distinction* montre ainsi que les styles de vie, les sports, les activités culturelles et artistiques, ne procèdent pas du libre choix des sujets mais qu'il existe des relations étroites entre ces pratiques, les jugements de goût et les conditions

1. *Ibid.*, p. 39.
2. *Ibid.*

sociales d'existence[1]. De même, l'ouvrage intitulé *Les règles de l'art* établit que les œuvres littéraires ne doivent pas être comprises en elles-mêmes, mais par rapport à un certain espace social qui définit des positions légitimes (littératures de genre) et illégitimes (littératures d'avant-garde)[2].

Tel est donc le premier acquis d'une théorie de la pratique développée à partir et en direction de l'analyse des pratiques : le concept de la pratique, ainsi rendu opératoire par et pour la science sociale, y découvre de nouvelles significations.

UNE CRITIQUE DU RAPPORT THÉORIE/PRATIQUE

La réflexion de Bourdieu sur la pratique présente aussi l'intérêt de concevoir sur nouveaux frais le rapport théorie/pratique. Là encore, c'est le décentrement procuré par la pratique des sciences sociales qui se révèle décisif. Aux yeux de Bourdieu, l'exercice de l'analyse sociologique doit s'accompagner d'une réflexion continue sur ses propres présupposés. En ce sens, la théorie de la pratique n'est pas un projet autonome : elle est aussi requise par la pratique de la sociologie – et, initialement, de l'ethnologie – et ne trouve son sens que par rapport à elle. Elle est « avant tout imposée par la pratique scientifique qu'elle habite et oriente »[3]. Ou, pour le dire différemment : c'est aussi la pratique de la sociologie qui exige une théorie de la pratique qui ne se réduit pas à une théorie de la pratique sociologique.

---

1. P. Bourdieu, *La distinction, op. cit.*
2. P. Bourdieu, *Les règles de l'art : genèse et structure du champ littéraire*, Paris, Seuil, 1992.
3. P. Bourdieu, *Esquisse d'une théorie de la pratique, op. cit.*, p. 221.

Sous cette perspective, le rapport théorie/pratique redevient problématique et justiciable d'une critique rigoureuse et inédite. Car ce rapport ne va nullement de soi, ou plutôt, il convient de s'interroger sur ce qui semble aller de soi dans l'institution d'un point de vue théorique sur la pratique, dans cette prétention de la science sociale à dire *objectivement* ce qu'est la pratique. La critique du rapport théorie/pratique est rendue nécessaire par l'« expérimentation épistémologique » que Bourdieu s'est proposé de pratiquer en analysant, d'un point de vue ethnologique, le monde étranger de la société algérienne, puis en revenant, en sociologue, au monde familier de son enfance et de son adolescence, le Béarn[1]. C'était se donner une double occasion de réfléchir à la nature de l'objectivation pratiquée par les sciences sociales. Pour réfléchir au statut de l'« observateur participant », il fallait compléter l'expérience du point de vue ethnologique, opérant par principe dans une situation d'étrangeté à l'égard des pratiques sociales, d'une autre expérience, conduite depuis le point de vue sociologique, en cherchant cette fois-ci à transformer « un rapport de familiarité en connaissance savante »[2]. Dans le parcours de Bourdieu, la conversion à la sociologie est un renversement de la perspective ethnologique, l'expérimentation d'un point de vue qui lui est en quelque sorte « inverse ».

Ce que révèle l'expérimentation épistémologique qui consiste à comparer l'ethnologie du monde étranger et la sociologie du monde familier, c'est le fait qu'il y a, dans les deux cas, une part de subjectivité qui se trouve impliquée

1. Voir P. Bourdieu, *Algérie 60 : structures économiques et structures temporelles*, Paris, Minuit, 1977 ; P. Bourdieu, *Esquisse d'une théorie de la pratique, op. cit.* ; P. Bourdieu, *Le bal des célibataires, op. cit.*
2. P. Bourdieu, *Esquisse d'une théorie de la pratique, op. cit.*, p. 222.

dans l'acte de connaissance. C'est pour cette raison qu'il faut « observer les effets » que peuvent produire, *en nous*, l'objectivation ethnologique ou sociologique du monde social. Faire du monde social un objet de connaissance est une décision qui a des implications pour le sujet de connaissance lui-même. On ne peut donc pas se fier immédiatement à la science qui prétend à l'objectivité pour la simple et bonne raison que le savant n'est pas un être absolument détaché de la vie sociale qu'il mène par ailleurs. Il a sa propre histoire. Le problème du rapport théorie-pratique n'est donc pas purement épistémologique, il n'est plus seulement celui de l'objectivité du discours scientifique : il devient celui de l'*objectivation* qui est la pratique même du regard ethnologique ou sociologique sur le monde social.

Et ce problème de l'objectivation du discours scientifique découvre son origine dans la « coupure » instituée entre théorie et pratique par le projet même d'une connaissance sociologique des pratiques : « […] toute activité théorique […] suppose une coupure épistémologique, mais aussi sociale […] »[1]. La théorie de la pratique qui prétend prendre cette dernière pour « objet » se coupe nécessairement de sa logique et de son fonctionnement gnoséologique puisqu'elle prétend se distinguer d'elle *théoriquement*, mais elle se coupe aussi nécessairement de sa dimension *sociale* et en vient à ignorer ou méconnaître, comme le dit Bourdieu, les « conditions sociales de possibilité de la théorie »[2].

Si cette double réflexion doit s'accomplir dans un registre caractérisé comme étant celui de l'anthropologie,

---

1. P. Bourdieu, *Esquisse d'une théorie de la pratique*, *op. cit.*, p. 227.
2. *Ibid.*

c'est donc parce que celle-ci portera sur l'homme comme être de connaissance *et* comme être social. Si la pratique est nécessairement *sens* pratique et par suite *connaissance* pratique, elle est aussi sociale : la théorie qui prétend porter un regard « objectif » ne doit donc pas simplement rendre compte de ces différentes dimensions de la pratique, elle doit aussi s'interroger sur la façon qu'elle a de faire rupture avec elles. Ainsi, le programme d'une anthropologie de la pratique n'implique pas seulement une certaine idée de la pratique. Il engage aussi une réorientation du problème épistémologique de l'objectivité du discours scientifique vers celui de l'objectivation de la pratique scientifique, c'est-à-dire vers celui d'une objectivation de l'objectivation, soit d'une « double objectivation ».

Le programme de la double objectivation n'est pas une simple théorie : il faut y voir un ensemble de règles pour la direction de l'esprit sociologique. Bourdieu n'entend pas produire une théorie de l'esprit scientifique qui aurait toute son autonomie, qui vaudrait en quelque sorte pour elle-même et que l'on pourrait ensuite laisser derrière soi. Cette théorie ne doit pas se contenter de rassembler une série de généralités abstraites. Elle doit servir l'analyse de la position relative du sujet de connaissance et de ses pratiques de connaissance. La double objectivation doit être *appliquée* par le sujet de connaissance lui-même à ce qu'il est, c'est-à-dire un être de connaissance socialisé. En ce sens, elle est au principe d'une réflexivité sociologique cruciale pour comprendre les spécificités de la sociologie de Bourdieu [1]. La double objectivation suppose que le sujet se soumette à l'exigence de comprendre ce que sont les

---

1. Voir en particulier P. Bourdieu, *Science de la science et réflexivité. Cours du Collège de France 2000-2001*, Paris, Raisons d'agir, 2001.

conditions sociales de possibilités de la connaissance, non plus sur un mode strictement *philosophique*, mais bien *sociologique*. Le programme de l'anthropologie de la pratique, animé par l'ambition d'objectiver l'objectivation, est ainsi le lieu où s'accomplit le dépassement de la philosophie et où la sociologie se trouve à la fois requise et justifiée.

LA GÉNÉRATION DES PRATIQUES :
L'HABITUS ET LE CHAMP

C'est sous cette perspective nouvelle que l'on pourra envisager de produire une autre théorie de la pratique, en s'attachant à montrer comment la pratique dépend de l'agent tout en correspondant aux structures du monde social. Il faudra alors « construire la théorie de la pratique ou, plus exactement, du mode de génération des pratiques [...] [1] ». Comprendre et expliquer sociologiquement les pratiques, ce n'est pas seulement constater leur *modus operandi* mais montrer d'où elles proviennent et ce qu'elles doivent à l'histoire individuelle et sociale.

Pourquoi une théorie de *la* pratique embrassant la diversité des pratiques sociologiquement considérées et restituant leur genèse est-elle donc nécessaire aux yeux de Bourdieu ? La réponse est simple : jusque-là, la pratique a été fort mal conçue, précisément parce que le rapport théorie/pratique était peu réfléchi. Et de ce fait, les pratiques ont été analysées de manière inadéquate : soit on accorde trop d'importance aux intentions du sujet (c'est le travers de la phénoménologie), soit on fait des pratiques des réalités objectives où les agents semblent ne plus avoir de place, puisqu'ils sont agis par des structures qui les dépassent

---

1. P. Bourdieu, *Esquisse d'une théorie de la pratique*, *op. cit.*, p. 256.

(c'est là le tort du structuralisme). Dans les deux cas, la réalité des pratiques est manquée. C'est donc en raison d'une insatisfaction foncière à l'égard de modèles théoriques existants que Bourdieu entreprend d'élaborer sa propre théorie de la pratique. Il identifie en particulier deux tendances épistémologiques contraires, celle de l'objectivisme et du subjectivisme, qui déterminent une alternative fondamentale entre des « mode[s] de connaissance théorique qui implique[nt] en chaque cas un ensemble de thèses anthropologiques »[1]. Ces tendances sont polarisées selon l'opposition fondamentale du sujet et de l'objet, opposition déjà présente dans la connaissance pratique ordinaire, et que la science sociale reconduit subrepticement. Le subjectivisme s'illustre à travers la phénoménologie et la philosophie sartrienne de la liberté. Il substitue une théorie du sujet à une authentique théorie de la pratique et réduit le social à l'expérience vécue, ce qui lui interdit de comprendre ce qui vient structurer cette dernière. À l'inverse, l'objectivisme en vigueur dans la linguistique saussurienne ou le structuralisme de Lévi-Strauss fait mieux droit aux relations objectives qui conditionnent les pratiques sociales. Mais il s'expose à un autre risque : traiter les structures sociales comme des entités autonomes en réduisant les pratiques à une simple exécution du modèle[2].

Bourdieu a conçu sa propre théorie de la pratique en dépassement du subjectivisme et de l'objectivisme, en cherchant à rendre compte des légalités objectives du monde social, sans les hypostasier. Son projet spécifique est justement d'étudier, selon les termes de l'*Esquisse* de

1. *Ibid.*, p. 234.
2. *Ibid.*, (tout particulièrement dans la partie intitulée « Les trois modes de connaissance théorique ») et le premier chapitre du *Sens pratique, op. cit.*

1972, les « relations *dialectiques* » qui s'établissent entre les « dispositions structurées » et les « structures objectives »[1]. Ou, autrement dit, entre l'*habitus* et le *champ*.

En effet, l'*habitus* est ce *principe* qui génère un style de pratiques et détermine un certain ordre du sens qui leur est propre :

> L'*habitus* est ce principe générateur et unificateur qui retraduit les caractéristiques intrinsèques et relationnelles d'une position en un style de vie unitaire, c'est-à-dire un ensemble unitaire de choix de personnes, de biens, de pratiques[2].

L'habitus structure la pratique de l'agent et lui confère ainsi une certaine intelligibilité. C'est un « système de dispositions durables, structures structurées prédisposées à fonctionner comme structures structurantes, c'est-à-dire en tant que principes de génération et de structuration de pratiques et de représentations qui peuvent être objectivement "réglées" et "régulières" sans être en rien le produit de l'obéissance à des règles […] »[3]. Cette définition célèbre vaut surtout comme une invitation à penser différemment les pratiques, depuis le point de vue qui est celui de la sociologie : penser les pratiques en cherchant leur principe, en les référant à l'habitus qui les régit, cela revient justement à en faire des objets sociologiques.

L'habitus présente une dimension objective, qui peut notamment être objectivée par l'enquête statistique, et subjective, en ce qu'il détermine une vision du monde social. L'habitus structure ainsi pratiques et jugements de

---

1. P. Bourdieu, *Esquisse d'une théorie de la pratique, op. cit.*, p. 235.

2. P. Bourdieu, *Raisons pratiques : sur la théorie de l'action*, Paris, Seuil, 1994, p. 23.

3. P. Bourdieu, *Esquisse d'une théorie de la pratique, op. cit.*, p. 256.

goût, comme le montre *La distinction* : les classes sociales supérieures tendent à privilégier la forme sur la fonction, tandis que les classes populaires privilégieront l'utile. Il en découle toute une série d'oppositions de goûts et de pratiques : art moderne/art pompier, musique instrumentale/chanson à texte, nourriture légère/nourriture roborative, sports esthétiques (danse, équitation, golf…)/sports mettant en scène le corps à l'œuvre (boxe, cyclisme, foot…)[1]. De la même manière, l'habitus qui est au principe de la domination masculine détermine toute une série d'oppositions symboliques relatives au masculin et au féminin (force/faiblesse, esprit/corps, intelligence/émotion…), valorisées de manière asymétrique, et qui sont au principe d'une violence symbolique et d'une violence concrète[2].

La théorie de l'*habitus*, parce qu'elle traite du principe de la pratique, permet d'adopter une perspective génétique sur cette dernière. En ce sens, le concept d'habitus, tout comme celui de champ, est d'abord et avant tout un concept méthodologique, qui oriente la démarche du chercheur. Sa première fonction est d'éviter de recourir à des concepts susceptibles de véhiculer des anthropologies implicites. Mais son rôle est aussi, plus positivement, de permettre l'institution d'un nouveau point de vue sur l'« ordre ordinaire des pratiques »[3].

D'une part, le point de vue génétique gagné sur les pratiques nous permet de reconsidérer leur *régularité* : par la grâce de l'habitus, les pratiques sont « objectivement "réglées" et "régulières" sans être en rien le produit de l'obéissance à des règles »[4]. L'habitus génère des

---

1. P. Bourdieu, *La distinction*, *op. cit.*
2. P. Bourdieu, *La domination masculine*, Paris, Seuil, 1998.
3. P. Bourdieu, *Méditations pascaliennes*, *op. cit.*, p. 318.
4. *Ibid.*

perceptions, des attitudes, des pratiques qui présentent une certaine régularité sans être coordonnées de manière consciente, ni se référer à aucune règle précise. D'autre part, l'habitus est compris comme une puissance d'*ajustement* à des situations toujours nouvelles : la théorie de l'habitus nous permet de considérer les pratiques comme étant « objectivement adaptées à leur but sans supposer de visée consciente des fins et la maîtrise expresse des opérations nécessaires pour les atteindre »[1]. L'habitus n'est donc pas la reproduction mécanique de pratiques dont on a déjà pu éprouver l'efficacité. Au contraire, il est cette ressource que les sujets mobilisent pour s'ajuster à des situations qui sont toujours changeantes et nouvelles. L'habitus, en ce sens, n'est pas l'expression d'un pur conformisme : il manifeste au contraire une remarquable inventivité. Enfin, la théorie de l'habitus doit permettre de penser la dimension proprement *sociale* des pratiques, en supposant que celles-ci sont « collectivement orchestrées sans être le produit de l'action organisatrice d'un chef d'orchestre »[2].

C'est parce qu'il permet de penser sur nouveaux frais l'ensemble de ces aspects que l'habitus est au principe de l'ordre de la pratique : il renvoie à une forme de connaissance pratique dont le sociologue doit supposer l'existence pour que les pratiques puissent avoir une certaine intelligibilité. L'habitus, c'est l'ensemble des dispositions historiquement constituées, collectivement partagées par les individus qui appartiennent à un même groupe social, en ayant les mêmes conditions d'existence. Elles assurent la reproduction des inégalités et des relations de pouvoir mais permettent aussi aux agents de produire des pratiques appropriées aux

---

1. P. Bourdieu, *Méditations pascaliennes, op. cit.*, p. 318.
2. *Ibid.*

situations. D'un côté, l'habitus est produit par les structures d'un milieu ou d'un environnement social particulier. De l'autre, la puissance générative de l'habitus soutient la reproduction des structures externes du monde social.

En ce sens, la théorie de l'habitus a pour complément nécessaire la théorie des champs, c'est-à-dire des systèmes de relations sociales qui sont, pour les agents, autant d'espaces de positions. À la manière d'un champ magnétique, un « champ » social est un espace constitué par un ensemble de relations. Ces relations définissent les positions relatives des individus et des rapports de force. Mais l'unité du champ n'est pas purement physique : elle réside dans l'accord fondamental des agents sur un enjeu commun (le beau dans le champ artistique, la vérité dans le champ scientifique, etc.). La croyance collective dans l'enjeu spécifique à tel ou tel champ permet au jeu social, c'est-à-dire aux rapports dynamiques entre les positions, d'exister et de se développer. Et ce jeu, dans son déploiement, contribue à son tour à l'importance et à la valeur de l'enjeu. Chaque champ obéit de ce fait à une loi fondamentale, un *nomos*, qui est à la fois une loi selon laquelle se déterminent les rapports de forces, définissant des positions dominantes et des positions dominées et une loi régissant les appréciations relatives des positions. Dès lors, le champ n'est pas un ordre immuable : il est parcouru par des rapports de force, des luttes, qui font son histoire propre [1]. Il connaît parfois ce que Bourdieu appelle des « révolutions symboliques », comme celle initiée par Flaubert dans le

---

1. P. Bourdieu, *Les règles de l'art, op. cit.*, p. 261 : « Ce n'est pas assez de dire que l'histoire du champ est l'histoire de la lutte pour le monopole de l'imposition des catégories de perception et d'appréciation légitimes ; c'est la lutte même qui fait l'histoire du champ ; c'est par la lutte qu'il se temporalise. ».

champ de la littérature, ou celle de Manet dans le champ de la peinture.

Le champ n'est certes pas un « objet » que l'on découvrirait « tout fait » : c'est un objet sociologique qui est le produit d'une construction méthodique et réfléchie[1]. La notion de « champ » a ainsi une valeur méthodologique et heuristique : elle doit inciter le chercheur en sciences sociales à ne pas faire appel, aussi longtemps que possible, à des facteurs exogènes au champ. À cette condition, l'identification du champ et la restitution des dynamiques qui l'animent sont décisives pour apprécier les pratiques. En effet, le champ est un espace de possibles et la pratique, sociologiquement appréhendée, est le plus souvent l'actualisation de l'un de ces possibles. Dans le cas de la littérature, il apparaît clairement que c'est en resituant l'œuvre parmi d'autres œuvres, en la concevant comme un possible s'actualisant dans le champ que l'on assure une certaine compréhension du « point de vue de l'auteur » : non pas en misant sur une vague empathie, mais en comprenant comment celui-ci se positionne dans un espace de possibles. Ainsi le sociologue doit-il travailler à l'objectivation des champs qui structurent le monde social et décrire les enjeux et les jeux du champ politique, du champ universitaire, du champ artistique, etc. Cette exploration sociologique des champs sociaux fournit l'occasion d'une réflexion sur l'histoire qui est en définitive retour de l'histoire sur elle-même :

> À travers le sociologue, agent historique historiquement situé, sujet social socialement déterminé, l'histoire, c'est-à-dire la société dans laquelle elle se survit, se retourne un moment sur soi, se réfléchit ; et, par lui, tous les agents

1. P. Bourdieu, *Les règles de l'art*, *op. cit.*, p. 297.

sociaux peuvent savoir un peu mieux ce qu'ils sont, et ce qu'ils font[1].

La théorie bourdieusienne de la pratique éclaire ainsi, en restituant la génération des pratiques depuis les structures de l'habitus et les logiques propres à un champ particulier, le sens social de ce qui est fait.

RETOUR SUR LE RAPPORT DE LA PHILOSOPHIE À LA PRATIQUE

Il est enfin un dernier aspect des considérations de Bourdieu qui mérite d'être relevé. Il est désormais acquis que la théorie de la pratique redéployée depuis le travail effectif des sciences humaines et sociales constitue une alternative aux théories purement philosophiques de la pratique. Mais il y a mieux : elle offre aussi la possibilité de repenser le rapport de la philosophie à la pratique.

Sur ce point, Bourdieu va bien plus loin que la simple dénonciation d'un certain « idéalisme » ou encore d'un « intellectualisme » qui serait le propre du philosophe[2]. Ce sont les prétentions mêmes de la philosophie à penser adéquatement la pratique qui se trouvent réévaluées. Car la philosophie, aux yeux de Bourdieu, adopte nécessairement un point de vue que l'on dira, à la suite de John Langshaw Austin, « scolastique »[3]. On entend par là le fait que la philosophie s'accomplit dans une situation particulière,

---

1. P. Bourdieu, *Leçon sur la leçon*, Paris, Minuit, p. 29. Voir aussi, sur la nécessité de l'historicisation : *Science de la science et réflexivité. Cours du Collège de France 2000-2001*, *op. cit.*, p. 168.

2. Sur la critique de la position scolastique, voir la « Critique de la raison scolastique » dans les *Méditations pascaliennes*, *op. cit.*, p. 23 *sq*.

3. *Cf.* J. L. Austin, *Le langage de la perception*, trad. fr. P. Gochet, revue par B. Ambroise, Paris, Vrin, 2007.

celle de la *skholé*, soit du loisir libre, mais aussi qu'elle tend à ignorer ou oublier la réalité de cette situation. Ce qui est plus précisément en cause, c'est surtout le fait que la liberté de réflexion que le philosophe s'accorde suppose que l'on se soit préalablement libéré des urgences de la pratique. La position scolastique s'inaugure d'un détachement vis-à-vis des choses qui nous entourent et des pratiques qui ont cours dans le monde social. La pratique doit être perdue pour que l'on puisse gagner la philosophie. Or, selon Bourdieu, cette situation déforme et fausse la perception que nous nous faisons des choses, des êtres et du monde. La position scolastique « enferme [les philosophes] dans les présupposés inscrits dans la posture et le poste du philosophe »[1]. La première conséquence du point de vue scolastique est ainsi une déréalisation qui empêche, en particulier, toute saisie correcte de tout ce qui a trait au social, à l'historique et au culturel. Le regard philosophique opérerait ainsi nécessairement dans l'abstraction, en appréhendant tout objet de manière éternisante, neutralisante et généralisante, c'est-à-dire en affranchissant choses et pratiques de leurs déterminations temporelles, axiologiques et historiques. Ainsi s'expliquerait l'oubli, voire le déni, de la philosophie à l'égard de certaines réalités de la pratique (dont la réalité des rapports de forces et des luttes).

Il faut bien voir toute la portée de cette critique : la posture scolastique est un véritable obstacle épistémologique, au sens où Bachelard le comprenait, puisqu'elle ne nous permet plus de concevoir la pratique concrète des agents, laquelle devrait pourtant être l'un des objets de considération

---

1. P. Bourdieu, *Méditations pascaliennes*, *op. cit.*, p. 39.

privilégiés de la philosophie [1]. La démarcation disciplinaire entre philosophie et sociologie trouve ici son principe, puisqu'elle repose en définitive sur une certaine distinction entre théorie et pratique, pensée et assumée différemment par l'une et l'autre des deux disciplines. La philosophie, selon Bourdieu, dissocie les réflexions théoriques de la considération des pratiques effectives, tandis que la sociologie, sous certaines conditions, peut les relier et les penser l'une par l'autre. Plus précisément, la philosophie apparaît comme une théorie oublieuse de la pratique et la sociologie comme une théorie restitutive de la pratique, via l'analyse concrète des pratiques.

La théorie de la pratique élaborée par Bourdieu, en lien avec l'analyse sociologique des pratiques des agents du monde social, illustre merveilleusement la façon qu'ont les sciences humaines et sociales de mettre certains concepts philosophiques à l'œuvre. Elle nous offre la possibilité de reconsidérer le rapport de la théorie à la pratique et propose un modèle inédit pour penser et décrire la génération des pratiques. Enfin, elle invite le philosophe à une certaine réflexivité sur les conditions de l'exercice de la philosophie. Elle nous rappelle, en définitive, que la société ne tient et ne se maintient que par les pratiques et les relations qui lient les hommes entre eux.

---

1. P. Bourdieu, *Esquisse d'une théorie de la pratique, op. cit.*, p. 225-226.

LES CLASSES

« Lorsque nous nous trouvons en contact, même pour peu de temps, avec quelqu'un dans un salon, dans la rue, dans un wagon de chemin de fer, nous nous demandons : qu'est-ce qu'il est ? Est-ce un employé, un ouvrier ? Est-ce un médecin, un avocat ? Est-ce un homme riche, un haut fonctionnaire »[1] ? M. Halbwachs illustre ainsi la persistance, dans les sociétés européennes contemporaines, d'une sensibilité aux divisions sociales. Ces différences sont moins nettes que sous l'Ancien Régime mais notre vie quotidienne reste traversée par des opérations de classement par lesquelles nous assignons les individus croisés à des groupes de tous ordres.

Le concept de classe relève à la fois d'une sociologie profane, que chacun pratique à l'occasion pour cerner des comportements, et d'une sociologie professionnelle. Des écarts existent entre concept profane et concept savant. L'unité même du concept savant est problématique. La notion de classe est liée aux inégalités structurelles caracté-ristiques des sociétés modernes : là où les castes constituent des groupes fermés auxquels un individu appartient en raison de sa naissance, la classe évoque un groupe relativement ouvert et dépourvu d'une existence légale.

---

1. M. Halbwachs, *Les classes sociales*, Paris, P.U.F., 2008, p. 21.

Mais elle renvoie aussi à une diversité d'aspects : hiérarchie sociale, niveau de revenus, professions, conditions de vie, prestige, groupes en lutte.

Malgré l'énergie consacrée, en sciences sociales, à définir la classe sociale, je soutiens que l'unité du concept reste introuvable. La recherche se heurte à un dilemme permanent : soit elle s'en tient à un concept socio-économique étroit de la classe mais renonce alors à saisir la façon dont l'appartenance de classe est expérimentée ; soit elle cherche à ressaisir cette expérience, en tenant compte de ses facettes culturelles, à travers un concept sociologique plus large mais le risque est alors de négliger l'importance spécifique des mécanismes de distribution des inégalités. J. Goldthorpe parle à ce sujet de la nécessité de choisir entre un « concept parapluie » qui cherche à saisir les divers aspects des inégalités sociales et une conception de la classe comme outil de diagnostic dont il s'agit de préserver la précision – quitte à creuser le fossé entre les concepts savant et profane [1].

Un concept socio-économique est cependant insuffisant : resserré autour d'un petit nombre d'aspects limités (revenus, rapports de production, échanges sur le marché), il éclaire de façon précise des « situations de classe » mais ne permet pas d'appréhender les classes comme groupes jouant éventuellement un rôle dans les changements sociaux. Penser la classe comme groupe implique un concept relationnel qui articule la classe au sens socio-économique et le statut. Mais un tel concept est difficile à unifier. Ma position ne consiste pas à défendre le concept « parapluie »

---

1. J. Goldthorpe, « Two opposition in studies of class : a reflection », dans A. Lareau et D. Conley, *Social Class : How Does it Work ?*, New York, Russell Sage Foundations, 2008, p. 350-53.

contre le concept étroit, mais à montrer que la sociologie des classes oscille entre ces deux concepts en tension.

Cette impossible unification est indissociable d'une ambivalence : non seulement la classe peut être envisagée soit prioritairement comme une catégorie analytique, soit comme un phénomène social concret ; mais elle a aussi des effets sur la façon dont les individus se situent dans le monde social. Le concept a dès lors été contesté sur un plan épistémologique et politique : on lui a notamment reproché d'opérer un découpage artificiel du *continuum* social, de contribuer à produire les discontinuités qu'il prétend décrire ou encore d'être obsolescent au vu de l'individualisation des rapports sociaux. L'hypothèse d'une fin des classes a suscité des débats, empiriques et idéologiques, sur lesquels je ne reviens pas même si mon propos est traversé par l'idée qu'elle est problématique (en inférant de la fragmentation de la conscience de classe une érosion des inégalités objectives, on occulte ces dernières et leurs fluctuations[1]). Je me concentre ici sur les modes de conceptualisation de la classe sociale : je mets tout d'abord en exergue la portée et les limites d'un concept socio-économique étroit de classe sociale ; puis, j'explore les contours d'un concept intégrant la prise en compte des facettes culturelles et subjectives de l'expérience de classe.

PORTÉE D'UN CONCEPT SOCIO-ÉCONOMIQUE DE LA CLASSE

L'analyse de la stratification sociale s'est développée au confluent de la tradition marxienne et de la tradition wébérienne. Là où la première envisage la division de la

---

1. *Cf.* L. Chauvel, « Le retour des classes sociales ? », *Revue de l'OFCE*, 2001/4, n°79, p. 315-59.

société en strates de façon unidimensionnelle, sur la base
de l'évolution des modes de production économique, la
seconde en propose une approche qui accentue une pluralité
de facteurs relevant de diverses sphères : économique,
culturelle et politique. Néanmoins K. Marx et M. Weber
développent tous deux un concept économique de classe
même s'ils ne lui donnent pas le même contenu. La
confrontation entre leurs héritiers met en exergue des
convergences : leurs approches se rejoignent dans une
conception relationnelle des classes, rejetant les approches
étroitement taxonomiques. Elle montre aussi les limites
d'un concept étroit tendant à réduire la classe au statut
d'outil d'analyse.

Les classes comme rapports d'exploitation

Marx n'a pas développé une théorie systématique des
classes mais revendique d'avoir élaboré conceptuellement
la division en classes en l'ancrant dans les rapports de
production et en identifiant dans la lutte des classes le
moteur du développement historique[1].

Il soutient en effet que toutes les sociétés ont été
structurées par des luttes de classes. Les antagonismes de
classes structurent déjà les sociétés prémodernes mais de
façon latente car ils sont insérés dans des rapports politiques
entre ordres (« Stände »). La société capitaliste les met en
lumière, les simplifie et les polarise autour de l'opposition
entre bourgeoisie et prolétariat. La bourgeoisie a joué un
rôle révolutionnaire en détruisant l'ordre féodal et ses
institutions, en créant des forces productives qui ont

---

1. K. Marx, *Le capital*, livre III, Paris, Folio-Gallimard, 2008 ;
Manifeste du parti communiste, Paris, Flammarion, 1998.

substitué aux ateliers les manufactures et la grande industrie.
Mais ce rôle est révolu, la bourgeoisie ayant à la fois forgé
les « armes » et engendré les « fossoyeurs » voués à se
retourner contre elles et à lui donner la mort. On retrouve
ici la conception matérialiste de l'histoire en termes de
dialectique des forces et des rapports de production qui
constitue le noyau de la problématique marxienne. Le
mode de production constitue la base économique de la
société. Il articule à chaque stade des forces productives
(volume des moyens de production, développement
technique et scientifique, division du travail…) et des
rapports qui les expriment (propriété privée) mais finissent
par entraver leur déploiement.

Le prolétariat est le produit de la révolution des rapports
sociaux initiée par la bourgeoisie. Le rapport d'exploitation
qui le lie à la bourgeoisie est au cœur de la définition du
rapport de classe. Il renvoie au clivage entre les propriétaires
des moyens de production (bourgeois) et ceux qui ne
possèdent que leurs forces de travail, qu'ils sont réduits à
vendre en échange d'un salaire (ouvriers). Dans le contexte
d'une économie dont la loi est l'accumulation du capital
et où la propriété des moyens de production se concentre
dans les mains d'un nombre de plus en plus petit d'individus,
les ouvriers reçoivent un salaire qui permet la reproduction
de la force de travail et rémunère le seul temps de travail
nécessaire à la production des marchandises : les salariés
travaillent pourtant au-delà de ce temps et produisent un
surplus approprié par les capitalistes à leur seul profit.

L'approche marxienne se structure autour d'une
définition des classes en termes de rapports d'exploitation
adossés à la propriété privée des moyens de production.
Elle met l'accent sur une simplification structurale des

rapports de classes, à mesure que la production se massifie, que le capital se concentre et que baisse le pouvoir de négociation des travailleurs, bref à mesure que la classe ouvrière se paupérise et que les classes intermédiaires se prolétarisent.

L'exploitation conduit au développement d'une conscience de classe des ouvriers par le biais des luttes qu'elle suscite. La concentration des ouvriers dans les fabriques, l'uniformisation de leurs conditions de travail et de vie à mesure que baissent leurs salaires, favorisent, en dépit des effets de la concurrence, leur mobilisation croissante dans des luttes pour l'augmentation des salaires. À la différence des classes intermédiaires et de la paysannerie qui ne cherchent qu'à conserver leurs conditions d'existence, la classe ouvrière s'affirme comme seule classe révolutionnaire au sens où son intérêt est d'abolir la propriété et, avec elle, le rapport de classes. Dès lors que le prolétariat tend à devenir majoritaire, l'élimination de la bourgeoisie, la socialisation des moyens de production et l'émergence d'une société sans classes sont envisagées par Marx comme un horizon incontournable.

La distinction entre classe en soi et classe pour soi est ici cruciale : les classes comme forces sociales n'existent que via des luttes permettant la prise de conscience d'intérêts communs et une organisation politique sans laquelle aucune transformation révolutionnaire n'est possible. Marx distingue ainsi la situation de classe comme position structurale (classe en soi, existant objectivement) de la classe comme groupe supposant une solidarité liée à une interdépendance consciente (classe pour soi ou subjective). La paysannerie par exemple se caractérise par une situation objective de classe mais peine à former un groupe en raison de son isolement. Marx s'intéresse peu par ailleurs aux processus proprement démographiques de formation des classes [1]. Son analyse est en outre traversée par des tensions : entre la définition des classes comme positions au sein des rapports de production, que l'on peut considérer indépendamment des individus qui les occupent, et celle des classes comme groupes ayant une histoire et participant à des luttes qui transforment leurs membres autant que l'ordre social ; mais aussi entre la lecture économique de la lutte des classes qui met l'accent sur des lois déterminant une évolution téléologiquement orientée de la structure sociale et la lecture socio-historique [2] qui se concentre sur des hommes façonnant une histoire qui les façonne en retour.

Là où la première lecture se concentre sur trois voire deux classes (propriétaires fonciers, capitalistes, ouvriers) correspondant à des types de revenus (rentes, profit, salaire), la seconde insiste sur les conflits internes à la bourgeoisie, entre l'aristocratie foncière, l'aristocratie financière ou la bourgeoisie industrielle (la troisième s'oppose, contre la première, au protectionnisme et, contre la deuxième, vise une réduction de la dette publique qu'elle finance par ses impôts). Elle met aussi l'accent sur le rôle de la petite-bourgeoisie, de la paysannerie ou du sous-prolétariat dans la mise en échec des insurrections ouvrières. Marx introduit ainsi la distinction entre des fractions de classes qui se différencient en fonction de l'usage du capital (spéculatif ou productif) tout en partageant une position similaire liée à la propriété, des survivances de rapports de production dépassés (artisans, paysans), des groupes au service de la bourgeoisie (militaires, fonctionnaires) et des classes

1. J. Scott, *Stratification and Power*, Cambridge, Polity Press, 1998, p. 69.
2. K. Marx, *Le 18 Brumaire de Louis Bonaparte*, Paris, Livre de Poche, 2007.

intermédiaires visant une impossible atténuation de l'antagonisme entre capital et salariat et vouées à basculer dans le prolétariat. La place de ces dernières constitue un problème pour les héritiers de Marx : l'évolution du capitalisme est allée de pair avec un développement des catégories intermédiaires, difficile à concilier avec l'idée de simplification structurale. En outre, le schéma suivant lequel l'exploitation aboutit à des luttes vectrices d'une conscience de classe qui sert de levier à l'action politique a été interrogé par M. Weber.

Les classes comme chances de vie sur un marché

Ce dernier élabore aussi un concept économique de la classe mais en privilégiant les rapports d'échange sur le marché et en l'intégrant à une approche pluraliste de la stratification sociale [1] : classe, statut et parti y sont les aspects centraux de la distribution du pouvoir, ce dernier étant défini comme les chances qu'a un acteur d'imposer sa volonté dans un rapport social, par-delà toute résistance. Weber relie classe et possession mais insiste moins sur la sphère de production que sur l'expression des rapports de possession sur le marché. Une situation de classe correspond à des opportunités d'exercice du pouvoir sur un marché et aux « chances de vie » qui en découlent.

Si des divisions de classe caractérisent les sociétés antiques ou médiévales, c'est avec le capitalisme qu'émerge une « société de classes » : dans la société capitaliste, les rapports de possession s'expriment au travers de mécanismes de marché qui prédominent dans la distribution du pouvoir. L'économie de marché recouvre un réseau de contrats d'échange relatifs à l'acquisition de pouvoirs de contrôle

---

1. M. Weber, *Économie et société*, Paris, Agora-Plon, 1995.

et de disposition. La rareté des ressources rend ces rapports d'échange conflictuels. Les divisions de classe s'ancrent dans des relations de possession, cette dernière étant identifiée au contrôle de ressources impliquant des opportunités d'échanges. Weber distingue les classes possédantes (rentiers) et d'acquisition (entrepreneurs). La division de classes est aussi liée aux services offerts entre classes de production négativement (ouvriers) ou positivement (professions libérales) avantagées. Une variété de situations de classe est distinguée mais le nombre de strates est limité : Weber distingue les possédants, la petite bourgeoisie, la classe ouvrière et l'intelligentsia sans propriété – dont le rôle est d'autant plus important que se développe un État bureaucratique.

Cette cartographie s'articule à la distinction entre la situation de classe qui détermine les chances de vie liées à la possession de ressources (médiatisées par le marché) et la classe comme groupe social. Le groupe social recouvre un ensemble de situations entre lesquelles on observe des formes typiques de mobilité. En revanche, Weber distingue les classes des communautés qui reposent non sur des intérêts économiques mais sur une distribution de l'honneur. Le groupe statutaire recouvre une forme d'honneur s'exprimant dans un style de vie, auxquels ses membres s'identifient. Les idéologies et visions du monde, le charisme des groupes traditionnels dotent ces styles d'une plus ou moins grande valeur. Les revendications d'honneur vont avec la monopolisation de ressources, de formes d'éducation ou de professions ainsi qu'avec la tendance des groupes statutaires à se refermer sur eux-mêmes par des stratégies conjugales ou de cooptation, des schèmes de consommation. Divers attributs peuvent constituer des marqueurs d'honneur : pratiques de commensalité, cheveux, vêtements, division sexuée du travail. La richesse peut être source d'honneur mais le mépris dont le « parvenu » fait l'objet illustre la relative autonomie du statut, au moins à court ou moyen terme, par rapport à la classe.

Les sociétés précapitalistes sont marquées par des logiques de statut alors que les sociétés capitalistes voient prédominer les logiques de classe, mais la distinction entre société de classe et société de statut est analytique : classe et statut coexistent en pratique. Dans les sociétés où déclinent les divisions statutaires qui imposaient des restrictions à l'opération du marché, les relations de classe achèvent leur plus complète réalisation. Mais des groupes statutaires (professionnels) relativement ouverts se maintiennent et renforcent les divisions de classe. Si le statut rend compte de la relative autonomie des facteurs culturels de la stratification, le parti vise à analyser la distribution du pouvoir dans la sphère politique, l'accès aux situations de commandement dans les institutions clés[1].

Weber pose ainsi les bases d'une analyse des diverses facettes de la stratification, de leur autonomie et de leurs articulations, là où l'approche marxienne rapporte les facteurs culturels et politiques à l'économie (le statut comme voile idéologique, l'État comme instrument des classes dominantes) et où la sociologie des élites de Pareto à Mosca privilégie le facteur politique. Il nous invite à interroger le lien entre classes et communautés (seuls les groupes statutaires sont des communautés « plus ou moins amorphes » ou, à l'inverse, organisées) ainsi que l'idée marxienne d'une automaticité du passage de la situation à l'action de classe en vertu de la dialectique des rapports historiques. Il n'y a pas d'action sociale sans orientation

---

1. J. Scott, *Stratification and Power*, *op. cit.*, p. 40.

réciproque, c'est-à-dire sans prise en compte de l'action d'autrui et les occupants d'une situation de classe similaire n'ont pas nécessairement conscience d'occuper une même position. Weber récuse le postulat rationaliste selon lequel toute classe identifie ses intérêts de façon infaillible, de même que le primat de la classe dans l'évolution historique.

La classe comme agrégat statistique ?

À travers la confrontation avec Weber, ressortent les points aveugles de l'approche marxienne : le réalisme caractérisant sa conception des rapports entre classe en soi et classe pour soi, le clivage intenable (car trop binaire) entre propriétaires et non propriétaires dans lequel il s'enferme. Les tenants d'un néo-marxisme ont révisé le cadre d'analyse afin de rendre compte de la disjonction, caractéristique du capitalisme contemporain, entre propriété et contrôle, actionnaires et gestionnaires. Il s'est agi d'intégrer l'objection de R. Dahrendorf[1] suivant laquelle les classes ne se définissent plus en termes de propriété des moyens de production mais en termes de participation à l'autorité, comprise comme rapport social qui rend probable l'obéissance à des ordres donnés. En mettant l'accent sur la centralité du clivage entre classes gouvernantes et classes gouvernées pour rendre compte de la division du travail entre gestionnaires alignés sur les premières et employés faisant partie des secondes, Dahrendorf rabat en effet les situations de classe sur les situations de commandement.

---

1. Voir R. Dahrendorf, *Class and Class Conflict in an Industrial Society*, Londres, Routledge and Kegan Paul, 1957.

Une telle démarche est toutefois source de confusion. E. O. Wright[1] a tenu compte de cette objection dans sa révision du cadre marxien mais en proposant de distinguer propriété légale et propriété économique comme contrôle effectif des moyens de production. Il a voulu proposer un traitement plus satisfaisant de la classification des catégories intermédiaires, entre bourgeoisie et prolétariat, abordées en termes de position de classe contradictoire : la petite bourgeoisie possède des moyens de production et contrôle sa force de travail sans contrôler celle des autres ; les managers exercent un contrôle sur la force de travail des employés sans disposer des moyens de production ; les travailleurs semi-autonomes contrôlent les modalités d'organisation de leur travail. Son but a été de montrer comment ces catégories reconduisent un schéma d'extraction des fruits du travail (terme préféré à celui de « plus-value », bien que plus flou) comme noyau du rapport de classe. Les positions « privilégiées » de certains non propriétaires au sens légal sont ainsi réintroduites dans un schéma d'exploitation, qui souligne aussi que les managers sont rémunérés au-delà du temps de travail nécessaire (par une rente de loyauté), car ils sont vecteurs d'une telle extraction au service des firmes : les actionnaires les rémunèrent – parfois par de très hauts salaires – pour rétribuer non pas leur contribution à la production de marchandises mais la façon dont ils utilisent leur autorité afin de dégager des profits au bénéfice de la firme.

Le schème d'exploitation est ainsi maintenu au prix d'un assouplissement, d'une relativisation de la division de classe (le genre pouvant en être autonomisé) et d'une mise à distance de la philosophie marxienne de l'histoire.

---

1. E.O. Wright, *Understanding Class*, Londres, Verso, 2015.

De tels aménagements ont suscité des doutes quant au maintien d'une claire démarcation entre le néo-marxisme et les approches néo-wébériennes comme celle de Goldthorpe[1]. En effet, ces démarches se rejoignent dans le rejet d'une sociologie fonctionnaliste réduisant la classe au statut et pensant la stratification à partir d'un schéma de gradation – étroitement taxonomique et potentiellement réifiant – qui regroupe les individus en positions homogènes au sein d'une pyramide sociale. Contrairement aux approches empiriques, « stratificationnistes », qui caractérisent les classes à l'aune des propriétés et conditions d'existence des individus et s'en tiennent à la description d'inégalités entre positions, Wright et Goldthorpe veulent cerner les relations conditionnant l'accès aux ressources économiques. Pour élaborer une typologie des classes, Goldthorpe s'est appuyé sur une classification de groupes de professions en distinguant la situation de marché (niveau de revenus, sécurité de l'emploi…) et la situation de travail (supervision ou autonomie). *In fine*, le pivot de son analyse est la relation d'emploi qui détermine des chances de vie diverses. Là où les membres de la classe ouvrière s'inscrivent dans des relations contractuelles de court terme sans perspective en termes de carrière, les membres des « classes de service » (cadres supérieurs, managers, professions hautement qualifiées) s'inscrivent dans des relations où ils ne sont pas rémunérés uniquement par un salaire mais aussi par des possibilités de primes ou promotions. Les classes intermédiaires combinent relations de contrat et relations de service. À cette typologie, Goldthorpe combine

---

1. J. Goldthorpe et G. Marshall, « The promising future of class analysis : a response to recent critiques », *Sociology*, vol. 26, n° 3, 1992, p. 381-400.

une étude des taux de mobilité : il récuse l'hypothèse d'une société anglaise de plus en plus ouverte en distinguant entre une mobilité absolue en augmentation et un faible taux de mobilité relative ressortant du lien maintenu entre professions des parents et des enfants.

Sur le plan empirique et méthodologique, les convergences sont fortes entre Goldthorpe et Wright. Significativement, Wright s'est orienté vers la défense d'une approche intégrée tout en maintenant une priorité du cadre marxien sur le cadre wébérien : le concept d'exploitation serait mieux à même de rendre compte d'inégalités structurelles que celui de chances de vie, en ce qu'il renvoie à des conflits dans la sphère de production autant que sur le marché. Mais cette défense du cadre marxien se situe sur un plan pratique et non scientifique : sa supériorité tiendrait à son orientation normative et critique et non à sa capacité à décrire et expliquer les inégalités.

On peut lui opposer que l'approche néo-wébérienne ne s'enferme pas, pour sa part, dans une articulation unilatérale entre classe et propriété ou exploitation (ce qui implique d'élargir ces notions au prix d'une perte de rigueur analytique). Elle débouche sur une approche plus fine des situations de classe intermédiaires à l'aide du concept de chances de vie. Mais la version qu'en propose Goldthorpe suppose que la classe constitue avant tout un outil théorique permettant de repérer un maximum de différences en termes de chances de vie. Elle est en outre envisagée au seul prisme de l'emploi. Goldthorpe endosse ainsi le nominalisme présent chez Weber : les classes sont des collections d'individus rassemblés par le sociologue et la classe elle-même renvoie moins à un groupe effectif qu'à un outil d'analyse du monde social. Mais il laisse de côté l'intérêt de ce dernier pour la formation des classes comme groupes.

Les classes se réduisent alors à des agrégats statistiques, des outils de diagnostic d'inégalités économiques au niveau macro-social [1].

L'EXPÉRIENCE PRATIQUE DE LA CLASSE

Un concept étroit permet de cerner des situations de classe, mais il s'enferme dans des alternatives discutables : entre nominalisme et réalisme, économie et culture, structure et action, objectivisme et subjectivisme. Il s'en tient à la classe théorique et ne pense pas la classe comme groupe. On doit à Pierre Bourdieu d'avoir proposé un mode alternatif de conceptualisation de la classe qui réarticule ses facettes objectives et subjectives. Son approche relationnelle a l'avantage de tenir compte des divers aspects de la classe (condition, position, ethos, trajectoire) et d'appréhender la façon dont les classes existent concrètement, bien qu'à un niveau « semi-représentationnel », dans l'espace social. Mais elle comporte des points aveugles qui illustrent les difficultés auxquelles se heurte toute conception compréhensive des rapports de classes.

Contre l'économisme, réarticuler classes et valeurs ?

À distance de tout économisme, Bourdieu montre que les classes sociales existent au travers de pratiques de consommation et de luttes symboliques qui les opposent ou les traversent. L'accent mis sur le motif de la distinction, l'importance accordée à la consommation l'inscrivent dans le sillage d'E. Goblot et de Halbwachs. Mais là où Goblot et Halbwachs cernent les classes en termes de rapport à des valeurs, Bourdieu les analyse en termes de distribution de pouvoirs.

1. W. Atkinson, *Class*, Cambridge, Polity Press, 2015, p. 49-55.

Le rejet de l'économisme est déjà au cœur du propos de Goblot. À la différence des professions ou des richesses qui établissent des rangs suivant une gradation continue, les classes établissent des démarcations nettes. En mettant l'accent sur les pratiques culturelles envisagées comme signes d'appartenance, Goblot souligne que c'est un type d'éducation et non le revenu qui fait le bourgeois. Ses analyses sont traversées par un schème de distinction suivant lequel chaque classe tente de se rapprocher des classes supérieures qui protègent leurs barrières. Pour qu'une société se divise en classes, il faut « que quelque chose d'artificiel et de factice remplace les rampes continues par des marches d'escalier »[1], toute démarcation sociale étant à la fois barrière et niveau. La barrière correspond au principe de distinction, le niveau à une logique de nivellement. Les barrières reposent sur des jugements de classe relevant d'une « mystique »[2]. Le regard du logicien se conjugue à l'analyse sociale pour souligner que les jugements de valeur constituant la réalité des classes correspondent à des représentations collectives impossibles à fonder rationnellement. Leur objet est flou : lorsqu'on admire un homme possédant un beau cheval, qu'admire-t-on ? La personne ? Son cheval ? La richesse rend les personnes mêmes plus importantes et « volumineuses » parce qu'elle fait l'objet de jugements de valeur mêlant représentations et émotions et reposant sur des postulats implicites qui se détruisent lorsqu'on les énonce : on veut une cave bien garnie pour la montrer à ses amis, mais personne ne dira que ce qui fait toute la valeur de tel homme

---

1. Voir E. Goblot, *La barrière et le niveau*, Paris, G. Monfort, 1984, p. 87.

2. *Ibid.*, p. 11.

« ce n'est ni son esprit, ni son savoir, ni sa conscience, ni son cœur ; c'est son bourgogne »[1]. Bourdieu s'inspire de ces analyses pour élaborer la notion d'*habitus*. Mais il se démarque du subjectivisme qui les caractérise, Goblot allant jusqu'à soutenir que la bourgeoisie ne subsiste que « par l'opinion reçue qu'elle est l'intelligence, le savoir, le talent, la sagesse, la vertu, le goût »[2]. Tout à son souci de déconstruire une division sociale dépourvue de fondements rationnels et en partie dépassée à ses yeux, Goblot fait des classes une affaire de croyances, en leur déniant tout substrat objectif consistant.

Loin d'envisager les divisions sociales sous l'angle de leur incohérence, Halbwachs appréhende leur signification en termes de plus ou moins grande distance à des valeurs partagées. La réalité des classes est faite de représentations et de mémoires collectives, d'habitudes et sentiments de rang. Il appartient à la psychologie collective d'en dégager la logique, de comprendre comment les hommes se classent les uns les autres sur la base des ordres d'activités (profession, consommation) auxquelles ils participent. Sentiment de classe et consommation sont articulés, la consommation étant envisagée non pas sous l'angle de la distinction (comme chez Bourdieu) mais comme participation à la vie sociale. Suivant la théorie du feu de camp, « il y a dans chaque société, un foyer où se concentrent tous les éléments de la vie sociale, où sont ceux qui sont éclairés le plus directement par sa lumière, et ceux-là représentent la classe supérieure ; les autres, ceux qui en sont tout à fait éloignés, appartiennent aux classes les plus basses »[3].

1. *Ibid.*, p. 21.
2. *Ibid.*, p. 105.
3. M. Halbwachs, *Les classes sociales*, *op. cit.*, p. 46.

Les classes s'expliquent par les degrés auxquels les groupes participent aux formes valorisées de l'activité sociale, le « feu de camp » correspondant aux activités où l'on apprécie l'aspect personnel des actes, paroles ou caractères, où des relations interpersonnelles intenses font circuler des valeurs. Les pratiques de consommation y jouent un rôle plus central, en tant que vecteur d'intégration, que le travail ouvrier, ici envisagé sous l'angle du face-à-face mécanique avec la matière. Halbwachs creuse l'écart avec Marx auquel il reproche d'avoir négligé les valeurs communes aux producteurs et ouvriers, leur coopération sans laquelle la production serait impossible. Réciproquement, il intègre à la sociologie durkheimienne une problématisation directe des antagonismes de classes en termes de plus ou moins grande intégration. L'exploitation n'est pas évacuée mais subordonnée à l'intégration, Halbwachs se demandant si une classe est inférieure car exploitée ou si elle est exploitée car jugée inférieure en raison de sa participation à des activités dévalorisées.

Halbwachs montre que les classes se définissent par des goûts, des habitudes et représentations des besoins. Il souligne l'importance des représentations collectives structurant les rapports de classe sans nier leurs dimensions matérielles. Mais si la théorie du feu de camp cerne la façon dont les individus accordent une signification aux divisions sociales, elle n'explicite pas les processus qui sous-tendent ces dernières et repose sur le présupposé discutable d'un consensus sur les valeurs. Le schéma de distribution des pouvoirs dans lequel s'inscrit Bourdieu est à cet égard plus convaincant.

La classe comme structure de relations entre propriétés agissantes

La démarche de Bourdieu est souvent lue comme une synthèse entre Marx et Weber, même si la polémique à l'encontre des thèses marxiennes est plus prononcée dans ses analyses. Bourdieu durcit les termes de leur opposition, au prix de quelques raccourcis, pour mieux les déconstruire. Il part de l'idée que le problème des classes s'est enfermé dans l'alternative entre réalisme (Marx) et nominalisme (Weber) au point que les débats sociologiques évoquent la querelle des universaux : les classes sont-elles des groupes réels ou des fictions plus ou moins utiles ? Les positions qui s'opposent ici ont versé, selon Bourdieu, dans le double écueil du substantialisme et de l'intellectualisme. Un même substantialisme traverse les approches suivant lesquelles il est impossible d'isoler des discontinuités sociales en traçant des lignes claires entre riches et pauvres et les approches objectivistes en quête d'entités collectives homogènes, constatables et mesurables – Bourdieu cible autant les approches stratificationnistes que celle de Marx. L'intellectualisme critiqué par Bourdieu consiste dans le fait, pour un chercheur, de croire que les classes théoriques qu'il délimite sont des groupes faits d'individus unis par des conditions de vie et des intérêts communs et appelés à se mobiliser, à confondre donc la classe comme catégorie d'analyse et la classe comme groupe en lutte (Bourdieu vise surtout l'analyse marxiste sur ce point). Mais l'intellectualisme recouvre aussi le fait d'envisager la classe comme artefact neutre : Bourdieu a en tête aussi bien les approches stratificationnistes que les approches néo-wébériennes auxquelles il reproche d'occulter les effets performatifs des nomenclatures, la façon dont elles structurent notre manière de voir le monde social. L'enjeu est de tenir compte de la façon dont le problème des classes articule des enjeux épistémologiques et politiques. Il est de maintenir la distinction entre concept théorique et concept profane sans surestimer la coupure entre ces derniers [1].

Bourdieu accentue dès lors la défense d'une approche relationnelle. Contre Goldthorpe et Wright, il soutient ainsi que le travail du chercheur n'est pas de découper des classes comme ensembles homogènes d'individus différenciés sur le plan économique et social, mais de construire des espaces sociaux comme structures de différences. L'espace social est structuré par des positions extérieures, définies par des distances relatives les unes aux autres. Dans cet espace à trois dimensions, on découpe des groupes en fonction du repérage de positions dans la distribution des capitaux propres à chaque champ social. Rappelons juste ici que, chez Bourdieu, chaque champ correspond à une sphère ou un espace social relativement autonome par rapport aux autres (ainsi dans les sociétés modernes, le champ politique s'est autonomisé par rapport au champ religieux, le champ économique par rapport au champ politique…) et organisé autour de la distribution de ressources spécifiques (le pouvoir pour le champ politique, le capital financier pour le champ économique). Les capitaux sont soit objectivés sous la forme de ressources matérielles, soit institutionnalisés (pensons ici aux capitaux culturels que constituent des titres universitaires), soit incorporés par les agents sous la forme de dispositions à percevoir, sentir et agir d'une certaine façon. La distribution des capitaux tend à s'effectuer

1. P. Bourdieu, « What makes a social class ? On the theoretical and practical existence of groups », *Berkeley Journal of Sociology*, 32, 1987, p. 1-17 ; *Sociologie générale*, vol. 2, Paris, Seuil, p. 1123-1136.

de façon inégalitaire et à se caractériser par des logiques monopolistiques.

La première dimension de l'espace social correspond, dans ce cadre, au volume des capitaux. La deuxième à sa structure ou composition : quel poids, dans la composition du capital, pour ses principales espèces, économique ou culturelle ? Bourdieu insiste aussi sur le capital social qui recouvre les ressources liées à l'appartenance, aux réseaux d'un individu ou de plusieurs et sur le capital symbolique : la forme prise par les capitaux quand ils sont perçus. La troisième dimension de l'espace social renvoie à l'évolution dans le temps du volume et de la structure du capital : à la trajectoire sociale d'individus ou de groupes. Le monde social est dès lors saisi comme un espace construit en étudiant les divers facteurs qui viennent d'être distingués et qui sont censés permettre de prédire les différences observées entre les individus : il s'agit des capitaux que Bourdieu catégorise parfois comme « propriétés agissantes » car ils constituent des pouvoirs sur les ressources propres à un champ social donné. Une position dans un espace social correspond donc à une position dans la distribution d'un type de pouvoir ou de capital. Le monde social recouvrant divers espaces, la position d'un agent varie en fonction de l'espace auquel on se réfère. En principe, un agent peut être en position dominante dans un champ (par exemple artistique) sans l'être dans un autre (économique ou politique). Néanmoins, Bourdieu souligne aussi que, dans les sociétés contemporaines, le champ économique tend à imposer sa structure aux autres champs.

Dans le cadre d'une telle approche, la classe est donc envisagée comme structure de relations entre propriétés agissantes. Elle est appréhendée comme fiction certes, mais, précise aussitôt Bourdieu, comme fiction bien construite [1] : on peut la relier à un objet qui lui correspond plus ou moins dans le monde social. Les classes théoriques ou « probables » ont une fonction prédictive des comportements, laquelle permet d'en tester la validité. Bourdieu pense en effet la classe en articulant condition, position, dispositions et trajectoires. En rupture avec une concentration sur les propriétés de conditions (professions, conditions de vie), qui conduit à attribuer aux classes des propriétés trans-historiques, Bourdieu recentre l'analyse sur les propriétés de position afin de cerner ce que chaque classe doit au système de relations entretenues avec les autres [2] : des classes aux mêmes conditions d'existence, aux pratiques professionnelles identiques auront des propriétés différentes si elles occupent des positions structurales différentes (pensons par exemple aux résultats éventuels d'une comparaison entre la bourgeoisie commerciale naissante sous l'Ancien Régime et la bourgeoisie commerciale au XIXe siècle) et réciproquement (des classes dont les pratiques professionnelles sont différentes peuvent avoir des propriétés communes dès lors qu'elles occupent une position homologue sur le plan structural). Il importe donc toujours de replacer chaque groupe dans le réseau de ses relations avec d'autres groupes. Bourdieu prend

1. R. Aron, dans « La classe comme volonté et représentation », *Carnets internationaux de sociologie*, vol. 38, 1965, p. 11-29, souligne que les sociétés contemporaines sont si complexes et fluides qu'il y est impossible d'y trouver des classes comme totalités homogènes, objectivement reconnaissables et conscientes d'elles-mêmes : la cohérence entre travail, revenu, modes de vie, valeurs n'étant jamais complète, la classe n'est que l'horizon d'une totalisation artificielle par le sociologue. Ici, Bourdieu évacue aussi l'idée de classe comme totalité homogène mais sans envisager le concept même comme simple artefact.

2. P. Bourdieu, « Condition de classe et position de classe », *European Journal of Sociology*, vol. 7, n° 2, 1966, p. 201-223.

ainsi ses distances avec les propos généraux de Marx sur l'objectivisme petit-bourgeois ou avec la façon dont Weber a parfois eu tendance à assigner à certains groupes (paysans, intellectuels, bureaucrates) des propriétés transhistoriques ou transculturelles (par exemple une certaine religiosité) en vertu de leurs conditions d'existence. En outre, souligne-t-il, les positions ne sont pas saisissables indépendamment d'une trajectoire : elles sont expérimentées différemment selon qu'elles sont les étapes d'une ascension ou d'une descente. À ces conditions et positions s'articulent des dispositions à percevoir, sentir ou agir d'une certaine façon, c'est-à-dire des habitus. L'ajustement entre conditions et positions d'un côté, dispositions de l'autre n'est cependant pas automatique (l'inertie des habitus est facteur de décalage autant que d'adaptation des agents au monde social dans lequel ils évoluent). Positions et conditions constituent la base d'un « sens de sa place » amenant chacun à respecter des distances sociales inscrites dans les corps. Les classes ont une fonction prédictive car des positions similaires entraînent des conditionnements similaires qui dotent les agents des mêmes dispositions débouchant sur des pratiques similaires. Les individus qui se ressemblent s'assemblent et donc se ressemblent encore plus. Les dispositions à sentir, penser, ressentir, agir d'une certaine manière s'articulent en un « habitus de classe », comme loi immanente inscrite dans les corps et propension par laquelle s'accomplit la « causalité de l'avenir » : cet habitus recouvre une dialectique entre dispositions et significations, les pratiques résultant de la rencontre entre un agent prédisposé et un monde social « présumé »[1] et les agents augmentant parfois

---

1. P. Bourdieu, « Avenir de classe et causalité du probable », *Revue Française de sociologie*, vol. 15, 1974, n° 1, p. 28.

leurs chances objectives en les surestimant (ainsi de la petite bourgeoisie ascendante qui se détermine par des chances objectives qu'elle n'a que parce qu'elle prétend les avoir et ajoute à ses ressources économiques et culturelles des ressources morales conditionnant cette prétention et se manifestant, entre autres, au travers d'un rigorisme ascétique).

L'habitus de classe est ressaisi à travers l'espace des styles de vie. Bourdieu en explore la correspondance avec l'espace des positions en montrant que les classes dominantes se distinguent des classes dominées par la façon dont leurs pratiques et leurs goûts mettent à distance la nécessité (c'est-à-dire les contraintes liées aux conditions matérielles d'existence), en se cristallisant autour d'objets dont l'appropriation exige du temps. Les goûts et pratiques des classes populaires s'articulent, eux, autour d'une esthétique fonctionnaliste, un déficit de stylisation (la stylisation dont les classes dominantes ont le monopole consistant précisément en la capacité d'appréhender les objets ou productions culturels en mettant entre parenthèses leur fonction pour se concentrer sur leurs formes). Les goûts des classes intermédiaires témoignent de leur « bonne volonté culturelle » et d'un rapport malheureux à la culture (les pratiques légitimes cessant de l'être lorsque la petite-bourgeoisie se les approprie). Une classe doit donc une partie de ses propriétés au redoublement des positions et conditions dans des relations symboliques qui les trans-figurent : n'importe quelle espèce de capital (économique ou culturel) peut se faire le vecteur de distinction entre les agents dès lors qu'elle est perçue et reconnue comme « allant de soi ». Bourdieu déploie le motif de la distinction, en relativisant sa dimension intentionnelle et en radicalisant l'accent mis sur les luttes de classement qui traversent les classes : la notion de « niveau » élaborée par Goblot est évacuée au profit du thème de la concurrence entre les fractions de la bourgeoisie bien dotées en capital économique et celles qui sont mieux dotées en capital culturel[1].

À la différence des wébériens, qui les séparent, Bourdieu subsume le statut sous la classe afin de penser l'existence pratique de la classe comme groupe semi-conscient. L'idée de classe pour soi est évacuée, le statut étant à la fois ce qui unifie partiellement et ce qui divise la classe. En rupture avec la théorie du feu de camp qui les occultait, Bourdieu distingue les luttes de classement comme concurrence et celles, plus rares, qui visent à modifier les principes de classement au sein des champs. La lutte des classes ne s'effectue qu'en ordre dispersé et de façon semi-consciente[2]. L'unification pratique de la classe ne s'effectue que temporairement au prix d'une fiction ressaisie à travers l'idée de « mystère du ministère » : la classe comme groupe en lutte est comparée à un « corps mystique » existant dans le « corps des mandataires qui lui donnent une parole, une présence », la délégation étant aussi dépossession[3].

La classe comme signifiant moral

Une telle conceptualisation peut paradoxalement être critiquée à la fois parce qu'elle est trop compréhensive et parce qu'elle ne l'est pas assez.

1. P. Bourdieu, *La distinction*, Paris, Minuit, 1979.
2. Ici, Bourdieu se démarque aussi de la façon dont Aron envisage, dans l'article déjà cité, la classe comme « volonté » en termes quasi-décisionnistes (voire d'identité stratégique dirait-on aujourd'hui), comme reposant sur une prise de conscience plus ou moins favorisée sans être totalement déterminée par une situation, sur un « choix » du groupe de se définir comme classe à travers un schéma « nous contre eux ».
3. P. Bourdieu, « Espace social et genèse de classe », *Actes de la recherche en sciences sociales*, vol. 52-53, 1984, p. 17.

Les discussions autour du capital culturel illustrent cette tension. Constituant le pivot de la problématisation des classes, la notion est surchargée de significations. Le capital culturel ne renvoie pas à de simples ressources mobilisables. Il recouvre au moins autant des dispositions, des aptitudes ou compétences. Il présuppose un travail d'accumulation et se caractérise par sa convertibilité et sa transmissibilité par incorporation, par des processus d'autant plus complexes à objectiver qu'ils sont non intentionnels. L'idée même de transmissibilité a été critiquée : elle pourrait conduire à voiler la spécificité de l'héritage culturel, lequel fait l'objet de formes d'appropriation recouvrant des interactions pouvant le modifier. En outre, cela vient d'être évoqué, le capital culturel renvoie à une constellation de termes : ressources, valeurs, compétences, connaissances, aptitudes, attitudes, pouvoir, performances en termes de maîtrise d'une culture savante… Faut-il en préciser l'usage en le resserrant autour de l'idée de signaux culturels statutaires (avoir une voiture de luxe, pratiquer l'œnologie…), institutionnalisés et largement partagés, servant de base à des formes d'exclusion sociale et culturelle[1]? Ou faut-il l'élargir en le renvoyant aux processus micro-interactionnels par lesquels sont forgés et transmis des compétences et aptitudes permettant de se conformer à des normes institutionnelles d'évaluation ou de participer à leur négociation? C'est la position que défend A. Lareau[2] lorsqu'elle étudie la façon dont les parents américains de

1. M. Lamont et A. Lareau, « Cultural capital : allusions, gaps and glissendos in recent theoretical developments », *Sociological Theory*, vol. 6, n° 2, 1988, p. 153-68.

2. A. Lareau, *Unequal Childhoods*, Berkeley, University of California Press, 2003 ; A. Lareau et E. B. Weininger, « Cultural capital in educational research : a critical assessment », *Theory and Society*, vol. 32, n° 5-6, 2003, p. 567-606.

la classe moyenne ne se bornent pas à discipliner, mais cultivent activement chez leurs enfants la capacité à interagir avec les adultes, et en particulier avec leurs enseignants, à faire valoir auprès d'eux leurs besoins et leurs attentes (de telle sorte que l'institution scolaire puisse s'adapter aux enfants autant que ces derniers doivent s'adapter à elle – c'est du moins l'attente des parents de la classe moyenne, ceux qui sont issus des classes populaires ayant à l'inverse tendance à moins cultiver chez leurs enfants la capacité à négocier avec les enseignants). Le capital culturel renvoie ici à des compétences interactionnelles. Un tel élargissement peut également être motivé par la prise en compte du fait que les élites se caractériseraient désormais moins par l'exclusivisme culturel que par un éclectisme attestant de leur capacité à naviguer entre un large éventail de pratiques culturelles, par des capacités d'ouverture à la diversité et d'appropriation réflexive[1]. Le capital objectivé (en tant qu'il recouvre des biens culturels spécifiques, des livres, des œuvres correspondant davantage que d'autres au goût « légitime », c'est-à-dire au goût des classes dominantes) est ainsi relativisé. Et plus le capital culturel renvoie à des processus que seule une approche ethnographique peut cerner, plus il est envisagé comme différencié, pluriel et abstrait. Mais alors jusqu'où aller dans l'élargissement ? Faut-il par exemple intégrer le genre dont on a pu considérer qu'il était secondarisé par Bourdieu (en tant que facteur non pas structurant mais modulant la mobilisation des capitaux) ? Cette piste est avancée par B. Skeggs[2] lorsqu'elle

1. A. Prieur et M. Savage, « Les formes émergentes du capital culturel », dans P. Coulangeon et J. Duval (éd.), *Trente ans après La Distinction de Pierre Bourdieu*, Paris, La Découverte, 2013, p. 227-240.

2. Voir B. Skeggs, *Des femmes respectables : classe et genre en milieu populaire*, Paris, Agone, 2015.

associe la féminité au seul capital sur lequel les femmes des classes populaires britanniques peuvent s'appuyer pour faire valoir leur respectabilité. Aborder les classes du point de vue des styles de vie implique d'intégrer des aspects hétérogènes, mais le danger n'est-il pas alors d'élargir le capital culturel au point de lui faire perdre toute précision en tant qu'outil de diagnostic d'inégalités[1] ?

La méthode même de repérage des capitaux culturels a été contestée en ce qu'elle présupposait que la valeur des capitaux était définie de façon exclusivement relationnelle, sur la base d'un jeu à somme nulle conduisant à faire de la stylisation le monopole des classes supérieures et n'attribuant aux classes populaires que le rôle d'un « repoussoir » dans les luttes de distinction (au sens où leur « style de vie » ne serait que le négatif de celui des classes supérieures). De même, la nécessité d'élargir la notion d'habitus a été défendue. D'une part, parce que la théorie des champs combinée à un modèle d'habitus de classe s'organisant, de façon cloisonnée, en système homogène et cohérent, a conduit à sous-estimer les formes plurielles de socialisation caractérisant les sociétés contemporaines et conduisant les individus à incorporer des schèmes d'action différents et contradictoires[2]. D'autre part, parce que l'habitus est envisagé chez Bourdieu prioritairement en termes esthétiques et pratiques, sans prise en considération de dispositions proprement éthiques. Ainsi que M. Lamont, A. Sayer ou Skeggs, entre autres, l'ont montré, Bourdieu néglige la façon dont le traçage des frontières de classes a des aspects moraux autant qu'économiques ou culturels et dont la classe elle-même

---

1. J. Goldthorpe, « Cultural capital : some critical observations », *Sociologica*, 2, 2007 (en ligne).

2. B. Lahire, *L'homme pluriel*, Paris, Hachette, 2006.

est un « signifiant moral ». Dans une étude comparant la France et les États-Unis, Lamont[1] a notamment étudié la façon dont les travailleurs des classes populaires envisagent les rapports et frontières entre classes à l'aune de standard moraux valorisant particulièrement une éthique du travail et de l'autodiscipline pour les blancs américains et des valeurs de générosité et solidarité pour les noirs. Il s'agit de montrer, contre toute idée d'hétéronomie des classes populaires, comment ces dernières forgent des critères et idéaux alternatifs de réussite. Sayer[2] s'appuie sur son enquête pour revaloriser les facettes morales des rapports de classes qui sont négligées lorsqu'on approche les divisions sociales dans les termes étroits d'une distribution de capitaux. La classe n'est pas seulement affaire de distribution d'un accès aux ressources ou au prestige mais aussi d'accès à des modes de vie valorisés et de participation à leur définition. La conceptualisation, par Bourdieu, de la classe ne pourrait problématiser ces facettes car elle appréhende les valeurs à l'aune des capitaux à échanger ou convertir : c'est la valeur d'échange qui est au cœur de sa théorie des capitaux ; la question de la valeur d'usage de ces derniers est évacuée de sorte que les luttes de classement sont envisagées prioritairement en termes d'accès à des biens valorisés et non en termes de luttes portant sur la valeur des biens. La conceptualisation de Bourdieu laisse ainsi échapper tout un pan de la texture normative « ordinaire » des rapports de classe en négligeant la façon dont les luttes qui les traversent portent aussi sur la détermination des modes de vie valant la peine d'être vécus.

---

1. Voir M. Lamont, *La dignité des travailleurs*, Paris, Presses de Sciences Po, 2013.
2. A. Sayer, *The Moral Significance of Class*, Cambridge, Cambridge University Press, 2007.

Ce qu'illustrent ces discussions, qui visent un élargissement de la théorie de Bourdieu, c'est la difficulté qu'il y a à tenir ensemble, au sein d'une conception compréhensive des classes, une analyse de celles-ci en termes de rapports de pouvoir et une prise en compte de la « normativité ordinaire » par lesquelles les individus signifient ces rapports en termes de valeur. Compte tenu de la tension entre ces deux pôles, celui de la distribution des capitaux et celui d'une micropolitique des rapports de classe articulée autour de l'appropriation et de la déclinaison de valeurs, les pistes qu'esquisse Sayer – lorsqu'il envisage d'ouvrir le cadre bourdieusien en prenant en compte des sentiments moraux suscités par les divisions sociales – pointent plus le problème qu'elles ne constituent une solution. Ressort ainsi la menace d'éclatement pesant sur toute conceptualisation des rapports de classe qui se voudrait compréhensive.

Il ne s'agit pas d'en conclure que le traitement par Bourdieu du problème des classes est dénué d'apports. Au contraire, j'espère avoir fait ressortir l'intérêt d'une conceptualisation relationnelle, dynamique qui tente d'articuler les divers visages des classes sociales (conditions, positions, trajectoires, facettes économiques et culturelles) tout en rendant compte de leur diversité interne, de la façon dont leurs frontières sont enjeux de luttes constantes. Cependant, loin d'y voir un nouveau paradigme qui aurait définitivement supplanté les conceptualisations étroitement économiques de la classe, j'ai mis l'accent sur la façon dont une conceptualisation concrète, subsumant le statut sous la classe, permet certes de ressaisir la façon dont les rapports de classe sont expérimentés mais est plus difficile à délimiter précisément : ouverte à la prise en compte d'aspects hétérogènes qu'il convient de ressaisir en contexte, de façon qualitative, elle a des contours plus flottants. On comprend à cet égard le plaidoyer en faveur du pluralisme auquel aboutissent souvent les sociologues qui s'intéressent à la définition du concept de classe [1]. L'analyse de classes reste un champ d'études traversé par des lignes de fracture dont les enjeux sont à la fois épistémologiques et pratiques : s'il paraît impossible de se tenir à une définition de la classe comme outil d'analyse et de diagnostic d'inégalités spécifiquement économiques, il est tout aussi problématique d'y renoncer totalement au profit d'une conceptualisation certes plus concrète et compréhensive, mais aussi plus flottante et potentiellement éclatée.

---

1. Voir Lareau et Conley (éd.), *Social Class*, *op. cit.* ; R. Crompton, *Class and Stratification*, Polity Press, 1997.

LE GENRE

En sciences sociales, la « problématique du genre »
renvoie à un ensemble d'enquêtes consacrées à diverses
questions liées entre elles[1]. Le « genre » peut être défini
comme l'ensemble des principes, pratiques et représentations
qui organisent les formes de relation et de subjectivation
qualifiées par des distinctions de sexe. Ces dernières ont
été habituellement organisées et hiérarchisées, de manières
différentes selon les sociétés et les époques, à partir d'une
distinction entre les formes masculines et féminines d'action
et de subjectivation, qui excluait ou minorisait par là
d'autres formes excédant ce partage.

En raison des changements profonds qui affectent les
distinctions de sexe dans nos sociétés, le sens même que
l'on peut accorder à ces dernières vacille, mettant en cause
non seulement les *pratiques*, dans l'organisation de la vie
familiale, du travail et de la politique, mais aussi les
catégorisations – le sens qu'il y a par exemple pour
quelqu'un à se dire « femme » ou « citoyenne ». Privées

1. J. W. Scott, « Genre : Une catégorie utile d'analyse historique »
[1986], trad. fr. É. Varikas, *Les Cahiers du GRIF*, n°37-38, 1988, *Le
genre de l'histoire*, p. 125-153. Pour une présentation générale, voir
I. Clair, *Sociologies du genre*, Paris, Armand Colin, 2012 ; L. Bereni,
S. Chauvin, A. Jaunait et A. Revillard, *Introduction aux études sur le
genre*, Bruxelles, De Boeck, 2012.

de l'évidence qui semblait les accompagner, les distinctions de sexe se présentent à nous comme un objet gênant et de plus en plus opaque. Le « genre » surgit ainsi comme une « promesse conceptuelle »[1], au moment où la question se pose de savoir comment aborder les distinctions de sexe qui, d'une part, se présentent comme irréductibles à des distinctions de classe ou à des différences entre groupes sociaux et qui, d'autre part, concernent nos propres corps, les processus et les désirs qui les traversent. Si le « genre » n'est qu'une promesse conceptuelle et non pas encore un concept, c'est que l'articulation entre l'ordre socio-symbolique et la matérialité corporelle reste à penser du point de vue spécifique des distinctions de sexe. L'objet « genre » se situe à la frontière du grand partage entre les sciences naturelles et les sciences historico-sociales. Il nous oblige à définir ce que « social » et « naturel » veulent dire.

L'incertitude à la fois épistémologique et ontologique engendrée par le « genre » interpelle directement les sciences sociales, en posant la question de leur propre prise sur cet objet. Est-elle totale ou partielle ? Quelle hiérarchie doit-on établir entre les descriptions élaborées par les sciences sociales et les sciences naturelles ? Quel appui cette saisie offre-t-elle à la critique ? Une telle incertitude oblige les sciences sociales à réviser leur compréhension du « social », afin de saisir un ensemble de pratiques et de processus qui concernent la matérialité corporelle comme point d'articulation entre le biologique et le social (par exemple, l'engendrement, que le sociologue Luc Boltanski a étudié comme une pratique sociale et non pas comme

---

1. G. Fraisse, *Les excès du genre. Concept, image, nudité*, Paris, Éditions Lignes, 2014.

un simple processus biologique)[1]. On se propose ici de questionner les manières dont le « genre » est envisagé comme une réalité *sociale* par les enquêtes de sciences sociales, ainsi que les formes de critique qui se trouvent alors engagées. On montrera que les difficultés auxquelles se heurte la compréhension du « genre » comme réalité sociale se répercutent sur la critique des rapports de genre.

LA CONSTRUCTION DE LA PROBLÉMATIQUE THÉORIQUE DU GENRE ET LE FÉMINISME

Demander ce qu'est le « genre », quel type de réalité on désigne par ce terme et de quels savoirs il peut être l'objet, implique de formuler une remarque préliminaire. Il s'agit d'une remarque factuelle mais ayant des conséquences théoriques majeures sur l'ensemble de ces questions. Les controverses et les interrogations liées à la « problématique du genre » ne se sont pas posées aux êtres humains depuis toujours et elles n'ont donc rien d'évident ni de naturel. Au contraire, l'émergence et l'institutionnalisation progressive de cette problématique sont des faits historiques ayant des causes et des conditions sociales qui façonnent les *concepts* mêmes que l'on utilise pour les aborder. Pour cette raison, l'analyse de ces concepts ne peut pas faire abstraction de la vie historico-sociale dans laquelle la « problématique du genre » se forme. Tout particulièrement, l'émergence de ces questions trouve l'une de ses conditions fondamentales dans l'ensemble hétérogène de phénomènes que l'on appelle « féminisme ».

Depuis le XVIIIe siècle, l'Europe et les États-Unis connaissent un mouvement de transformation sociale qui,

---

1. L. Boltanski, *La condition fœtale. Une sociologie de l'engendrement et de l'avortement*, Paris, Gallimard, 2004.

en approfondissant les idées de liberté et d'égalité entre les personnes, parvient à affecter profondément les relations sexuées ainsi que les possibilités de subjectivation des femmes. Les mouvements féministes – tout comme les actions de nombreuses femmes qui ne militaient pas dans ces derniers, mais qui ont lutté pour avoir accès à la vie politique et intellectuelle – ont été l'un des ressorts majeurs d'une telle transformation sociale, ainsi que le lieu principal de son élaboration théorique et politique. Cette transformation acquiert une importance grandissante suite à la participation des femmes aux révolutions et aux luttes politiques qui ont bouleversé les XVIIIe et XIXe siècles et elle s'approfondit au XXe siècle par l'émergence d'une pluralité de mouvements politiques et sociaux autour de la problématique du genre. Chacun de ces mouvements développe et valorise certains aspects, plutôt que d'autres, de la transformation des distinctions de sexe et de l'ensemble de l'organisation sociale, en faisant émerger une multiplicité théorique et politique à la fois hétérogène et conflictuelle. On peut penser à ce propos à la pluralité qui caractérise les mouvements féministes ainsi qu'aux rapports entre les féminismes et les *queer studies*, ou encore aux critiques que le *black feminism* ou le féminisme postcolonial ont adressées à une grande partie des féminismes occidentaux [1].

Les mouvements féministes, dans la mesure où ils ont à chaque fois mis en question la régulation admise des relations et distinctions sexuées, ont eu pour effet de priver cette régulation de son évidence supposée et d'en faire par conséquent l'*objet* d'un questionnement transformant nos

1. Voir A. Davis, *Femmes, race et classe*, Paris, Des Femmes, 2007 ; H. Carby, « Femme blanche écoute ! Le féminisme noir et les frontières de la sororité » dans E. Dorlin (éd.), *Black feminism. Anthologie du féminisme africain-américain 1975-2000*, Paris, L'Harmattan, 2008.

propres *concepts* de personne, de liberté et d'égalité, et en venant aussi à faire émerger le besoin d'un concept qui puisse désigner ce qu'habituellement on indiquait en parlant de sexe féminin ou masculin. Le « genre » devient ainsi l'objet autour duquel surgit une nouvelle problématique qui n'est pas seulement politique mais aussi *théorique*, en philosophie et en sciences sociales, et qui n'investit pas seulement la vie familiale mais questionne l'ensemble de la société.

La configuration des sciences sociales elles-mêmes se transforme ainsi sous l'effet conjugué de l'émergence de cette problématisation et de l'entrée des femmes dans la vie intellectuelle[1]. Comme l'écrivait déjà Marcel Mauss, en prenant la mesure des transformations de la discipline sociologique requises par l'étude de ce qu'il appelle la « division par sexe » :

> La division par sexe est une division fondamentale, qui a grevé de son poids toutes les sociétés à un degré que nous ne soupçonnons pas. Notre sociologie, sur ce point, est très inférieure à ce qu'elle devrait être. On peut dire à nos étudiants surtout à celles et ceux qui pourraient faire des observations sur le terrain, que nous n'avons fait que la sociologie des hommes et non pas la sociologie des femmes ou des deux sexes[2].

---

1. E. Fox Keller, « Histoire d'une trajectoire de recherche », dans D. Gardey, I. Löwy (éd.), *L'invention du naturel. Les sciences et la fabrication du féminin et du masculin*, Paris, Éditions des Archives contemporaines, 2000, p. 45-57.

2. M. Mauss, *La cohésion sociale dans les sociétés polysegmentaires*, *Œuvres*, III, Paris, Minuit, 1981, p. 15. Pour un commentaire éclairant, voir I. Théry, *La distinction de sexe. Une nouvelle approche de l'égalité*, Paris, Odile Jacob, 2007.

Les sciences sociales dans leur globalité sont affectées par la transformation des distinctions de sexe produite par les mouvements féministes ainsi que par le dévoilement de la dimension socio-historique de ces distinctions et des relations qu'elles modulent. On peut conclure que les mouvements féministes constituent alors une *condition* à la fois pratique et épistémologique de l'émergence des études sur le « genre » en sciences sociales. En premier lieu, du point de vue des conditions pratiques, on peut remarquer que les études qui sont aujourd'hui reconnues comme les premiers exemples de recherches sur le genre ont été élaborées au sein du féminisme et se présentaient comme des études féministes (*Feminist Studies*). Depuis les années 1980, ces études ont connu un processus d'institutionnalisation qui les a inscrites au sein du champ universitaire, en faisant émerger l'enjeu d'une conjonction entre, d'une part, les exigences du champ scientifique et, d'autre part, la portée critique et la visée d'émancipation qui continuent de caractériser les études sur le genre [1]. À cet égard, une œuvre qui a fait date est *L'Histoire des femmes en Occident* publiée en cinq tomes, sous la direction de Georges Duby et Michelle Perrot, pendant une période, le début des années 1990, où les études sur les femmes étaient encore stigmatisées comme une « science militante » [2]. Toutefois, comme l'a remarqué la philosophe Françoise Collin, ce processus d'institutionnalisation ne

1. C. Bard, « Jalons pour une histoire des études féministes en France », *Nouvelle questions féministes*, 22/1, 2003, p. 14-30 ; L. Parini, « Le concept de genre : constitution d'un champ d'analyse, controverses épistémologiques, linguistiques et politique », *Socio-logos*, 5, 2010, p. 1-11.

2. G. Duby, M. Perrot (éd.), *Histoire des femmes en Occident* (5 tomes), Paris, Plon, 1991-1992.

va pas sans risques, notamment celui de domestiquer le questionnement initial. En effet, la définition préalable d'un champ d'étude (le « genre ») prédétermine les frontières de l'objet d'enquête et peut empêcher une transformation plus libre et ouverte des disciplines et de leurs objets fondamentaux [1].

En second lieu, du point de vue des conditions épistémologiques, la prise en compte de la problématique du genre au sein des sciences sociales a aussi contribué à transformer la conceptualité même mobilisée par ces sciences et par leurs descriptions des changements historiques. En effet, dans la mesure où les enquêtes qui s'affrontent à la problématique du « genre » reconnaissent que leur objet et leurs concepts sont inscrits dans un processus historique auquel participe le féminisme, elles doivent reconnaître aux mutations des relations sexuées une *force causale* de transformation sociale. Cette force de transformation ne peut pas être réduite à d'autres dynamiques sociales, comme par exemple à une dialectique entre les classes économiques. Son analyse oblige alors à étudier, dans sa spécificité, l'ensemble de normes, représentations et attentes qui se façonnent dans l'organisation des distinctions de sexe, et à décrire les effets de sa transformation sur l'organisation générale de la société.

1. F. Collin, « Une revue de femmes philosophes ? », *Revue des femmes philosophes. Revue du Réseau international des femmes philosophes parrainé par l'UNESCO*, n. 1, *La quadrature du cercle*, Novembre 2011, p. 38-44.

LA DISTINCTION ENTRE LE « SEXE BIOLOGIQUE »
ET LE GENRE

Une fois reconnu que le « genre » ne se pose comme problème – pour nos sociétés et nos savoirs – qu'à partir des transformations socio-historiques indiquées, émerge la question de savoir si les distinctions sexuées elles-mêmes recouvrent plus ou moins intégralement une réalité socio-historique. L'organisation donnée des distinctions et des rapports sexués étant mise en cause, le problème émerge de leur compréhension comme réalité sociale – donc ouverte à des transformations – dans ses rapports problématiques à ce qui est conçu comme relevant des déterminations biologiques.

Dans le *Deuxième Sexe* (1949), Simone de Beauvoir écrit à ce propos une phrase devenue célèbre :

> On ne naît pas femme : on le devient. Aucun destin biologique, psychique, économique ne définit la figure que revêt au sein de la société la femelle humaine ; c'est l'ensemble de la civilisation qui élabore ce produit intermédiaire entre le mâle et le castrat qu'on qualifie de féminin [1].

Dans cet extrait, Beauvoir, après avoir isolé la figure de la « femme », affirme que celle-ci est élaborée et définie par l'ensemble de la civilisation et qu'elle n'est donc pas le produit de lois naturelles ni économiques. Elle ajoute que l'on incarne cette figure non pas spontanément ou par un mouvement naturel, mais par un processus de socialisation et de subjectivation. Si l'on se demande *qui* est amené, selon Beauvoir, à incarner cette figure de la « femme », on reconnaît qu'il s'agit, pour elle, de la femelle humaine :

---

1. S. de Beauvoir, *Le Deuxième sexe*, Paris, Gallimard, 1949, t. 2, p. 13.

on naît femelle et on devient femme. L'analyse s'appuie alors sur la distinction entre, d'une part, une constitution biologique (qui nous rend mâles ou femelles) et, d'autre part, une production sociale (par laquelle on peut devenir des femmes). À partir de la fin des années 1960, au sein de la psychiatrie américaine, une distinction apparemment semblable a été introduite (notamment par Robert Stoller, John Money et Anke Ehrhardt), distinguant le « *Sex* », désignant le sexe biologique, et le « *Gender* », désignant tout ce qui n'est pas déterminé par la conformation biologique de la personne. Il faut toutefois noter une différence importante entre, d'une part, ces derniers travaux et, d'autre part, la position de Simone de Beauvoir et celle de nombreuses féministes des années 1970. Pour les psychiatres qui ont introduit la distinction entre *Sex* et *Gender*, il s'agissait d'indiquer par ce dernier terme l'identité de genre (*gender identity*), que chaque individu vit et ressent comme la sienne, indépendamment de son sexe biologique. Simone de Beauvoir et les féministes des années 1970 (notamment la sociologue Ann Oakley [1]) développent au contraire une compréhension plus profonde de ce qui excède la dimension biologique. Ce que Beauvoir appelle « femme » et Oakley « genre féminin » n'indique pas un ressenti personnel, l'expérience de se « sentir intimement une femme », abstraction faite du « sexe » corporel, mais indique le « rôle social » de femme, à savoir un ensemble d'attentes, de normes et de représentations collectives qui font le partage entre les conduites légitimes et illégitimes des « femmes ». Au-delà du biologique, il n'y a pas seulement le subjectif mais aussi la réalité historico-sociale.

---

1. A. Oakley, *Sex, Gender and Society*, London, Temple Smith, 1972.

LE GENRE AVANT LE SEXE

L'analyse proposée par Beauvoir constitue ainsi un exemple devenu classique du geste de dénaturalisation des déterminations sexuées, qui n'a pas seulement caractérisé les enquêtes en sciences sociales sur le « genre », mais les a aussi rendues possibles. Toutefois, une question conceptuelle s'impose : en pensant le caractère social du sexe, ou du « genre », par opposition au sexe biologique, ne risquet-on pas de présupposer que ce dernier est lui-même défini par l'évolution naturelle, en le comprenant alors comme anhistorique ? Plusieurs objections de cet ordre ont été formulées, notamment à compter des années 1980, lorsque l'on a pris conscience du fait que la distinction sociale de genre influence de manière déterminante la différenciation biologique entre les hommes et les femmes qui était censée la précéder et en être le support. Selon la formule efficace de Christine Delphy : « Le genre précède le sexe »[1].

Confrontées à ces problématiques, les sciences sociales ont, d'une part, reconstruit, selon une démarche descriptive et critique, le tissu des normes historiques et sociales réglant la constitution sociale des rôles sexués et l'élaboration sexuée des relations sociales ainsi que de l'ensemble des représentations collectives. Par exemple, l'anthropologue Françoise Héritier a étudié des formes de distinction de sexe qui s'appliquent à l'ensemble de la vie sociale et qui partagent les êtres, les valeurs, les pratiques, les rôles sociaux entre deux classes, en les référant aux hommes ou aux femmes, en organisant par là leurs rapports réciproques

---

1. C. Delphy, *L'ennemi principal*, 2 *Penser le genre*, Paris, Syllepse, 2001, p. 251. *Cf.* P. Tourailles, *Hommes grands, femmes petites : Une évolution couteuse. Les régimes de genre comme force sélective de l'évolution biologique*, Paris, Éditions de la Maison de Sciences de l'Homme, 2008.

et hiérarchiques[1]. Les sciences sociales ont d'autre part pris comme objet la définition biologique des deux sexes, afin de montrer qu'elle est surdéterminée par des préconceptions et des critères sociaux – en s'inscrivant dans ce cas aussi dans le sillage de réflexions féministes sur le corps qui mettaient en cause le partage entre la nature et la culture, par exemple, dans les enquêtes sur les catégorisations sociales et médicales des personnes intersexuées[2].

Les sciences sociales ont ainsi conçu le caractère social des relations sexuées de plusieurs manières. Le genre est le plus souvent envisagé comme un dispositif social qui participe à la construction et à la fixation de l'identité individuelle de chacun. Toutefois dans certains travaux, comme ceux de la sociologue Irène Théry, le caractère social du genre n'est pas simplement attribué aux dispositifs de détermination des caractères *identitaires* de chacun : le genre est conçu comme intrinsèquement social au sens où il qualifie moins des identités individuelles socialement construites que des *relations sociales* (par exemple, des rapports de parenté, mais aussi de don)[3]. Selon cette dernière perspective, qui découle d'une conception du « social » irréductible aux rapports interindividuels ou à

1. Voir F. Héritier, *Masculin/Féminin. I. La pensée de la différence*, Paris, Odile Jacob, 1996 ; *Masculin/Féminin. II. Dissoudre la hiérarchie*, Paris, Odile Jacob, 2002.

2. Voir E. Dorlin, *Sexe, genre et sexualités. Introduction à la théorie féministe*, Paris, P.U.F., 2008.

3. I. Théry, *La distinction de sexe*, *op. cit.* Dans les études anthropologiques, une conception du « genre » que l'on peut définir comme « relationnelle » a été développée notamment par M. Strathern, *The Gender of the Gift. Problems with Women and Problems with Society in Melanesia*, Berkeley and Los Angeles, University of California Press, 1988 ; et C. Alès et C. Barraud (éd.), *Sexe relatif ou sexe absolu ?*, Paris, Éditions de la MSH, 2001.

l'ensemble des rapports de force, le « genre » module ainsi les normes et les attentes qui structurent les formes sociales de relation en différenciant des manières d'agir au sein de celles-ci. Le genre – ou, selon le concept anthropologique qui est mobilisé dans ces études, la « distinction de sexe » – ne décrit ni ne façonne des êtres dans leur identité, mais énonce une règle sociale de partage sexué des pratiques et des manières d'agir (par exemple, en tant que donneur ou donneuse, dans une relation de don)[1].

Ensuite, il a été montré, sociologiquement et historiquement, que la différence entre les hommes et les femmes, comprise comme différence physique irréductible, n'est en rien une évidence qui aurait frappé les êtres humains depuis toujours. Elle s'est imposée seulement à compter de la fin du XVIIIe siècle, lorsqu'a émergé un nouveau modèle d'analyse de la différence entre les hommes et les femmes, axé sur le dimorphisme radical et la divergence biologique[2]. Une fois compris que ce qui était décrit comme une évidence était en réalité une découverte de la biologie, il fallait, afin de préciser le concept de « genre », étudier la pratique biologique pour montrer combien ses découvertes dépendent aussi de décisions qui ne peuvent pas être exclusivement justifiées par la seule méthodologie scientifique. Il ne s'agissait pas de nier l'existence de différences entre les corps humains, concernant les organes génitaux, les gonades, les hormones, les chromosomes, mais de reconnaître que ces différences ne se combinent pas seulement de deux manières, selon la partition entre les

1. I. Théry, *La distinction de sexe, op. cit*, p. 260-270.

2. T. Laqueur, *La fabrique du sexe. Essai sur le corps et le genre en Occident*, Paris, Gallimard, 1992 ; S. Steinberg, *La Confusion des sexes. Le travestissement de la Renaissance à la Révolution*, Paris, Fayard, 2001.

« sexes » masculin et féminin [1]. Ce problème s'est rencontré tout particulièrement dans le traitement médical des cas d'intersexuation : des nouveau-nés ayant des organes génitaux qui rendent incertaine leur assignation au « sexe » féminin ou masculin ont été et sont encore souvent soumis à des interventions chirurgicales visant à éliminer une telle « incertitude », en les assignant à un sexe ou à l'autre. Ces interventions, de plus en plus contestées et dénoncées pour leur violence, se présentent comme des « corrections » voulant resituer à l'enfant son « vrai » sexe. Le dispositif théorique et pratique qui rend exclusive la distinction entre les sexes masculin et féminin a ainsi été dénoncé comme discriminatoire à l'égard des individus intersexués et de tous ceux qui ne rentrent pas dans ses paramètres, qu'il exclut et pathologise [2]. Cette critique n'a pas seulement été élaborée par les mouvements pour la reconnaissance des droits des personnes intersexuées. Elle a aussi été développée par le mouvement *queer* qui a mis en cause l'exclusivité présumée de la distinction entre les hommes et les femmes, afin de donner une place aux expériences des personnes qui ne se reconnaissent pas dans une telle distinction (ni dans la norme hétérosexuelle qui lui est traditionnellement associée), bien que leurs corps ne présentent pas les « variations du développement sexuel » qui caractérisent les intersexués [3].

---

1. A. Fausto-Sterling, *Sexing the Body, op. cit.* et C. Guillaumin, *Sexe, Race et Pratique du pouvoir. L'idée de Nature*, Paris, Côté-femme, 1992, p. 49-82.

2. Voir l'enquête de J. Picquart, *Ni homme ni femme. Enquête sur l'intersexuation*, Paris, La Musardine, 2009.

3. J. Butler, *Troubles dans le genre*, trad. fr. C. Kraus, Paris, La Découverte, 2006 ; M. H. Bourcier, *Queer zones 1, Politique des identités sexuelles et des savoirs*, Paris, Balland, 2001.

D'un point de vue sociologique, on a montré que le critère sur la base duquel le « vrai » sexe est supposé être déterminé dans les cas de personnes intersexuées n'est pas unitaire, mais est composé par un agrégat de considérations dont la combinaison finale est confiée à un jugement « réfléchissant » de l'équipe des médecins en charge de l'intervention. Les critères principaux considérés par les équipes de médecins sont la taille du pénis ou du clitoris, la possibilité d'uriner debout ou en position assise, un vagin apte à la pénétration (sans toutefois prendre en compte de manière prioritaire la sensibilité à l'orgasme ou la lubrification du vagin, là où, dans le cas du pénis, on considère aussi qu'il doit être apte à l'érection et d'une taille rentrant dans les canons acceptés de virilité). Les enquêtes sociologiques montrent que l'évaluation qui conduit au jugement émis par les médecins fait intervenir des considérations qui ne concernent pas seulement les facteurs physiques[1]. On a par exemple montré que si ces critères étaient appliqués rigidement à des cas dits « normaux », en évaluant par exemple la conformation de l'urètre, ils obligeraient à en considérer la moitié comme des cas en réalité « anormaux » et incertains[2]. L'exclusivité de la distinction entre les femmes et les hommes, à savoir ce qu'on appelle « la bicatégorisation », n'est donc pas une réalité biologique ayant fait l'objet d'une découverte

---

1. I. Lowy, « Intersexe et transsexualité : les technologies de la médecine et la séparation du sexe biologique et du sexe social », *Cahier du genre* 34, 2003, p. 81-104 ; A. Fausto-Sterling, *Sexing the Body. Gender Politics and the Construction of Sexuality*, New York, Basic Books, 2000, p. 45-77.

2. E. Dorlin, « Sexe, genre et intersexualité : la crise comme régime théorique », *Raisons politiques* 18, 2005, p. 117-137.

scientifique, mais une institution sociale[1]. Si la classification de deux sexes est l'effet d'un processus qui peut être décrit comme interne à la pratique biologique, il faut alors au même temps reconnaître que la biologie doit être étudiée comme une pratique sociale qui, tout en étant autonome comme champ de savoir et professionnel, est surdéterminée par les représentations de genre socialement dominantes[2].

LE GENRE COMME RÉALITÉ SOCIALE : DISTINGUER L'HISTORIQUE DE L'ARBITRAIRE

Tel qu'il est actuellement étudié par les sciences sociales, le « genre » est compris comme une élaboration sociale qui non seulement organise des rapports sociaux mais oriente aussi les distinctions et les déterminations élaborées par les sciences naturelles ou les pratiques médicales. En affirmant le caractère social des formes de relation et de subjectivation qualifiées par des distinctions de sexe et en niant que les caractères biologiques puissent déterminer *directement* – c'est-à-dire indépendamment de toute médiation sociale – nos actions et nos représentations, on a toutefois ouvert un nouveau problème. Il s'agit à ce moment de savoir ce que signifie d'affirmer que le « genre » est *social* et de comprendre quelle est alors la nature des rapports et des pratiques sociales que l'on désigne par ce terme.

---

1. D. Gardey et I. Löwy (éd.), *L'Invention du naturel. Les sciences et la fabrication du féminin et du masculin*, Paris, Éditions des Archives Contemporaines, 2000.

2. L. Fleck, *Genèse et développement d'un fait scientifique*, trad. fr. N. Jas, Paris, Les Belles Lettres, (1935) 2005 ; D. Gardey, « Les sciences et la construction des identités sexuées. Une revue critique », *Annales, Histoire, Sciences Sociales* 3, 2006, p. 649-673.

En effet, les distinctions de sexe que le « genre » organise semblent présenter un caractère spécifique : elles concernent *chaque* personne dans sa singularité, dans l'histoire de vie qui fait de chacun ce qu'il est, d'une manière apparemment plus profonde, moins négociable et plus constitutive de sa subjectivité que l'appartenance à une classe ou à un groupe social, dans la mesure où cette même appartenance peut être différenciée par des distinctions de sexe. De la sorte, les différences et les hiérarchies qui accompagnent ces distinctions de sexe semblent concerner directement chacun dans sa singularité, en posant la question de savoir si et comment des inégalités entre *personnes*, avant même qu'entre des classes, se produisent dans les rapports qui sont façonnés par ces distinctions. Il faut en conséquence comprendre comment ces distinctions se rapportent à la liberté de chacun et de chacune de transformer sa vie, ainsi qu'à la liberté collective de transformer les rapports et les institutions, comme par exemple le système de parenté, qui mobilisent des distinctions de sexe. La question se pose ainsi de savoir si, étant donné leur caractère spécifique, les distinctions de sexe engendrent *en tant que telles*, par définition, des inégalités et des limitations injustes de la liberté ou si ces effets ne sont que le produit de *certaines* formes dans lesquelles ces distinctions sont conçues et pratiquées.

Simone de Beauvoir anticipe les enquêtes féministes des années 1970 non pas seulement par le geste de dénaturalisation que nous avons analysé, mais aussi par sa manière de dénoncer l'inégalité entre les hommes et les femmes. En effet, en devenant une femme, on devient le *deuxième* sexe : la civilisation qui définit la figure de la femme définit par là un ensemble de relations hiérarchiques et inégalitaires. Le fait de montrer que les distinctions et les rapports sexués ne sont pas fondés sur la nature mais qu'ils sont sociaux rend alors possible la remise en cause de cette hiérarchie et la dénonciation des inégalités qui l'accompagnent. Toutefois, d'un point de vue théorique, la question se pose de savoir sur quelle base on opère cette mise en cause et on *fonde* une telle dénonciation. C'est face à une telle question que les sciences sociales se trouvent le plus exposées : elles sont par là amenées à repenser le sens de leur « neutralité axiologique »[1] et de l'articulation entre les niveaux descriptif et normatif, dans la mesure où elles sont confrontées au problème des fondements normatifs de l'opération critique qu'elles prétendent accomplir en dévoilant le « genre » comme une réalité socialement instituée.

Deux démarches d'enquête en sciences sociales adoptant deux positionnements différents par rapport à l'explicitation des assises normatives des opérations critiques concernant le « genre » peuvent être distinguées. D'une part, un type d'enquête axé sur des opérations de dénaturalisation et focalisé notamment sur l'analyse des formes de domination, est par exemple mis en œuvre par Pierre Bourdieu dans son livre *La domination masculine* (1998). Dans cette perspective, en dénaturalisant le « genre », il s'agit de dévoiler les dispositifs pratiques et symboliques par lesquels les hommes parviennent à dominer les femmes, c'est-à-dire à exercer sur elles un pouvoir qui opère aussi grâce à la collaboration des femmes elles-mêmes. La tâche critique de la sociologie est alors celle de dévoiler et d'analyser des formes de pouvoir vis-à-vis desquelles les dominées elles-mêmes sont en partie aveugles parce qu'elles

1. Voir F. Callegaro et C. Girard, « La neutralité », dans F. Hulak et C. Girard (éd.), *Philosophie des sciences humaines. Concepts et problèmes*, Paris, Vrin, 2011, p. 243-272.

interviennent dans leur processus de subjectivation. Par exemple, pour Bourdieu, bien que la famille soit l'un des lieux principaux d'exercice de la violence symbolique et de la domination qui pèse sur les femmes, ces dernières apportent une contribution décisive à la production et à la reproduction du capital symbolique de leur famille dans le fait même de prendre soin de leur propre corps et de leurs vêtements, ou dans la tendance, qu'elles semblent manifester, à aimer les hommes qui jouent des jeux de pouvoir dans lesquels elles se trouvent elles aussi dominées [1]. Dans ce cas, l'opération accomplie par le sociologue tient toute entière dans le dévoilement de ce que les femmes n'arriveraient pas à comprendre pleinement d'elles-mêmes. Elle n'explicite pas les fondements normatifs sur la base desquels une certaine configuration de rapports peut être définie comme productrice de domination.

D'autres approches au contraire, comme celle de Geneviève Fraisse, attribuent une place prioritaire à l'analyse des pratiques et des stratégies d'émancipation pour expliciter ce fondement normatif sans le présupposer d'entrée de jeu ni pour autant nier la portée des inégalités ou les formes de domination. Elles étudient les pratiques singulières et collectives par lesquelles les inégalités et la domination sont mises en causes et dépassées, dans la création d'autres formes de vie et d'action, comme par exemple par la création de revues féministes en 1848 qui élaborent positivement une conception de ce qu'est être citoyennes distincte de celle diffusée dans la « démocratie exclusive » mise en place après la Révolution [2]. De tels

---

1. P. Bourdieu, *La domination masculine*, Paris, Seuil, 1998, p. 105-106 ; p. 112.

2. G. Fraisse, *Muse de la Raison. Démocratie et exclusion des femmes en France*, Paris, Gallimard 1995.

travaux partent du principe qu'il faut, afin de bien analyser les formes de domination, saisir d'abord les mouvements critiques qui ont fait émerger et qui ont formulé les demandes de justice, les valeurs et les idéaux à l'aune desquels ces formes ont pu être critiquées. L'émancipation aurait ainsi une précédence sur la domination : c'est en saisissant ce que les acteurs posent comme juste (par exemple une forme de démocratie plus participative) que l'on peut comprendre ensuite, et sans le présupposer, ce qui est envisagé par eux-mêmes comme une injustice et une domination. L'enquête peut se borner à décrire ces jugements et leurs raisons, telles qu'elles sont mobilisées par les acteurs, ou alors, si elle veut endosser une tâche pleinement critique, elle peut à partir de là élaborer un jugement critique qui entend être fondé sur la réalité normative et symbolique de la société où l'enquête elle-même émerge.

En effet, si, pour les sciences sociales, la première amorce de la critique consiste à révéler la nature sociale et historique de certains rapports ou institutions, il faut ensuite comprendre qu'un tel geste n'est pas en tant que tel à même de dénoncer autre chose que l'occultation du caractère social de certains rapports ou catégorisations. Il faut alors ici faire une distinction, éclairée par le philosophe Vincent Descombes lorsqu'il observe que le fait de montrer qu'une chose est historique n'implique pas toujours de montrer qu'elle est arbitraire. L'effet critique de l'historicisation tient seulement à la mise en cause de la naturalité et de l'évidence présumées d'une forme de rapport ou d'une institution. Il ne détermine toutefois pas d'entrée de jeu le jugement que nous pouvons porter sur ce qui a été établi comme historique et qui peut être tout aussi bien critiqué que reconnu comme important et précieux pour nous [1]. Pour identifier une configuration historique comme arbitraire, il faut dénoncer les formes de domination qu'elle recouvre à partir d'autres critères que sa seule origine historique [2]. La question dès lors est celle de savoir comment les études de sciences sociales sur le « genre » élaborent le critère leur permettant de décrire un rapport comme étant un rapport de domination.

LA CRITIQUE DU « GENRE » : DES RAPPORTS DE POUVOIR AUX PRATIQUES DE LIBERTÉ

Poser la question du fondement des jugements critiques des enquêtes sur le « genre » permet d'élaborer une description plus fine de la position des femmes et des distinctions de sexe, que l'on se livre à l'étude ethnographique de sociétés non occidentales ou à l'étude historique de notre propre tradition. Depuis les années 1970, l'anthropologie (dans les travaux d'Annette Weiner et Mary Douglas notamment), cherche à lutter contre le présupposé selon lequel les femmes exclues du pouvoir politique seraient par là même l'objet d'une domination absolue. La critique d'un tel présupposé amène à reconnaître d'autres formes d'autorité, comme l'autorité religieuse, que ces femmes peuvent exercer et qui leur donnent de l'importance et de la valeur au sein de leurs propres sociétés. C'est le cas, par exemple, des analyses de Annette Weiner sur le rôle des femmes dans les cérémonies mortuaires et dans les pratiques de don aux Îles Trobriand, qui l'ont amenée à différencier le pouvoir politique d'une autorité

---

1. V. Descombes, « Quand la mauvaise critique chasse la bonne », *Tracés* 8, 2008, p. 45-69.

2. Voir J. Christ, « La critique », *infra*, p. 261-297.

cosmologique reconnue comme plus importante[1]. Une
telle approche ne méconnaît pas les formes de domination
des femmes, les rendant au contraire bien plus visibles
qu'elles ne l'étaient avant l'anthropologie féministe. Mais
elle vise à élaborer explicitement un critère permettant de
définir la domination. Mary Douglas, dans l'article
« Hiérarchie et voix des femmes », indique comme critère
la présence ou l'absence des moyens permettant de s'opposer
à ce qui est perçu comme une injustice ou une violence
(ces possibilités ne sont pas les mêmes, par exemple,
s'agissant de femmes isolées ou en groupe)[2].

En ce qui concerne la sociologie, une telle perspective
nous invite à prendre en compte les pratiques critiques et
conflictuelles par lesquelles on négocie et on transforme,
dans nos propres sociétés, les significations, les normes et
les attentes communes, dont celles qui sont liées au
« genre ». Au lieu de supposer, sans vérification empirique,
que toutes les distinctions de sexe, en tant qu'historiques
et sociales, sont porteuses de domination, il faut ainsi voir
de quelles manières, dans une certaine société et à une
certaine période historique, elles sont mobilisées, afin de
saisir les situations où elles sont rejetées (par exemple,
aujourd'hui, en France, dans nombreuses revendications
pour l'élimination de la mention du sexe à l'état civil),
critiquées et transformées (dans le cas de nouvelles
significations conférées à la maternité) ou encore réinvesties

1. A. B. Weiner, *Women of value, Men of Renown. New Perspectives
in Trobriand Exchange*, Austin, The University of Texas Press, 1976.
2. M. Douglas, « Hiérarchie et voix de femmes (Angleterre-Afrique) »
dans C. Descamps (éd.), *Philosophie et Anthropologie*, Paris, Éditions
du Centre Georges Pompidou, 1992, p. 39-55. Pour le rapport entre genre
et hiérarchie sociale, voir F. Héritier, *Masculin/Féminin II. Dissoudre la
hiérarchie, op. cit.*

comme le support d'une action critique et politique visant une transformation de l'ensemble de la société[1]. Une approche n'introduisant pas ces distinctions s'expose à une critique philosophique générale : dans la mesure où elle fait *coïncider d'entrée de jeu* les différences et les distinctions sociales, dont celles qui sont genrées, avec des rapports de pouvoir dont il faut se libérer pour être libres, elle doit au fond présupposer un sujet qui précède toutes les catégorisations et auquel celles-ci s'appliquent. L'identification de la différenciation sociale et de la domination ne prend sens que si l'on part de l'idée d'un sujet asocial posé comme originairement libre car abstrait de toute relation ou différenciation.

Ce problème émerge dans de nombreuses enquêtes empiriques, dont celles qui portent sur la sexuation du monde du travail et ses transformations actuelles. Depuis plusieurs décennies, la division sexuée du travail a été mise en cause par un mouvement général de transformation de la société impulsé par l'accès des femmes au travail salarié ainsi que par les actions politiques des mouvements féministes. La « division sexuée du travail » indique principalement l'ensemble de normes qui assignent prioritairement les hommes aux travaux dits productifs et les femmes aux travaux dits reproductifs, ainsi que l'ensemble des représentations qui hiérarchisent ces activités. C'est la raison pour laquelle la division sexuée du travail était l'une des bases de cette organisation sociale des relations genrées qu'on appelle le « patriarcat »[2].

---

1. F. Collin, *Parcours féministes*, Bruxelles, Éditions Labor, 2005 et l'ouvrage collectif de la Librairie des femmes de Milan, *Ne crois pas avoir de droits*, Paris, Éditions La Tempête, 2017.

2. C. Delphy, *L'ennemi principal*, t. 1, Paris, Syllepse, 1998. Voir aussi C. Pateman, *Le contrat sexuel*, Paris, La Découverte, 2010.

L'une des conséquences de la mise en cause de la division sexuée du travail pour les sciences sociales a été de produire un changement de regard sur le passé. Les activités qui n'étaient pas reconnues comme des travaux et qui étaient décrites de manière générique sont apparues après coup comme des activités dont il fallait reconnaître l'importance dans l'étude historique et dans les analyses statistiques du temps consacré au travail. Cette perspective n'implique pas de sous-estimer les formes de domination qui existaient dans les sociétés du passé, mais elle demande de ne pas y projeter d'entrée de jeu une notion de « travail » qui méconnaîtrait la nature des activités accomplies par de nombreuses femmes ainsi que leur fonction au sein de leurs propres sociétés [1].

Une série d'enquêtes sociologiques ont montré que la mise en cause des normes qui entravaient l'accès des femmes aux travaux productifs et salariés n'a pas induit un partage égal des tâches domestiques (les femmes se chargent encore des deux tiers de ces dernières) ni une égale répartition des hommes et des femmes dans les différents métiers. Selon une enquête menée en France en 2009 [2], non seulement certains métiers sont accomplis majoritairement par des femmes – par exemple les secrétaires de direction sont à 96% des femmes – ou par des hommes – par exemple, les ouvriers non qualifiés du

1. S. Schweitzer, *Les femmes ont toujours travaillé : une histoire du travail des femmes aux XIXᵉ et XXᵉ siècle*, Paris, Odile Jacob, 2002 ; F. Battagliola, *Histoire du travail des femmes*, Paris, La Découverte, 2004. Voir aussi, J. Rennes, *Le mérite et la nature. Une controverse républicaine : l'accès des femmes aux professions de prestige 1880-1940*, Paris, Fayard, 2007.

2. INSEE, « France, portrait social 2009 », Paris, La Documentation Française, 2009.

bâtiment sont à 97% des hommes – mais aussi, là où la mixité s'impose, celle-ci s'accompagne d'une recomposition, plutôt que d'un effacement, des distinctions de sexe (par exemple, lorsque se produisent des déclinaisons sexuées d'un même métier)[1]. Une telle situation, étudiée par de nombreuses études empiriques[2], fait émerger un problème d'ordre théorique, qui concerne l'ordre normatif sur lequel peut se fonder le jugement critique porté à l'égard de la nouvelle division sexuée du travail. Par exemple comment juger le fait qu'aujourd'hui en France les professions liées à des activités de soin soient majoritairement choisies par des femmes? Si l'on dénonce cette division sexuée en supposant qu'elle ne manifeste rien d'autre que l'inertie des vieilles formes patriarcales, on en vient à accepter la dévaluation patriarcale de ces professions et des idéaux qui les orientent. Or, les approches sociologiques de la question du *care* – du soin – ont permis de reconnaître les conflits autour de la valeur sociale accordée aux activités de soin. Ces études invitent par là à remettre en cause le rapport de force qui marginalise arbitrairement – selon elles – les activités de soin et les idéaux qui les accompagnent, en en minorant la valeur par rapport à des travaux orientés par d'autres idéaux (la compétition, la croissance de la production ou du capital ou de la puissance technique)[3].

1. Y. Guichard-Claudic, D. Kergoat, A. Vilbrod (éd.), *L'inversion du genre : quand les métiers masculins se conjuguent au féminin et réciproquement*, Rennes, PUR, 2008.

2. S. Fortino, *La mixité au travail*, Paris, La Dispute, 2002, p. 92-103 ; C. Guillaume et S. Pochic, « La fabrication organisationnelle des dirigeants. Un regard sur le plafond de verre », *Travail, genre et société* 17, 2007, p. 79-103.

3. C. Gilligan, *Une voix différente*, Paris, Flammarion, 2008, et J. Tronto, *Un monde vulnérable. Pour une politique du care*, Paris, La Découverte, 2009. Pour la reprise de cette notion en sciences sociales,

Ces études visent à montrer que certains idéaux devraient être non déconstruits comme symptomatiques d'une forme de domination mais promus en tant que porteurs de formes sociales possibles plus désirables (par exemple, la bienveillance).

La difficulté à élaborer un jugement critique sur les distinctions de sexe à partir des sciences sociales est illustrée par les études sur la progression de carrière. Prenons l'exemple d'une analyse des modèles de progression de carrière dans une entreprise industrielle française du secteur de l'énergie [1]. L'étude en question se propose d'expliquer la mise en place de ce que l'on appelle « le plafond de verre », à savoir la difficulté qu'ont les femmes à accéder à des postes de responsabilité élevés au sein de l'entreprise. Parmi les causes de cette différence entre les femmes et les hommes, il y a la résistance que des femmes opposent plus souvent que des hommes à l'égard de la demande d'une mobilité géographique et d'un engagement professionnel total, qu'il faut satisfaire pour bénéficier d'un avancement de carrière. Lorsqu'on explique de cette manière l'existence d'un plafond de verre, quel jugement critique peut-on formuler ? La critique peut prendre deux formes : elle peut demander des formes de subjectivation féminine qui intègrent davantage d'ambition ou d'abnégation professionnelle, permettant aux femmes de répondre positivement à ce qui est attendu par les principes qui règlent la progression de carrière. Ou elle peut mettre en

en France, voir P. Paperman, *Care et sentiments*, Paris, P.U.F. 2013. Voir aussi C. Paperman et S. Laugier, (éd.), *Le souci des autres. Éthique et politique du care*, Paris, EHESS, 2005 ; M. Garrau et A. Le Goff, *Care, justice et dépendance*, Paris, P.U.F., 2010.

1. C. Guillaume et S. Pochic, « La fabrication organisationnelle des dirigeants », *op. cit.*, p. 79-103.

cause ces mêmes principes, ainsi que l'organisation actuelle du travail, sur la base des idéaux et des valeurs qui sont de fait entretenus et développés plutôt dans les processus de subjectivation de femmes. Il est important, pour trancher, de clarifier les fondements normatifs de la critique.

Les distinctions de sexe, en assignant certains idéaux et valeurs aux pratiques majoritairement accomplies par des hommes et d'autres à celles majoritairement accomplies par des femmes, ont de fait produit et organisé une pluralité normative au sein des sociétés. Cette pluralité était auparavant inscrite dans une organisation sociale produisant des formes de domination et d'inégalités profondes entre les hommes et les femmes, et pathologisant les personnes ne rentrant pas dans une telle distinction. Est-il alors nécessaire d'effacer toute distinction de sexe pour dépasser cette domination et ces inégalités ? Si l'on intègre à la dénonciation de la domination l'analyse des formes de l'émancipation, on s'aperçoit que ces distinctions *peuvent* être mobilisées de manières multiples. Certains idéaux et valeurs, émergeant dans des formes de relation plus souvent pratiquées par des femmes que par des hommes, et explicitées dans leur portée politique par des mouvements féministes, s'avèrent être les leviers incontournables de pratiques de liberté et d'émancipation visant une organisation plus juste et libre de la vie collective.

En introduisant la notion de « genre », les sciences sociales posent que les distinctions de sexe ne peuvent pas être étudiées abstraction faite de la vie sociale. Les formes sociales et symboliques déterminent le sens de ces distinctions et orientent même les enquêtes des sciences naturelles sur ces sujets. Le problème que nous avons soulevé et dont dépend la possibilité de faire du « genre » un concept est celui du sens exact et des implications normatives de cette thèse. En posant que le « genre » désigne une réalité sociale, les sciences sociales se doivent de revenir sur le sens même de « social », afin de rendre compte du type de réalité que l'on indique par cette notion. Tout particulièrement, il leur faut se demander si les distinctions de sexe qui pénètrent dans la constitution subjective, dans l'intimité et le corps de chacun en marquant sa trajectoire de vie engendrent par là même des limitations injustes de la liberté singulière. Est-ce que toute distinction de sexe produit *en tant que telle* des rapports de domination ? Répondre positivement à ces questions semble être une tendance de nombreuses études actuelles. Toutefois, on a montré que cette réponse rencontre une difficulté : afin de définir les rapports qui mobilisent des distinctions de sexe comme des rapports de domination, il faut expliciter le fondement normatif d'une telle critique, qui ne peut pas se réduire au dévoilement de l'historicité d'une certaine configuration relationnelle et pratique. Par une telle réduction, on présuppose en effet que toute distinction concernant les personnes est par définition une domination, ce qui nous conduit, plus ou moins malgré nous, à postuler l'existence d'une singularité asociale sur laquelle cette domination s'exercerait. C'est alors ce présupposé qui doit être mis en cause pour parvenir à un usage approprié du concept de « genre », qui ne nous aveugle pas par rapport à la réalité des formes de domination, mais qui ne scotomise pas non plus les pratiques de liberté et les inventions politiques qui mobilisent la distinction de sexe.

LE QUANTITATIF

L'approche quantitative se définit par le fait de prendre en compte plusieurs individus – et idéalement, considère-t-on en général, un grand nombre d'entre eux – et de s'intéresser à la façon dont ils se caractérisent sous différents aspects. Ces aspects sont représentés par des variables, qui peuvent prendre des valeurs distinctes pour des individus différents. Ils sont choisis pour les rapports qu'ils semblent entretenir avec le phénomène étudié. Par exemple, dans une étude portant sur la participation électorale, on pourra s'intéresser à la catégorie socio-professionnelle, la commune de résidence, l'âge ou la distance qui sépare le domicile du bureau de vote. Dans ce cas, les individus statistiques, c'est-à-dire ceux qui sont porteurs de valeurs des variables considérées, sont des personnes physiques. Mais il pourrait aussi bien s'agir de foyers, d'entreprises, d'associations, ou même de sociétés entières.

L'approche quantitative a une place différente dans la méthodologie comme dans l'histoire des différentes sciences humaines. Par exemple, elle est indissociable de la psychologie expérimentale et consubstantielle à l'économétrie, alors qu'elle est quasi-inexistante en philosophie ou difficilement compatible avec le projet de l'ethnographie. En histoire, l'approche quantitative a été pratiquée de manière majoritaire dans les années 1960 et 1970 avant de reculer dans les années 1980, sous le feu d'âpres critiques venues en particulier de la micro-histoire [1]. En sociologie aussi, l'opposition entre quantitatif et qualitatif a longtemps organisé le débat méthodologique, ou du moins la façon habituelle de le présenter. Dans cette discipline qui s'est constituée sur fond d'un intérêt croissant pour les statistiques [2], les querelles méthodologiques ont par ailleurs eu pour arrière-plan initial le débat relatif à la scientificité, et le recours à l'approche quantitative a pu être présenté comme une façon d'asseoir le statut de science de la discipline.

Plutôt que des différences entre sciences humaines ou de questions spécifiques à l'une ou l'autre d'entre elles, nous traiterons de l'approche quantitative en général. Dans cette optique, la question principale, qui sous-tend les débats méthodologiques que nous venons d'évoquer, porte sur la légitimité du recours au quantitatif en sciences humaines. N'est-il pas inapproprié, dans le domaine humain, d'accorder un traitement indifférencié à des individus pourtant différents ? N'est-il pas excessivement réducteur de considérer ces individus au seul prisme de variables qui sont nécessairement en nombre fini et dont les valeurs possibles sont pré-définies ?

Ces questions n'admettent pas de réponse binaire. Au contraire elles appellent une évaluation précise tant des dangers qu'elles suggèrent que de ce que le quantitatif peut apporter aux sciences humaines. Notre but est de

1. C. Lemercier et C. Zalc, *Méthodes quantitatives pour l'historien*, Paris, La Découverte, 2008, chap. 1.

2. S. Turner, *The Search for a Methodology of Social Science. Durkheim, Weber, and the Nineteenth-Century Problem of Cause, Probability, and Action*, Dordrecht, Boston studies in the philosophy of science vol. 92, 1986.

fournir les éléments d'une telle évaluation. Pour cela nous commencerons, dans une première partie, par chercher une définition précise du quantitatif. Nous distinguerons entre approche quantitative, quantification et statistiques, puis détaillerons l'opération fondamentale de mise en variables. La deuxième partie visera à faire apparaître les objectifs que le quantitatif permet de poursuivre ainsi que les présupposés sur lesquels il repose et les critiques qui lui sont dès lors adressées. Enfin, la troisième partie identifiera les projets épistémiques que l'approche quantitative peut servir. Nous verrons comment elle peut être utilisée en vue de classer ou de mettre en évidence des relations causales.

QU'EST-CE QUE LE QUANTITATIF ?

Quantitatif, quantification, statistiques

Revenons à l'exemple de l'étude quantitative de la participation électorale. Il révèle que les variables peuvent être de plusieurs types, notamment quantitatives ou qualitatives. Les variables quantitatives associent à chacun des individus considérés une quantité, par exemple son âge ou la distance qui sépare son domicile de son bureau de vote. À l'inverse, les variables qualitatives associent à chacun ce que l'on appelle parfois une « modalité », telle que la catégorie socio-professionnelle ou la commune de résidence. Le quantitatif ne doit donc pas être confondu avec la quantification comprise comme description du réel au seul moyen de variables quantitatives. En revanche nous verrons qu'il est vrai que, même si ce n'est pas toujours d'emblée et par le truchement des variables quantitatives, le quantitatif permet *in fine* de mettre des nombres sur la réalité. Si la quantification est définie en ces termes (plutôt qu'en référence aux variables quantitatives), alors il devient légitime de l'assimiler au quantitatif.

Non plus qu'avec l'usage de variables quantitatives, le quantitatif ne coïncide avec la pratique du dénombrement. Certes, dans le cas d'un petit nombre de variables susceptibles de prendre chacune un petit nombre de valeurs ou de modalités, l'approche quantitative requiert essentiellement de compter les individus qui en instancient les différentes combinaisons possibles. Mais il en va autrement dès lors qu'apparaissent des variables susceptibles de prendre de nombreuses valeurs, en particulier des variables quantitatives telles que la distance entre domicile et bureau de vote. Dans des cas de ce type, les nombres que le quantitatif met sur la réalité étudiée résultent d'opérations plus complexes que le simple dénombrement (il s'agit par exemple de moyennes, de coefficients de corrélation ou de régression, ou encore de valeurs-p).

Les nombres produits par l'approche quantitative sont appelés « statistiques ». Ils résultent de l'utilisation de concepts et de méthodes (les « méthodes quantitatives ») définis par la science statistique. Mais ce ne sont précisément que des outils, là où le quantitatif est une façon d'approcher le réel. Pas plus qu'avec les opérations de quantification et de dénombrement, le quantitatif ne doit donc être confondu avec les statistiques, la science statistique ou les outils et méthodes statistiques.

L'approche quantitative consiste ainsi à travailler à partir des valeurs prises par différentes variables pour différents individus. Cette stratégie de recherche s'oppose à celle qui consiste à étudier un cas ou un très petit nombre de cas de manière « qualitative », c'est-à-dire en les considérant comme des touts indépendants et en proposant de chacun une analyse qui, à ressources cognitives égales, est plus fouillée. De manière plus concrète, les informations à partir desquelles une analyse quantitative peut être menée se présentent typiquement sous la forme d'un tableau à double entrée, avec les variables en colonne et les individus en ligne. Or, un tel tableau n'est pas donné, et même quand il est donné au chercheur – par exemple par l'INSEE – il a évidemment été construit au préalable, par quelqu'un d'autre. Il est construit à partir d'informations empiriques qui peuvent être recueillies selon les différentes voies susceptibles d'être empruntées en sciences humaines : entretiens, questionnaires, archives, observations, expériences. Pas plus que de données, il n'y a donc de mode d'acquisition des données qui soit intrinsèquement quantitatif. Ce qui caractérise l'approche quantitative est donc le premier moment de sa mise en œuvre : l'opération de construction du tableau qui sera analysé ou, autrement dit, de mise en variables le réel à étudier. Il faut maintenant considérer cette opération, en vue de mettre en évidence ses présupposés et ses conséquences et d'évaluer les difficultés qu'elle soulève.

Mettre en variables

La mise en variables d'un ensemble d'informations empiriques consiste à définir les variables qui serviront à l'analyse puis à déterminer, pour chacune, quelle valeur elle prend pour chacun des individus considérés[1]. Dans l'ouvrage qu'ils consacrent aux catégories socio-professionnelles, Alain Desrosières et Laurent Thévenot

---

1. Nous ne discutons pas ici du cas où les informations mises en variables portent sur les relations entre individus et peuvent par exemple donner lieu à des analyses de réseaux. Voir C. Lemercier et C. Zalc, *Méthodes quantitatives pour l'historien, op. cit.*, chap. VI.

parlent de « taxinomie » pour la première étape et de « codage » pour la seconde [1]. Le codage – opération concrète qui consiste à inscrire des nombres, qui peuvent représenter des propriétés (par exemple : 0 pour « homme », 1 pour « femme »), dans les cellules d'un tableur – relève, plus fondamentalement, de la qualification des cas individuels.

L'étape taxinomique recouvre elle-même deux opérations qui, si elles sont intriquées dans les faits, sont conceptuellement distinctes. Il faut en premier lieu déterminer quels aspects de la réalité doivent être pris en compte pour étudier correctement l'objet d'intérêt et pour répondre à la question posée à son propos. Si par exemple j'étudie la participation électorale, est-il pertinent ou non de m'interroger sur le lieu de résidence ou sur les loisirs des individus qui seront considérés ? Pour répondre à de telles questions, le chercheur s'appuie sur ses connaissances préalables, qu'elles soient ou non scientifiques. À l'inverse, la seconde opération constitutive de la taxinomie procède de la distinction entre les connaissances scientifiquement élaborées et celles qui ne le sont pas. Elle vise en effet à définir les concepts dont il semble qu'ils doivent figurer dans l'analyse d'une manière qui soit opératoire, c'est-à-dire qui précise les conditions de l'application correcte de ces concepts. Il s'agit, autrement dit, de remplacer les concepts identifiés comme pertinents par des variables et de préciser les critères qui permettront d'attribuer une valeur de chacune de ces variables aux différents individus considérés. Ainsi, étudier l'attention, en psychologie, requiert d'expliciter la façon dont l'attention d'un sujet sera évaluée. De même, étudier le chômage demande

---

1. A. Desrosières et L. Thévenot, *Les catégories socio-professionnelles*, Paris, La Découverte, 5ᵉ édition, (1988) 2002, p. 26.

d'énoncer des critères en vertu desquels un individu sera ou non considéré comme chômeur. Il apparaît ainsi que la taxinomie n'est pas indépendante de la qualification des cas individuels, mais au contraire la gouverne.

La qualification des cas individuels suppose que soient définis non seulement les catégories qui servent à la qualification mais encore l'ensemble des cas à qualifier. En parallèle de la taxinomie, la mise en variables requiert de délimiter l'ensemble des individus qui seront qualifiés au moyen des différentes variables. Cette opération est différente selon qu'il s'agit de choisir un échantillon statistiquement représentatif au sein de la population plus vaste visée par l'analyse ou de définir la population d'intérêt elle-même en vue de l'étudier exhaustivement. La difficulté propre au premier cas est essentiellement pratique. En effet, il n'est en théorie pas problématique de choisir un échantillon qui soit statistiquement représentatif d'une population donnée. La façon dont un échantillon doit être choisi pour que les connaissances acquises à son propos puissent être généralisées à la population dont il est issu est aujourd'hui bien comprise par la statistique, de même que la manière dont cette généralisation doit être menée et les incertitudes qui l'affectent. Pour cette raison, le choix de l'échantillon n'est pas discuté par exemple dans les études portant sur la psychologie humaine en général, ou l'est seulement sous le rapport de la conformité des méthodes concrètement appliquées aux principes généraux énoncés par la statistique.

Le cas d'une analyse exhaustive, portant sur tous les individus de la population d'intérêt, est typiquement celui où cette population est petite, telle par exemple la population des philosophes ayant intégré l'École normale supérieure entre 1860 et 1910[1]. Contrairement aux apparences, ce cas n'est pas toujours tel que les questions de généralisabilité et de représentativité ne se posent pas. En effet, la population d'intérêt peut avoir été choisie parce que l'on espère pouvoir formuler des conclusions d'ordre général en l'étudiant, ou même avoir été construite pour représenter une catégorie de sens commun dont l'extension la dépasse. Ainsi, c'est bien « le patronat » tout entier que Pierre Bourdieu et Monique de Saint-Martin entendent étudier au travers d'un groupe de 216 PDG soigneusement choisis[2]. Si les auteurs parlent d'« échantillon », il ne faut pas l'entendre au sens statistique. Ils ne discutent jamais les modalités de la généralisation à une population plus large des conclusions tirées à propos de ce groupe, car le groupe étudié est considéré être le patronat. Dans les cas de ce type, la définition de la population d'intérêt est conceptuellement difficile. Elle procède alors d'un travail théorique, d'élaboration des concepts de sens commun en particulier, qui est comparable à celui qui sous-tend la définition des variables et en est difficilement dissociable en pratique.

Le travail de définition de la population étudiée et d'élaboration de la taxinomie, qui préside à la qualification des cas individuels, est celui que vise Durkheim quand il parle de construire l'objet scientifique[3]. Il s'agit de « constituer de toutes pièces des concepts nouveaux, appropriés aux besoins de la science et exprimés à l'aide

1. Cette population est étudiée par Jean-Louis Fabiani dans J.-L. Fabiani, *Les philosophes de la république*, Paris, Minuit, 1988, chap. 3 (tableau 7 en particulier). Elle compte 95 membres.

2. P. Bourdieu et M. de Saint-Martin, « Le patronat », *Actes de la recherche en sciences sociales* 20-21, 1978, 3-82, p. 78.

3. É. Durkheim, *Les règles de la méthode sociologique*, Paris, P.U.F., 12e édition (1895/1937) 2005, II, II, 2, p. 34 *sq.*

d'une terminologie spéciale »[1], qui viennent se substituer au « concept vulgaire »[2] et aux prénotions qu'il véhicule.

Durkheim semble considérer que le travail taxinomique ainsi compris n'est complètement accompli que s'il dissout le problème de la qualification des cas individuels. Les catégories définies par le sociologue doivent en effet être telles que « la façon dont les faits sont ainsi classés ne dépend pas de lui, de la tournure particulière de son esprit, mais de la nature des choses. Le signe qui les fait ranger dans telle ou telle catégorie peut être montré à tout le monde et les affirmations d'un observateur peuvent être contrôlées par les autres »[3].

Il est cependant possible de douter de la capacité de la taxinomie à absorber la qualification des cas. Ainsi, s'ils soulignent que taxinomie et codage ne sont pas indépendants, Desrosières et Thévenot suggèrent que, en fait au moins, la seconde opération ne saurait se dissoudre complètement dans la première. La variabilité des cas individuels est telle que les catégories ne peuvent pas être complètement définies par un ensemble de critères qui suffirait à caractériser tous les cas. La logique des critères est complétée par une logique de regroupement autour de « cas typiques » ou, autrement dit, de « bons exemples »[4]. L'analyse proposée par Desrosières et Thévenot porte spécifiquement sur la nomenclature des catégories socioprofessionnelles et sur les principes qui ont présidé à son élaboration, mais elle met le doigt sur un fait plus général : aussi bien définies soient les variables et les valeurs qu'elles sont susceptibles de prendre, la qualification reste un jugement.

1. *Ibid.*, p. 37.
2. *Ibid.*, p. 37.
3. *Ibid.*, p. 36.
4. A. Desrosières et L. Thévenot, *Les catégories socio-professionnelles*, *op. cit.*, p. 66.

Visées et présupposés du quantitatif

La démarche quantitative vise d'abord, en prenant en considération plusieurs individus plutôt qu'un seul ou un très petit nombre d'entre eux, à produire des connaissances générales, ou en tout cas de plus grande portée que celles qui sont élaborées à partir d'une base empirique moins étendue. Il s'agit de « dépasser la contingence des cas singuliers et des circonstances »[1]. Ce premier élément de caractérisation peut maintenant être complété. En effet, avoir analysé l'opération cruciale de mise en variables nous permet d'aller plus loin dans la compréhension de ce que vise le quantitatif, mais aussi de ce qu'il suppose ou suggère. Mettre en évidence les visées et présupposés du quantitatif fait apparaître les questions qu'il soulève et les critiques d'ordre général dont il peut faire l'objet. Nous les présentons dans le même mouvement.

L'objectivité

Bien qu'il soit discutable, le propos de Durkheim sur la qualification des cas individuels montre que l'approche quantitative a une prétention à l'objectivité. Cette prétention tient à ce que, même si leur application peut varier à la marge, les principes relatifs à la qualification des cas individuels peuvent être compris et appliqués par tous. Mais elle est également justifiée, à un niveau plus fondamental, par ceci que la définition des variables et le choix de la population pour laquelle elles seront renseignées sont nécessairement abordés de manière explicite dans les travaux de recherche adoptant une démarche quantitative. L'approche quantitative a en outre la spécificité de donner

---

1. A. Desrosières, « Comment faire des choses qui tiennent : histoire sociale et statistique », *Histoire et mesure* 4(3-4), 1989, 225-242, p. 229.

un sens clair et bien défini aux idées de construction et de mise à distance de l'objet étudié : celles-ci consistent exactement dans les opérations que nous avons regroupées sous l'idée de mise en variables. Ce sont elles qui permettent, pour reprendre l'expression de Durkheim, de « considérer les faits sociaux comme des choses »[1].

L'objectivité se trouve également à l'autre bout de la chaîne du travail scientifique quantitatif. En effet, l'approche quantitative conduit à mettre des nombres sur la réalité, et cela constitue aussi un facteur d'objectivation particulièrement puissant. C'est une chose de savoir que notre système éducatif reste inégalitaire. C'en est une autre d'apprendre que, par exemple, entre 2008 et 2012 la probabilité d'entrer à l'ENA était environ 45 fois plus élevée pour un étudiant dont les parents exercent une profession libérale que pour un enfant d'ouvriers[2]. En passant de l'une à l'autre, notre connaissance devient plus précise et moins dépendante d'interprétations subjectives. Certes, cet effet est typiquement associé à la connaissance scientifique, quelle que soit la façon dont elle est acquise. Mais pour certains objets, dont les inégalités sociales sont un cas paradigmatique, il est difficile de l'obtenir sans en passer par le quantitatif.

La mise en évidence de régularités

L'approche quantitative ne permet pas seulement d'associer une statistique à un aspect d'une population à un moment donné. Elle permet aussi, à partir de là, de comparer différentes populations ou la même population

---

1. É. Durkheim, *Les règles de la méthode sociologique, op. cit.*, p. 15.

2. Observatoire des inégalités, « Des classes préparatoires et des grandes écoles toujours aussi fermées », 12 avril 2017, en ligne : http://www.inegalites.fr/spip.php ?page=article&id_article=1601&id_groupe=10&id_mot=83&id_rubrique=6.

à des moments distincts. Ce faisant, elle peut faire apparaître des régularités. L'existence de telles régularités a exercé une forme de fascination sur les penseurs du milieu du XIXe siècle, Quetelet en particulier, et la possibilité qu'elle offre de les révéler a contribué au développement de l'approche quantitative en sciences humaines. Ici l'objectivité n'est plus celle de la construction opérée par le scientifique et des conclusions qu'il tire, mais celle du social lui-même, que révélerait le quantitatif et qui peut justifier qu'il fasse l'objet d'une science séparée. Si la mise en variables permet de traiter les faits sociaux comme des choses, les régularités macro-sociales que le quantitatif révèle justifient de les traiter ainsi. C'est l'argument de Durkheim dans l'introduction du *Suicide* : « Chaque société est prédisposée à fournir un contingent déterminé de morts volontaires. Cette prédisposition peut donc être l'objet d'une étude spéciale et qui ressortit à la sociologie »[1].

Les régularités mises en évidence par le quantitatif conduisent à se poser au moins deux grandes questions qu'il nous est impossible de traiter ici. La première est celle de savoir d'où viennent les régularités révélées. Faut-il y voir l'œuvre de Dieu, des institutions ou de l'incorporation d'un certain nombre d'habitudes[2] ? La seconde est celle de la liberté que laissent aux individus les forces sociales qui sont manifestées par ces régularités, et donc de l'articulation entre causes sociales et causes individuelles[3].

Elles peuvent, par ailleurs, faire l'objet d'interprétations différentes. Durkheim en fait un argument en faveur du

1. É. Durkheim, *Le suicide. Étude de sociologie*, Paris, P.U.F., 8e édition (1897/1930) 1995, p. 15.

2. A. Desrosières, « Comment faire des choses qui tiennent : histoire sociale et statistique », *op. cit.*, p. 235-236.

3. J. S. Mill, *La logique des sciences morales*, 1843, chap. 11, sections 1 et 2 en particulier.

réalisme concernant les entités sociales – c'est-à-dire de la thèse selon laquelle ces entités existent indépendamment de la connaissance que nous en avons –, opposable à ceux qui considèrent, à la suite de Claude Bernard, que les statistiques sont sans objet parce qu'elles ne portent pas sur les individus [1]. Dans une optique plus constructiviste, Desrosières trouve dans ces régularités un indice de la pertinence des catégories adoptées. Surtout, il ne pense pas cette pertinence en termes d'adéquation à une réalité pré-existante mais de capacité à constituer des réalités sur lesquelles il est possible d'agir : « les agrégations sont justifiées si elles rendent possibles des actions, si elles créent des *choses* qui peuvent agir et sur lesquelles il est possible d'agir (un prince, une nation, une classe sociale, une espèce animale, un microbe, une particule physique, une maladie, un taux de chômage) » [2] – tout ce que Desrosières appelle « des *choses qui tiennent* ». Les catégories sont alors justifiées en pratique et la question de savoir si les regroupements opérés par le quantitatif existent effectivement, « *vraiment* » [3] écrit Desrosières, n'a pas à nous inquiéter.

La mise en équivalence

Cette question constitue pourtant le point de départ d'une ligne traditionnelle de critique de l'approche quantitative en sciences humaines. D'un point de vue théorique, en effet, il semble qu'un groupement d'individus

---

1. C. Bernard, *Introduction à l'étude de la médecine expérimentale*, Paris, Flammarion, (1865) 2008, p. 239.
2. A. Desrosières, « Comment faire des choses qui tiennent : histoire sociale et statistique », *op. cit.*, p. 228-229 ; A. Desrosières et L. Thévenot, *Les catégories socio-professionnelles, op. cit.*, p. 97.
3. A. Desrosières, « Comment faire des choses qui tiennent : histoire sociale et statistique », *op. cit.*, p. 229.

ne soit une catégorie bien constituée que si les individus qu'il agrège instancient une même propriété, qui définit la catégorie. De plus, la mise en variables requiert que les individus soient comparables sous les différents aspects que cherchent à ressaisir les variables qui sont mobilisées pour l'analyse. Elle suppose donc entre les individus une forme d'homogénéité qui autorise à les caractériser au moyen des mêmes variables et permet de les mettre en équivalence. Or, ces hypothèses sont parfois discutables. C'est le cas en particulier quand l'analyse porte sur des individus dont on peut considérer qu'ils ne vivent pas dans le même monde, par exemple parce qu'ils vivent à des époques différentes. Paul Veyne donne l'exemple de la folie. Elle correspond à des états psychiques différents pour des peuples différents et les ethnographes « ont reconnu enfin que "la" folie en question n'existait guère et que c'était par convention qu'on établissait une continuité d'identité entre ses formes historiques » [1]. En construisant des catégories et en établissant des équivalences par-delà de telles différences, le quantitatif serait au mieux coupable de gommer une partie de l'histoire ou des différences inter-culturelles, au pire susceptible de conduire à l'anachronisme et à l'ethnocentrisme.

L'abstraction

Ce qui varie d'une situation à l'autre et dont la variation peut être masquée par le vocabulaire uniformisant des variables, c'est le sens des mots et des situations auxquelles ils font référence. La difficulté, si elle est grande, ne semble toutefois pas insurmontable. Un travail minutieux, d'ethnographe ou d'historien, doit, sinon faire en sorte que

---

1. P. Veyne, *Comment on écrit l'histoire*, Paris, Seuil, (1971) 1996, p. 96.

les mots aient le même sens dans différents contextes ou pour différents individus, du moins permettre de construire des catégories qui soient aussi homogènes que possible sous des critères explicites. En effet, comme le souligne Charles Taylor[1], l'analyse quantitative peut en droit accéder à tout ce qui peut être attribué aux individus, y compris leurs opinions, croyances ou attitudes – et donc au sens qu'ils attribuent aux mots. Passons outre le fait que le travail requis pour définir des catégories effectivement homogènes aurait toutes les caractéristiques du travail mené dans un cadre qualitatif plutôt que quantitatif et continuons avec Taylor. Selon lui, le problème fondamental de l'approche quantitative – ou, dans ses termes, de « l'épistémologie empiriste » – est qu'elle n'est capable de saisir les significations qu'« entre guillemets et attribuées aux individus comme leurs opinions, croyances, attitudes »[2]. En conséquence, les significations qui ne sont pas susceptibles d'une telle attribution échappent à l'analyse quantitative même la plus subtile. Les significations rétives à l'individualisation sont selon Taylor de deux types : en premier lieu les significations inter-subjectives qui constituent la réalité sociale elle-même ; en second lieu les significations communes, c'est-à-dire auxquelles nous souscrivons par un acte collectif. Il en découle selon Taylor qu'il est en principe impossible de travailler autrement que sur un arrière-plan fixé de significations inter-subjectives et communes et donc de rendre compte d'une manière convaincante des changements qui affectent ces significations, c'est-à-dire des « crises de civilisation ».

---

1. C. Taylor, « L'interprétation et les sciences de l'homme » (1971), dans *La liberté des modernes*, trad. fr. P. de Lara, Paris, P.U.F., 1997, p. 137-194, section II en particulier.
2. *Ibid.*, p. 159.

Ce que Taylor reproche à l'approche quantitative du social, c'est que, dès la mise en variables, elle fait abstraction d'une dimension du réel. La critique mentionne ici les significations, mais l'idée selon laquelle l'approche quantitative pécherait par excès d'abstraction connaît d'autres déclinaisons. En effet, dans le cadre d'une analyse quantitative les individus sont considérés seulement au travers des variables et de la façon dont elles permettent de les qualifier. Ils ne sont finalement rien d'autre qu'un ensemble de valeurs de variables ou, autrement dit, de propriétés. Le quantitatif véhicule donc une conception pauvre de l'individu, sous laquelle il apparaît dépourvu aussi bien de nom propre que de substance. Cette conception de l'individu peut être elle-même objet de réticences. C'est le cas par exemple chez François de Singly, qui voit dans l'approche quantitative « une des manières dont la sociologie peut faire disparaître l'individu singulier » et plaide pour une sociologie « individualiste » « qui ne dépossède pas l'individu de sa conscience […] et de son identité personnelle »[1].

La scientificité

L'abstraction opérée par l'approche quantitative peut aussi être critiquée de manière moins directe. C'est le cas chez Paul Veyne, qui ne la rejette pas frontalement mais la juge incompatible avec le projet de l'histoire. Il soutient que l'histoire s'occupe du concret, du « vécu » et que pour cette raison les approches qui procèdent de l'abstraction n'y ont pas leur place. Veyne pousse le raisonnement plus

---

1. F. de Singly, « La sociologie de l'individu et le principe de non-coïncidence », dans *L'individu social. Autres réalités, autre sociologie ?*, M. Hirschhorn (éd.), Laval, Presses Universitaires de Laval, 2007, p. 69-84.

loin. Voyant dans l'abstraction un ingrédient essentiel de la science, il conclut de l'incompatibilité entre histoire et abstraction que l'histoire n'est pas et ne saurait être une science : « L'histoire décrit ce qui est vrai, ce qui est concret, vécu, sublunaire ; la science découvre ce qui est caché, abstrait et, en droit, formalisable. »[1]. L'histoire n'est pas une science précisément pour la même raison que l'abstraction n'a pas sa place en histoire : parce que l'histoire ne saurait se conformer au modèle que constituent les sciences de la nature et auquel renvoie l'approche quantitative.

Sans aller aussi loin, un auteur comme Antoine Prost considère que le « raisonnement sociologique » (la sociologie étant ici essentiellement durkheimienne) que nourrit l'approche quantitative n'est que l'une des deux façons, toutes deux scientifiques, de faire de l'histoire : « il existe deux modes de raisonnement historique. Pour simplifier, on dira que le premier s'intéresse aux enchaîne-ments dans le déroulement du temps, et le second aux cohérences au sein d'une société donnée dans un temps donné. Le premier traite des événements et s'organise selon l'axe du récit, le second s'attache aux structures et relève du tableau »[2]. Chacun de ces deux modes de raison-nement a ses terrains d'application privilégiés, ceux que Prost identifie pour le raisonnement sociologique étant la démographie historique, l'histoire économique, l'histoire des groupes sociaux et l'histoire et la géographie électorales. Mais dans les recherches particulières, ils cohabitent et « s'entrecroisent »[3]. Le rejet du quantitatif laisse alors

---

1. P. Veyne, *Comment on écrit l'histoire*, *op. cit.*, p. 222-223.
2. A. Prost, *Douze leçons pour l'histoire*, Paris, Seuil, (1996) 2010, p. 207.
3. *Ibid.*, p. 207.

place à une évaluation critique de ses apports et de ses limites et à une forme de pluralisme méthodologique. Il nous semble que c'est la position aujourd'hui dominante dans les disciplines dont l'épistémologie a été fortement marquée par l'opposition entre quantitatif et qualitatif, c'est-à-dire l'histoire et la sociologie.

APRÈS LA MISE EN VARIABLES

La mise en variables est essentielle au quantitatif, et à ce titre elle donne à voir les principales caractéristiques de cette approche. Elle est un moment d'élaboration théorique et conceptuelle, correspondant à la constitution de l'objet scientifique sur lequel porte l'enquête. Mais elle est inséparablement [1] un moment de travail sur les données : la saisie sur laquelle elle fait fonds « engage physiquement, induit une connaissance intime de la source et suscite nombre de questionnements de recherche » [2]. La mise en variables est donc riche d'enseignements empiriques aussi bien que de progrès théoriques. Ce que le quantitatif nous enseigne ne saurait toutefois se résumer à ce que nous apprend la mise en variables. Que vise l'approche quantitative, au-delà de cette dernière ? Comment sont analysées les informations regroupées dans le tableau qui constitue le résultat de la mise en variables ? Plus généralement, de quels projets épistémiques l'analyse de tels tableaux participe-t-elle ?

Afin de répondre à ces questions, il convient d'abord de souligner que le quantitatif permet de croiser les dimensions selon lesquelles les individus sont considérés.

---

1. Sur ce point précis, voir P. Bourdieu et M. de Saint-Martin, « Le patronat », *op. cit.*, p. 8.
2. C. Lemercier et C. Zalc, *Méthodes quantitatives pour l'historien*, *op. cit.*, p. 36.

Pour revenir aux patrons étudiés par Bourdieu et Saint-Martin, ce qui est instructif n'est pas tant la proportion de ceux qui ont fait toute leur carrière dans le secteur privé que, par exemple, l'existence d'un rapport, au sein de la population des patrons, entre le fait de mener toute sa carrière dans le privé et celui d'être inscrit dans le Bottin mondain. À partir des croisements et comparaisons que peut nourrir la pluralité des variables renseignées dans le cadre d'une étude quantitative, deux grands types de questions peuvent être envisagés. D'un côté, on peut par exemple se demander quelles sont les propriétés qui viennent souvent, pour un patron, avec celle d'avoir mené toute sa carrière dans le privé. De l'autre côté, on peut chercher à identifier les valeurs de variables qui rendent plus probable de faire toute sa carrière dans le secteur privé, et surtout qui rendent cette propriété plus probable une fois prise en compte l'influence d'autres facteurs explicatifs – par exemple, ici, le fait d'avoir un père qui est un industriel. Il s'agit dans le premier cas de faire apparaître des éléments structurants au sein d'un ensemble non ordonné d'informations et dans le second d'identifier des relations causales.

Structurer les données

La question de savoir quelles sont les propriétés typiquement associées aux carrières patronales menées entièrement dans le privé a une visée typologique. Elle invite à identifier, parmi les valeurs que les variables de l'enquête sont susceptibles de prendre, des groupes de valeurs qui typiquement se présentent ensemble (ou se présentent plus souvent ensemble que séparément), et ainsi à constituer des types au sein de la population étudiée. Au-delà de la construction de typologies, le but de l'analyse est ici sémantique au sens où l'entend le sociologue

Andrew Abbott : l'analyse « simplifie directement la complexité du monde social, la transformant en une description réduite que le lecteur raisonnable peut saisir au moyen de la *syntaxe* de l'explication quotidienne »[1]. Autrement dit, il s'agit au premier chef de résumer les données mises en variables et de les présenter ou représenter d'une façon qui soit aussi éclairante et compacte que possible.

Bourdieu et Saint-Martin dans leur travail sur le patronat, de même d'ailleurs que Bourdieu dans les passages les plus célèbres de *La distinction*, recourent pour cela à l'analyse des correspondances multiples. Celle-ci aboutit à une représentation graphique des données, qui consiste plus précisément en un plan sur lequel sont localisées différentes valeurs de variables[2]. Les individus[3], de même que des valeurs de variables qui n'auraient pas été utilisées pour le construire, peuvent être également placés dans ce graphe. Deux valeurs de variables y apparaissent d'autant plus proches qu'elles sont plus souvent partagées par des individus différents. Le graphe est par ailleurs construit de façon à maximiser la dispersion des points qui y figurent. En ce sens, il constitue le meilleur résumé de l'information contenue dans les données qu'il est possible de donner en deux dimensions. La représentation reste cependant bien un résumé, et ne restitue pas toute l'information contenue dans le tableau à double entrée à partir duquel elle a été construite. Enfin, ce plan est défini par les deux axes orthogonaux qui l'ordonnent, correspondant aux deux

1. A. Abbott, *Methods of Discovery. Heuristics for the Social Sciences*, New York, W.W. Norton, 2004, p. 35-36. (Nous traduisons)

2. P. Bourdieu et M. de Saint-Martin, « Le patronat », *op. cit.*, p. 11 et P. Bourdieu, *La distinction. Critique sociale du jugement*, Paris, Minuit, 1979, p. 296 et 392.

3. *Ibid.*, p. 11.

« facteurs » qui structurent le plus efficacement les données. Ces facteurs doivent être interprétés à la lumière de la façon dont les différentes valeurs de variables y contribuent. Ils peuvent être compris comme de simples constructions théoriques ou de manière beaucoup plus réaliste, comme c'est le cas par exemple dans *La distinction*. Concernant par exemple le goût dominant, Bourdieu y analyse ces axes comme correspondant au capital culturel pour le premier et à l'ancienneté dans la bourgeoisie (et donc à la trajectoire sociale) pour le second[1].

Quel est ici l'apport du quantitatif? À première vue, il semble être ce qui rend nécessaire de recourir à de telles techniques et donc être un obstacle plutôt qu'une aide à l'analyse. C'est parce que les données, même mises en variables, sont trop riches qu'il est nécessaire d'en produire un résumé. Il convient toutefois d'y regarder de plus près. Nous comprenons alors que ce qui nécessite de recourir à une représentation résumée des données n'est pas le nombre d'individus pris en compte, mais le nombre de variables, et quand elles sont qualitatives le nombre des modalités qu'elles sont susceptibles de prendre. L'enquête porte ici sur les rapports entre variables, et l'analyse des correspondances multiples (et plus généralement l'analyse factorielle dont elle est une des variantes) répond à notre difficulté à concevoir l'ensemble de ces rapports, même pour des valeurs ou des modalités prises deux à deux, dès lors que celles-ci sont en grand nombre. Ce que permet le quantitatif est d'établir ces rapports sur une base empirique large. Avec le nombre d'individus considérés, c'est la portée de l'analyse qui augmente et, dans le cas où seul est étudié

---

1. P. Bourdieu, *La distinction. Critique sociale du jugement*, Paris, Minuit, 1979, p. 295-299.

un échantillon de la population d'intérêt, sa capacité à être informative relativement à cette population tout entière.

Identifier des relations causales

Le recours au quantitatif joue un rôle similaire quand l'analyse des données ne vise pas à en produire un résumé, mais plutôt à identifier les valeurs de variables qui rendent plus probable, pour un individu, d'avoir une certaine propriété – par exemple la propriété de faire toute sa carrière dans le secteur privé –, toutes autres choses étant égales par ailleurs. Les choses qui doivent ici être égales par ailleurs sont les autres propriétés susceptibles d'influer sur la probabilité de faire toute sa carrière dans le privé, par exemple le fait d'avoir un père industriel. Les prendre en compte revient à considérer séparément les sous-populations qu'elles définissent, en l'occurrence la sous-population des patrons qui ont un père industriel et la sous-population des patrons dont le père n'était pas un industriel. La question est alors celle de savoir si une certaine propriété, par exemple être provincial, augmente la probabilité de faire toute sa carrière dans le privé dans l'une, l'autre, les deux ou aucune de ces sous-populations. Si, par exemple, elle l'augmente dans toutes les sous-populations que permettent de définir les propriétés qui influent sur la probabilité de faire toute sa carrière dans le privé, alors il sera possible de conclure que le fait d'être provincial est une cause des carrières menées entièrement dans le privé. L'analyse a donc ici une visée causale (ou « pragmatique » selon la terminologie d'Abbott, la connaissance des causes étant le moyen d'une action efficace). Il s'agit d'identifier les causes, et éventuellement de quantifier leur action propre sur l'effet d'intérêt ou « à expliquer », en séparant les contributions des différents facteurs pertinents. Au-delà, le but est de rendre possible une explication causale aussi bien des instanciations individuelles de l'effet que de la fréquence avec laquelle il est représenté dans la population étudiée. Le raisonnement est ici de type expérimental et procède le plus souvent de manière hypothético-déductive, c'est-à-dire que la contribution d'une variable à l'effet étudié est évaluée à partir d'une hypothèse portant sur les autres causes de cet effet[1]. La prise en compte d'un grand nombre d'individus est requise pour que puissent être correctement représentées les différentes combinaisons de propriétés qu'il est nécessaire de considérer afin de démêler les contributions des différentes variables explicatives envisagées.

L'analyse causale est le projet épistémique le plus classiquement associé au quantitatif. En outre, c'est parce que le quantitatif rend possible un raisonnement de type expérimental même à partir de données observationnelles que certains, en particulier Durkheim pour la sociologie, y ont vu un moyen d'asseoir la scientificité des sciences humaines. Dans ce contexte, les limites auxquelles le raisonnement expérimental se heurte, en général et dans les sciences humaines en particulier, sont bien connues car elles ont été abondamment discutées. Il en va de même de la question de savoir en quel sens les relations identifiées de cette façon sont causales et quelles sont les caractéristiques des explications correspondantes. Ces débats ont été présentés dans les chapitres du précédent volume portant respectivement sur l'expérimentation[2] et sur la

---

1. Pour plus de détails sur les différentes stratégies d'analyse causale, voir par exemple L. Behaghel, *Lire l'économétrie*, Paris, La Découverte, 2ᵉ édition, (2006) 2012, chap. II.

2. S. Dupouy, « L'expérimentation », dans F. Hulak et C. Girard (éd.), *Philosophie des sciences humaines. Concepts et problèmes*, t. 1, Paris, Vrin, 2011, p. 213-241.

causalité[1]. Il nous revient toutefois d'évoquer les critiques visant la régression, qui est la méthode la plus communément utilisée pour l'analyse causale menée dans un cadre quantitatif.

La régression consiste à évaluer l'effet des différentes variables explicatives sur la variable d'intérêt (ou variable « à expliquer ») à partir d'une hypothèse sur la forme de la relation que celle-ci entretient avec celles-là. Dans le cas extrêmement simple d'une variable V_1 expliquée par la seule variable V_2 avec laquelle elle est supposée entretenir une relation de la forme $V_1 = a + b. V_2$, la régression permet d'estimer a et b. À titre d'illustration, acceptons l'hypothèse selon laquelle le seul déterminant de la variation du taux de chômage ΔU est le taux de croissance du PIB C et qu'il entretient avec elle une relation de la forme $\Delta U = a + b. C$ (où b est négatif)[2]. Cette relation est supposée valoir de manière générale et sous-tendre toutes les observations conjointes d'une variation du taux de chômage et d'un taux de croissance. Cela signifie que pour une économie donnée sur une période de temps fixée la variation du taux de chômage particulière qui la caractérise, que nous proposons de noter Δu, est déterminée par le taux de croissance c et vaut $a + b.c + u$, où u est un terme d'erreur qui caractérise le cas considéré. Dans ce cas, la régression permet d'estimer a et b à partir de l'observation de plusieurs

---

1. P. Demeulenaere, « La causalité », dans *Philosophie des sciences humaines. Concepts et problèmes*, t. 1, *op. cit.*, p. 13-37. Pour une analyse générale des rapports entre les théories probabilistes de la causalité et les méthodes d'inférence aux causes à partir d'informations statistiques : I. Drouet, « Des corrélations à la causalité », *Pour la science*, 440, 2014, p. 54-61.

2. Cette hypothèse s'inspire de ce que les économistes appellent « loi d'Okun ».

valeurs conjointes d'une variation du taux de chômage et d'un taux de croissance. Cette estimation peut être menée selon plusieurs méthodes, qui reposent sur des hypothèses empiriques non triviales. Certaines, portant en particulier sur la façon dont les erreurs sont engendrées, assurent que la méthode d'estimation utilisée donne des résultats corrects. D'autres, portant essentiellement sur l'adéquation de l'équation à partir de laquelle la régression est menée, garantissent que les coefficients peuvent recevoir une interprétation causale [1]. Selon le sociologue David Freedman en particulier, la multiplication des analyses de régression en sociologie dans les années 1960 à 1980 est allée de pair avec une attention décroissante portée à ces hypothèses [2].

Il est possible de douter que la critique de Freedman concerne spécifiquement la méthode de régression. D'abord, ce sont les pratiques plutôt que la méthode elle-même qui sont ici identifiées comme fautives. C'est l'une des lignes de la réponse adressée à David Freedman par Hubert Blalock, qui parle d'« abus » de la méthode [3]. Cette réponse est partiellement anticipée par Freedman puisqu'il soutient, contre ceux qui pensent que « la technique est saine et seules les applications sont fautives » [4] ou que « les critiques des modèles de régression sont purement techniques, de telle sorte que des rustines techniques […] feront disparaître

1. D. Freedman, « As Others See Us : A Case Study in Path Analysis », *Journal of Educational Statistics* 12(2), 1987, 101-128, p. 104-109.

2. D. Freedman, « Statistical Models and Shoe Leather », *Sociological Methodology* 21, 1991, 291-313.

3. H. Blalock, « Are There Really Any *Constructive* Alternatives to Causal Modeling ? », *Sociological Methodology* 21, 1991, 325-335, p. 326.

4. D. Freedman, « Statistical Models and Shoe Leather », *op. cit.*, p. 305. (Nous traduisons)

les problèmes »[1], que les hypothèses sur lesquelles la régression repose sont tellement irréalistes dans les affaires humaines que le problème n'est pas seulement un problème d'application. Mais Blalock note en second lieu que la critique développée par Freedman peut être étendue à d'autres méthodes statistiques[2]. La portée de cette affirmation peut être évaluée à la lumière d'une remarque de Freedman, qui identifie dès la fin des années 1980 une source de nature technique, ou technologique, aux difficultés propres à la pratique : « Personne ne porte grande attention aux hypothèses, et la technologie tend à déborder le sens commun »[3]. En particulier, les scientifiques ont aujourd'hui à leur disposition des outils informatiques qui rendent accessible même aux non-spécialistes un traitement statistique rapide de données portant sur un grand nombre d'individus. Cela est de nature à favoriser les usages abusifs ou mal informés ainsi que les interprétations fautives des résultats produits. Or, la régression est sans doute, parmi les méthodes d'analyse des données mises en variables, celle qu'il est le plus facile, et donc le plus courant, d'utiliser dans un cadre ainsi automatisé. Dans cette mesure, elle est bien une cible privilégiée de la critique en réalité plus générale qui nous intéresse ici. Cette critique recoupe largement celle dont Gérard Béaur fait état quand il parle « de fascination et de répulsion, d'attirance et d'ignorance »[4]

---

1. D. Freedman, « Statistical Models and Shoe Leather », *op. cit.*, p. 305. (Nous traduisons)

2. H. Blalock, « Are There Really Any *Constructive* Alternatives to Causal Modeling ? », *op. cit.*, p. 327.

3. D. Freedman, « As Others See Us : A Case Study in Path Analysis », *op. cit.*, p. 102.

4. G. Béaur, « Âge critique ou âge de raison ? Les dix ans d'*Histoire et mesure* », *Histoire et mesure* 11(1-2), 1996, 7-17, p. 8.

– des historiens en l'occurrence – à l'égard du nombre et des méthodes complexes qu'il requiert d'utiliser.

Le rôle des ordinateurs

Reconnaître la source technologique des usages problématiques des méthodes statistiques conduit à en distinguer plusieurs composantes. Ce qui est en question ici, c'est d'abord le fait qu'aujourd'hui il n'est pas coûteux de mener une analyse statistique ni, par conséquent, de multiplier les analyses. Cette évolution est évidemment très profitable à la recherche, en particulier parce qu'elle autorise un usage heuristique de l'analyse statistique ou un affinement progressif des questions de recherche. Mais il en découle aussi qu'il n'y a pas de nécessité pratique à venir au traitement statistique avec des hypothèses fortement élaborées et déjà étayées, ou à mener seulement des analyses pensées pour que leurs résultats puissent être interprétés facilement. C'est par ailleurs un fait général que les outils numériques rendent les procédures mises en œuvre de manière automatique épistémiquement opaques[1]. Effectuer une régression de manière automatique ne requiert ni ne permet de comprendre les principes de la méthode ou les conditions de son utilisation correcte – et pour cette raison les difficultés évoquées affectent spécialement les sciences humaines, dont les praticiens, initialement moins portés vers les choses formelles que les chercheurs en sciences de la nature, reçoivent des formations qui continuent souvent de réserver une portion congrue aux méthodes

---

1. P. Humphreys, *Extending Ourselves. Computational Science, Empiricism and Scientific Method*, Oxford, Oxford University Press, 2004, section 5.3.

statistiques et aux approches formelles[1]. Il découle de tout cela, enfin, une forme de routinisation du travail scientifique, qui peut elle-même conduire même ceux qui les connaissent à oublier ou négliger les principes d'une utilisation correcte de la méthode.

C'est en psychologie expérimentale que ce problème est aujourd'hui le plus aigu. Il y prend la forme d'une grande standardisation des articles de recherche, qui accordent une place centrale à la régression, et surtout d'une mauvaise prise en compte du caractère statistique des résultats que les méthodes employées produisent. Imaginons par exemple qu'une analyse de régression fasse apparaître que la durée hebdomadaire de stimulation cognitive d'un jeune enfant contribue, toutes choses égales par ailleurs, à ses performances verbales à deux ans[2]. Cela signifie en fait qu'il est très peu probable d'obtenir par hasard, c'est-à-dire en l'absence d'une telle contribution, des données du type de celles qui ont été effectivement récoltées. Plus précisément, cette probabilité est inférieure à un seuil fixé à l'avance – le « seuil de significativité » – et pour cette raison on conclut, inductivement, à l'existence d'un effet. Mais que le seuil de significativité soit, comme il est courant, de 5% signifie qu'en l'absence même d'une contribution de la durée de stimulation cognitive aux performances verbales à deux ans, des données du type de celles qui ont été récoltées ont 5% de chances de se présenter. Dans un cadre expérimental, qui autorise la

---

1. G. Béaur, « Âge critique ou âge de raison ? Les dix ans *d'Histoire et Mesure* », *op. cit.*, p. 8 ; C. Lemercier et C. Zalc, *Méthodes quantitatives pour l'historien*, *op. cit.*, p. 4.

2. Cet exemple, fictif, est inspiré de H. Peyre *et al.*, « Predicting changes in language skills between 2 and 3 years in the EDEN mother–child cohort », *PeerJ* 2 : e335, 2014, https://doi.org/10.7717/peerj.335

répétition des expériences, cela veut dire que même en l'absence d'effet, environ 5% des expériences menées selon le plan établi donneront lieu à un résultat significatif et conduisant à conclure à l'existence d'un effet. Mais ce sont en général ces résultats qui seront publiés ! Négliger ce dernier point, ou ne pas tenir compte du caractère statistique des résultats présentés, conduit à les mésinterpréter et par ce biais contribue à la crise de la reproductibilité des résultats scientifiques qui a été identifiée dans les années 2000 et est associée en premier lieu à la psychologie.

Nous avons vu que la mise en variables du réel, qui s'achève par la qualification des cas individuels, suppose de définir les variables utilisées (c'est la taxinomie) et, parallèlement, de délimiter l'ensemble des individus effectivement étudiés. Ces opérations sont caractéristiques de la démarche quantitative et elles justifient les prétentions, à l'objectivité en particulier, qui lui ont été associées. Ce sont également elles qui, de l'autre côté, concentrent l'essentiel des critiques philosophiques visant l'approche quantitative en sciences humaines. Ces critiques portent en particulier sur l'abstraction dont procède l'approche quantitative et l'équivalence qu'elle postule entre les individus. Le pluralisme méthodologique aujourd'hui dominant en sociologie et en histoire permet de dépasser ces critiques. Les méthodes quantitatives gagnent à être considérées comme des outils parmi d'autres, au sein d'un arsenal dont il convient d'apprécier la richesse et la variété. Dans cette optique, il est indispensable de comprendre ce que peuvent offrir ces méthodes et à quelles conditions, qu'il s'agisse de mieux décrire le réel ou de l'expliquer causalement.

LA COMPARAISON

Après avoir collecté des données par le biais
d'observations ou d'entretiens, le dépouillement de
questionnaires ou d'archives, les chercheurs auraient la
possibilité de les comparer : c'est à ce second moment de
la recherche que l'on limite souvent le rôle de comparaison
en sciences humaines et sociales. Elle se présente alors
comme un outil de montée en généralité, produisant des
connaissances plus incertaines que celles livrées par les
sources primaires d'information. Elle ne devrait donc être
envisagée qu'avec méfiance et circonspection.

Même les discours affirmant la valeur des méthodes
comparatives pour les sciences humaines ne mettent pas
toujours cause cette partition. Si *Le raisonnement
sociologique* de Jean-Claude Passeron est célèbre pour
avoir présenté le régime épistémologique de ces sciences
comme comparatif de part en part, il n'en distingue pas
moins la comparaison de « l'indexation », qui consiste à
identifier des faits bruts [1]. Le raisonnement sociologique
(qui est celui de toutes les sciences sociales) se trouverait
pris entre deux pôles, celui du récit historique, qui indexe
une série de cas singuliers sur des coordonnées spatio-
temporelles, et celui du raisonnement expérimental, lequel

1. J.-C. Passeron, *Le raisonnement sociologique. L'espace non
poppérien du raisonnement naturel*, Paris, Nathan, 1991, p. 71-88.

se caractérise par un exercice réglé de la comparaison permettant d'établir des corrélations constantes (dont la forme la plus rigoureuse est le raisonnement statistique). La comparaison permettrait ainsi d'opérer une montée en généralité qui aurait pour spécificité, en sciences sociales, de ne jamais atteindre l'universalité à laquelle peuvent prétendre les sciences naturelles. Relevant du régime idéal de la connaissance « toutes choses égales par ailleurs » (*ceteris paribus*), la comparaison se heurterait à l'impossibilité, en sciences humaines et sociales, de faire abstraction des caractéristiques singulières de chaque cas, qui ne se laissent jamais égaliser.

Par conséquent, si la comparaison paraît débordée, en amont, par la nécessité d'indexation spatio-temporelle des connaissances (puisqu'il faut établir des faits avant de les comparer), elle semble l'être encore, en aval, par l'exigence d'interprétation d'un cas singulier. En effet, là où les sciences naturelles comparent pour établir des causes et des lois générales, les sciences humaines ne visent-elles pas la compréhension du sens irréductiblement singulier des actes et événements humains [1] ? Le travail interprétatif opéré dans ces sciences se distingue certes de la spéculation littéraire par l'impératif de compatibilité avec les données factuelles et les analyses causales. Il n'en reste pas moins possible de considérer la méthode comparative comme un précaire mode de validation d'un projet interprétatif qui la précède et la guide [2]. Ainsi, de la procédure d'établissement d'informations valides à la reconstitution du sens singulier d'un cas socio-historique, les sciences sociales

---

1. W. Dilthey, *Introduction aux sciences de l'esprit*, dans *Œuvres* I, trad. fr. S. Mesure, Paris, Cerf, (1883) 1992.
2. R. Aron, *Introduction à la philosophie de l'histoire. Essai sur les limites de l'objectivité historique*, Paris, Gallimard, (1948) 1981.

ne trouveraient dans la comparaison qu'un fragile outil de généralisation ou de falsification. Elle interviendrait au sein d'un processus de connaissance fondamentalement orienté vers le singulier.

Nous soutenons ici, à l'encontre de cette thèse, que la connaissance est, en sciences humaines et sociales, de part en part comparative, l'opposition entre connaissance du singulier et comparaison ne résistant pas à l'analyse. Dans cette vue, nous nous tournons d'abord vers les deux sciences le plus souvent comprises comme orientées vers le singulier, l'ethnographie puis l'histoire, afin d'établir que leurs modes de connaissances sont eux aussi fondamentalement comparatifs. Ensuite, après avoir restitué la nature comparative de l'explication causale au sein de ces sciences, nous montrons que l'interprétation d'un cas singulier procède également par la comparaison. Principe de la connaissance en sciences humaines et sociales, elle y est aussi, indissociablement, la matrice de la critique.

COMPARAISON ET OBSERVATION

On distingue ordinairement l'ethnographie de l'ethnologie (ou de l'anthropologie) en soulignant le caractère descriptif de la première et comparatif de la seconde. Là où les ethnographes observent sur le terrain, l'ethnologue spécule dans son bureau en comparant les résultats rapportés par ces derniers. Si la seconde démarche a longtemps été la plus prestigieuse, et à ce titre réservée aux détenteurs des positions les plus élevées dans le monde académique, c'est désormais elle qui semble la plus incertaine, après avoir subi de plein fouet la contestation des méthodes comparatives. De la dénonciation des grands récits évolutionnistes du XIXe siècle à la critique des analyses de Lévi-Strauss, c'est en effet toujours à la comparaison

que l'on impute l'éloignement de la recherche vis-à-vis
de ses objets véritables : elle conduirait à confondre le
modèle, conçu par synthèse de plusieurs cas, avec la réalité
singulière des pratiques [1]. À l'inverse, la démarche ethnographique, dont Bronislaw Malinowski est connu pour être
le premier théoricien [2], n'a cessé de gagner en légitimité
et fait désormais figure de modèle pour la sociologie elle-
même, dès lors qu'elle se veut ancrée dans l'étude d'un
« terrain » [3].

Il est vrai que la première démarche comparative adoptée
en ethnologie (comme en sociologie), l'évolutionnisme,
est désormais unanimement condamnée pour ses présupposés
ethnocentristes. Elle ramenait la diversité des sociétés à
une succession conçue sur le modèle de l'évolution des
espèces, trahissant ainsi une vision eurocentrée et
colonialiste de la diversité des cultures : la comparaison
y était d'emblée biaisée, les sociétés occidentales constituant
l'aune à laquelle « l'évolution » des autres sociétés, moins
avancées, se laissait mesurer. Cet évolutionnisme n'en a
pas moins fourni un critère de comparaison permettant
une première accumulation systématique de connaissances,
au-delà des simples collections de récits de voyages.
Quoique faux, il a fourni aux anthropologues et aux sociologues un critère pour collecter des données et constituer
une forme de connaissance réglée de ces sociétés, pouvant
paradoxalement amener à mettre en cause certains préjugés
ethnocentriques. Ainsi l'œuvre d'Edward Tylor, auteur du

1. Voir notamment P. Bourdieu, *Le sens pratique*, Paris, Minuit,
1980, p. 67. Voir L. Perreau, « La pratique », *supra*, p. 93.

2. B. Malinowski, *Les argonautes du Pacifique occidental*, trad. fr.
A. et S. Devyver, Paris, Gallimard, (1922) 1963, « Introduction. Sujet,
méthode et but de cette enquête ».

3. Voir S. Beaud et F. Weber, *Le guide de l'enquête de terrain*, Paris,
La Découverte, (1997) 2003, p. 294.

premier manuel d'anthropologie [1], s'inscrit incontestablement dans un cadre évolutionniste. Elle a pourtant livré, entre autres, la première définition de la culture comme « tout complexe » [2] comprenant l'ensemble des aspects d'une société, tant symboliques que matériels et corporels, par opposition aux définitions normatives antérieures qui identifiaient la culture à celle des seuls peuples dits « cultivés ». Tylor est le premier à faire de l'exploration systématique de l'ensemble des aspects d'une culture l'objet de la connaissance ethnologique et ethnographique.

Que l'évolutionnisme n'ait pas été dénué de fécondité ne constitue toutefois pas une preuve suffisante de la nécessité des approches comparatives. L'élaboration par Malinowski des règles de la méthode ethnographique n'a-t-elle pas permis de rejeter non seulement les préjugés ethnocentristes qui fondaient l'évolutionnisme, mais aussi de se dispenser de toute forme de grande comparaison pour privilégier la description dense de la vie des groupes sociaux ? Elle permettrait alors de s'abstenir des dangers de la comparaison, dont l'évolutionnisme n'est qu'une manifestation particulièrement évidente. Il est certain que la mise au point de la méthode ethnographique comme observation participante a joué un rôle décisif dans l'histoire des sciences sociales, en transformant l'observation en pratique réglée et réflexive. Reste qu'une telle méthode ne suffit pas en elle-même à déterminer comment sélectionner et classer les éléments observés, l'exigence de diversité et de pluralité des données n'étant pas celle d'une impossible exhaustivité.

1. E. Tylor, *Anthropology. An Introduction to the Study of Man and Civilization*, Londres, Macmillan & co, 1881.

2. E. Tylor, *La civilisation primitive*, t. 1, trad. fr. P. Brunet, Paris, Cortes, (1873)1920, p. 1.

Pour le préciser, Malinowski met en œuvre une théorie que l'on a qualifiée de « fonctionnaliste ». Elle part du principe qu'une société sert à satisfaire les besoins de ses membres, et procède à un classement des types de besoins (en distinguant notamment les besoins « naturels », relatifs à la survie de l'espèce, des besoins « dérivés », c'est-à-dire sociaux, culturels et spirituels), des types universels de réponse à ces besoins (par exemple, les systèmes de parenté pour la reproduction, les règles d'hygiène pour la santé), et des variations culturelles qui se déploient sur ce fonds commun (ainsi, pour la reproduction, les diverses règles présidant à l'organisation des mariages et des naissances selon les sociétés ; pour l'hygiène, les dispositifs sanitaires adoptés par chacune)[1]. Il construit sur cette base une typologie permettant de classer les données observées au sein de catégories pré-établies. La possibilité même de l'accumulation de connaissances repose ici sur un travail comparatif préalable, qui a pour défaut de rester implicite : seule une comparaison intuitive entre plusieurs cultures permet en effet d'aboutir à l'idée que, par exemple, toutes mobilisent un même type de réponse pour un même type de besoin. Si la comparaison est alors peu réglée, c'est qu'elle est subordonnée à un raisonnement déductif fondé sur un postulat d'universalité de la nature biologique de l'homme qui serait directement accessible au chercheur. La description de la singularité des cultures s'intègre donc à un cadre universaliste posé d'avance.

Les limites de cette théorie fonctionnaliste ne sont toutefois pas celles de la méthode ethnographique elle-même. Leur conjonction dans l'œuvre de Malinowski

---

1. B. Malinowski, « Une théorie scientifique de la culture » (1941), *Une théorie scientifique de la culture et autres essais*, trad. fr. P. Clinquart, Paris, Seuil, (1944) 1968.

n'est-elle pas simplement conjoncturelle ? Si les deux sont théoriquement indépendants, ils ne s'en accordent pas moins particulièrement bien. L'observation participante demande en effet de se focaliser sur le groupe particulier dans lequel s'est établi l'observateur, ce qui, en l'absence de comparaison avec d'autres groupes proches spatialement ou culturellement, peut conduire à surestimer son unicité et sa singularité. Il se présente alors d'autant plus aisément comme un tout « fonctionnel » indépendant.

Quoi qu'il en soit, le fonctionnalisme reste, comme l'évolutionnisme, une forme de grande comparaison. Le premier n'est pas plus apte que le second à opérer ce que Passeron appelle une indexation, c'est-à-dire à identifier des informations selon des coordonnées non seulement spatiales mais aussi temporelles : les descriptions des ethnographes malinowskiens ne permettent pas de déterminer l'ancienneté relative des différents traits culturels dégagés, et par conséquent d'analyser leurs relations diachroniques. Il est dès lors impossible de distinguer les pratiques actuellement « fonctionnelles » de celles qui ont pu l'être dans le passé mais ne sont plus que le résidu de formes disparues de vie sociale. L'absence de prise en compte de l'histoire rend ainsi le présent même de cette société difficilement intelligible [1]. Certes, les faits historiques sont particulièrement difficiles à établir pour les sociétés sans écriture, car elles n'en gardent pas de traces. Seul le « fonctionnement » apparent, synchronique, de la société s'offre directement à l'observation.

C'est toutefois par le biais d'une autre forme de méthode comparative que certains anthropologues ont entrepris d'indexer des faits. C'est en particulier le cas de Franz

1. Voir C. Lévi-Strauss, *Anthropologie structurale*, Paris, Plon, (1958) 1985, « Introduction. Histoire et ethnologie », p. 22-24.

Boas, qui refuse les grandes comparaisons plus strictement que les fonctionnalistes, et pratique avant Malinowski une forme d'observation fondée sur la maîtrise de la langue du groupe étudié. Mais il s'intéresse à la circulation des coutumes et légendes entre des groupes installés sur des territoires contigus bien plus qu'à la cohérence propre chacun, ce qui ancre d'emblée la recherche ethnographique dans une perspective plus historique[1]. Afin d'étudier la diffusion d'un récit mythique, il compare termes à termes tous les éléments isolables de ses différentes variantes. Il peut de cette façon soutenir que le mythe du Corbeau s'est diffusé du Nord au Sud de la Colombie-Britannique, les versions du mythe présentes au Sud se révélant plus pauvres, fragmentaires et incohérentes que celles qui prévalent au Nord de la région[2].

La mise en évidence de la distribution continue de certains traits culturels permet alors de conjecturer l'existence de transferts et par conséquent de contacts antérieurs entre des groupes occupant des territoires suffisamment proches et accessibles pour que des déplacements aient été envisageables. Ainsi, la présence d'un nombre important d'éléments culturels communs, notamment la récurrence de thèmes mythiques, chez des Indiens d'Amérique du Nord et des habitants de Sibérie permet supposer que des voyages ont eu lieu dans le passé. Cette hypothèse a conduit Boas à diriger une grande expédition visant à établir l'existence d'une migration passée à travers le détroit de Bering gelé. Le refus des

1. F. Boas, « Les limites de la méthode comparative en anthropologie » (1896), dans *Anthropologie amérindienne*, trad. fr. I. Kalinowski et C. Joseph, Paris, Flammarion, 2017, p. 536-547.
2. F. Boas, « L'évolution des mythologies des Indiens de la côte du Pacifique Sud », dans *Anthropologie amérindienne, op. cit.*, p. 367-391.

grandes comparaisons ne laisse donc pas moins la place à des formes localisées de comparaisons, qui permettent de conjecturer l'existence d'événements historiques indexables.

Cette pratique comparative ne permet toutefois qu'une forme limitée d'identification d'événements. Les conclusions d'une telle démarche comparative restent extrêmement incertaines dans le cadre de sociétés sans écriture, relève Lévi-Strauss, si elles ne sont pas corroborées par des traces directes de l'existence de ces événements supputés par comparaison[1]. Il remarque que dans plusieurs terrains ethnographiques étudiés par Boas, comme par exemple chez les Pueblo du Sud-Ouest américain, on observe des formes d'organisation sociale opposées aux deux bouts du territoire, qui se trouvent séparées par des formes intermédiaires dans les terres du milieu. Faut-il supposer qu'il y a eu transmission, et si oui, dans quel sens ? Pour le montrer, il faudrait prouver que l'une des formes est plus primitive que l'autre, ce que nous interdit le rejet des postulats de l'évolutionnisme. Le grand mérite de Boas est, pour Lévi-Strauss, d'avoir montré que l'évolutionnisme est méthodologiquement inacceptable en ce qu'il ne construit pas les comparables : il faut étudier comment les phénomènes se sont constitués dans leur contexte avant de pouvoir les comparer. Mais s'il propose une méthode beaucoup plus exigeante de comparaison, Boas n'a que rarement moyens de la mettre en œuvre, faute de données suffisantes.

On comprend dès lors mieux la tentation malinowskienne ultérieure de se passer d'histoire, et le succès rencontré par sa méthode : elle se présente comme applicable à l'étude de tout groupe humain se laissant observer, en l'absence même de traces historiques. La collecte de

---

1. C. Lévi-Strauss, *Anthropologie structurale, op. cit.*, p. 16 *sq.*

données lors de l'enquête ethnographique, guidée par des catégories constituées d'avance, permet ensuite de montrer comment le groupe sélectionné fonctionne comme une totalité cohérente. Mais comme nous l'avons vu, l'absence de marquage historique nuit grandement à la description ethnographique elle-même.

Toutefois le projet d'accéder, par une voie comparative, à une connaissance de l'historicité des sociétés sans écriture n'a pas disparu avec Boas : Lévi-Strauss élargit le champ de cette étude au-delà de l'identification de traits analogues entre les cultures, en comparant des mythes issus de sociétés distinctes à travers leurs différences systématiques. Il montre que, si les mythes s'élaborent en empruntant à ceux d'autres sociétés, ce transfert ne passe pas le plus souvent pas une imitation directe mais par un processus actif d'adaptation et de traduction, qui prend spontanément la forme de séries d'inversions dictées par les systèmes d'opposition en œuvre dans cette société. Il parvient de cette façon à identifier des transferts entre des groupes vivant de façon contiguë, et ce, quelle que soit leur altérité culturelle ou linguistique, en faisant apparaître la logique des transformations qui conduit d'un récit mythique à d'autres dont le thème central peut à première vue sembler très différent.

Or cette méthode ne présente pas seulement l'intérêt d'élargir le champ de la recherche des éléments susceptibles d'indiquer un contact entre des groupes : parce que la comparaison se situe au niveau même de la constitution des différentes variantes des mythes, elle donne, dans une certaine mesure, accès à l'historicité de leur formation. En effet, les emprunts ne se font pas de façon libre : un élément prélevé dans le mythe d'une société étrangère doit être traduit dans le système de pensée de la culture qui l'intègre, la mise en œuvre d'inversions systématiques étant l'une des manifestations les plus nettes de ce processus de traduction, qui peut aussi prendre la forme de déplacements métaphoriques.

Prenons l'exemple [1] d'un mythe des Indiens Bella Bella, qui raconte comment un enfant, enlevé par une ogresse, parvient à se libérer en lui faisant peur à l'aide de siphons de clams attachés à ses doigts (trompes de petits mollusques). L'absurdité de l'épisode (ces siphons n'ayant rien d'effrayant), prend sens lorsque l'on établit que le mythe se rapporte, à travers une série d'altérations fondée notamment sur une série d'oppositions terre/mer, au mythe d'une tribu voisine. Dans ce dernier un enfant, enlevé par un sorcier hibou, l'effraie en attachant à ses doigts des cornes de chèvres qui semblent être des griffes. Ainsi, quand un épisode contient un élément absurde ou s'intègre mal à l'intrigue, tout en se présentant comme l'inversion ou la transposition métaphorique d'un élément d'un mythe voisin, on peut raisonnablement établir qu'il en constitue une transformation. Une telle révélation de la priorité d'une version sur une autre ne peut toutefois être que rarement obtenue. Mais la question de l'historicité perd sa priorité chez Lévi-Strauss, car elle s'intègre à une réflexion plus large sur la façon dont les cultures se rapportent les unes aux autres, comme à leur propre environnement. La différence entre les deux récits mentionnés tient notamment à ce que chacun raconte l'origine mythique d'une richesse que le groupe dont il est issu ne peut trouver sur son

---

1. C. Lévi-Strauss, *Le regard éloigné*, Paris, Plon, 1983, p. 148. Nous empruntons cet exemple, ainsi que l'ensemble de l'analyse de la méthode comparative de Lévi-Strauss, à G. Salmon, *Les structures de l'esprit. Lévi-Strauss et les mythes*, Paris, P.U.F., 2013, notamment p.111-112.

territoire propre et ne doit qu'au seul commerce, celle de la version Bella Bella étant terrestre, l'autre marine [1].

L'opposition ordinaire entre description concrète et comparaison généralisante apparaît dès lors dépourvue de pertinence. Loin d'opérer par abstraction et montée en généralité, la comparaison nous renseigne ici sur la formation même d'une culture particulière, au sein d'un contexte social et environnemental particulier. Elle met à nu des aspects de la logique interne de la culture d'un groupe et des rapports qu'il entretient avec ses voisins, invisibles à l'observation directe. Cette vertu de la comparaison tient à ce qu'elle constitue le mode de fonctionnement le plus élémentaire de l'esprit humain, à l'œuvre dans la production des faits culturels. L'être humain ne saurait penser sans comparer. Par conséquent, la comparaison permet de reconstituer le processus comparatif par lequel les cultures se forment elles-mêmes. Elle constitue dès lors un outil fondamental de description.

Il est vrai que la comparaison permet également ici une forme de montée en généralité : l'analyse de Lévi-Strauss montre que les opérations mentales comparatives dont procèdent les mythes sont toujours les mêmes. L'élément universel ainsi identifié ne correspond toutefois à aucun contenu culturel particulier mais aux formes mêmes de la pensée humaine : à travers l'extrême diversité des cultures, on découvre que « l'homme a toujours pensé aussi bien » [2]. S'il y a bien un universel qui se dégage à l'horizon de l'analyse, ce sont les modalités de l'activité comparative elle-même, activité essentielle de l'esprit humain.

---

1. C. Lévi-Strauss, *Le regard éloigné*, *op. cit.*, p. 154-56. Voir G. Salmon, *Les structures de l'esprit*, *op. cit.*, p. 165-166, p. 183-184.

2. C. Lévi-Strauss, *Anthropologie structurale*, *op. cit.*, p. 265.

Il faut cependant préciser que cette logique des transformations n'opère pleinement dans le mythe que parce qu'il se transmet de façon orale, ce qui laisse libre cours aux processus inconscients de réélaboration du récit à travers chaque version. La transmission écrite, en ce qu'elle favorise la reproduction exacte, freine largement ce processus. Or si cette méthode comparative s'avère moins féconde dans l'étude des sociétés dotées de l'écriture, elle est également moins nécessaire, puisque les traces écrites fournissent un accès plus direct aux contacts et emprunts ayant existé entre les groupes, ainsi qu'aux modalités d'élaboration de leurs produits culturels. La science historique, d'abord fondée sur l'étude de traces écrites, n'a-t-elle donc pas moins besoin de la comparaison que l'anthropologie ?

COMPARAISON ET INDEXATION HISTORIQUE

Si l'histoire élabore des récits ou des analyses du passé, elle doit également indexer des événements, c'est-à-dire à établir ce qui a – ou n'a pas – eu lieu dans un lieu et un temps singulier. Les deux activités, devenues des dimensions indissociables de la pratique historienne, étaient même distinctes jusqu'à la fin du XVIIIe siècle : la tradition antique du discours historique narratif, genre rhétorique à part entière, avait peu de contacts avec la recherche érudite ou antiquaire, visant à établir des faits par l'intermédiaire de preuves [1]. On retrouve donc ici la distinction, révoquée en ethnologie, entre indexation et description ou analyse. On ne saurait pour autant réserver la comparaison à la seconde opération : l'indexation historique est en elle-même strictement comparative.

1. C. Ginzburg, « Montrer et citer. La vérité de l'historien », *Le Débat*, n°56, 1989/4, p. 41-51.

Le premier travail que l'historien effectue traditionnellement sur les sources obéit au canon de ce que l'on appelle la « méthode critique », composée d'une critique « externe » (consistant à authentifier et dater une trace du passé) et d'une critique « interne » (réservée aux documents écrits ou imagés, elle interroge la fiabilité des témoignages qu'ils apportent). Or l'ensemble de ce travail procède exclusivement par comparaison, comme le note Marc Bloch : « on n'interprète jamais un document que par insertion dans une série chronologique ou un ensemble synchrone »[1]. Un document ne peut en effet être indexé que par le biais d'une comparaison avec d'autres documents du même type situés dans une série chronologique, ou avec des documents de types différents issus d'une même société et d'une même époque. Ainsi l'authentification d'un vase d'aspect inédit n'est-elle possible que par comparaison avec les types de vases produits au cours du temps dans les sociétés dont il est susceptible d'être issu, et si l'étude des vases seuls ne suffit pas, par comparaison avec d'autres formes de pratiques artisanales de ces mêmes sociétés. Si la comparaison s'avérait impossible, l'objet serait voué à rester inconnu et la représentation imagée qu'il fournit dénuée de valeur historique.

Le critère de comparaison est-il ici la simple ressemblance ? Il repose plus précisément sur un « principe de ressemblance limitée »[2]. Il va de soi qu'une trace du passé déclarée authentique ne saurait différer trop massivement de l'ensemble synchronique ou diachronique dans lequel elle s'insère. Ainsi l'activité d'indexation inclut-elle déjà un postulat de type sociologique selon

1. Voir M. Bloch, *Apologie pour l'histoire*, chap. 3, section III : « Essai d'une logique de la méthode critique », p. 107.

2. *Ibid.*, p. 112.

lequel les productions humaines sont constitutivement marquées par le groupe social et historique dont elles émanent. Ce postulat ne contredit pas la reconnaissance de la singularité et de la création, dans la mesure où il suppose simplement l'impossibilité d'innover simultanément sur tous les plans : si le style et les idées de Pascal, par exemple, lui sont propres, il n'en utilise pas moins la grammaire et le vocabulaire de son temps[1]. Mais une telle ressemblance ne peut être que « limitée » dans la mesure où une ressemblance – ou un système de différences – trop systématique révèle un processus d'imitation – ou de différenciation – pouvant indiquer la présence d'un document ou d'un témoignage inauthentique. Ainsi lorsque deux scènes de guerres sculptées, se rapportant à des campagnes militaires différentes, sont représentées de façon identique, l'archéologue conclura que l'une renvoie à l'autre, ou qu'elles imitent toutes deux un poncif d'école[2]. Ce constat ôte alors à la copie toute valeur de témoignage.

La comparaison se voit ici dotée d'une fonction inverse de celle qui prévaut dans l'étude des transferts culturels, dans la mesure où c'est d'abord l'absence d'emprunt que l'on cherche à prouver, afin de s'assurer de la fiabilité d'une source. La mise en évidence d'un procédé d'imitation dégage cependant un nouveau fait historique retenant alors l'attention de l'historien : pourquoi a-t-on, à une certaine époque dans un certain groupe, imité certains modèles ou traces du passé ? La fiabilité d'une telle méthode comparative peut par ailleurs être augmentée – lorsque l'objet étudié le permet – par l'usage d'une méthode statistique. En rendant possible la comparaison simultanée d'un grand nombre de cas, cette dernière minore l'effet des erreurs

1. *Ibid.*, p. 114.
2. *Ibid.*, p. 110.

ou dissimulations locales. Par exemple, l'étude de l'évolution des prix sur une période donnée peut s'accommoder de données en partie fausses si tant est que ces modifications ne soient pas systématiques : elles seront en partie neutralisées par la prise en compte d'un grand nombre de sources [1].

Mais la pratique de l'établissement des faits ne se limite plus, en histoire, à l'ancienne méthode de critique des sources. L'usage de la comparaison permet également de découvrir des faits n'apparaissant pas directement dans les documents. En cela, l'histoire se rapproche davantage de l'ethnologie opérant sans documents écrits. C'est ce que montre le travail de Marc Bloch, l'un des deux fondateurs de la revue des *Annales* qui a imposé une nouvelle conception de l'histoire comme science sociale. Là où pour Boas seules les comparaisons indexées à des espaces réduits aboutissent à des résultats pertinents, pour Bloch les comparaisons les plus fécondes sont effectuées entre des « sociétés synchrones », c'est-à-dire « à la fois voisines et contemporaines, sans cesse influencées les unes par les autres » [2]. Il s'agit de sociétés conçues comme comparables au terme d'une analyse socio-historique. Au sein de telles sociétés, la comparaison permet d'identifier des transferts, qui ont toutefois l'avantage de pouvoir être ici validés a posteriori, par la mise en évidence de sources écrites. Ainsi, alors que le régime carolingien, mettant l'Église au service d'une royauté forte, semble être une pure création au regard des seules époques précédentes, l'approche comparative permet d'identifier des ressemblances avec le règne espagnol de Visigoths, étayée par la mise en évidence de riches

1. Voir M. Bloch, *Apologie pour l'histoire, op. cit.*, p. 112-113.
2. M. Bloch, « Pour une histoire comparée des sociétés européennes » (1925), dans *Mélanges historiques*, Paris, CNRS Éditions, 2009, p. 19.

analogies entre leurs textes de droit canon. La comparaison peut ensuite être validée par l'étude du rôle joué par la diaspora espagnole dans l'entourage des rois carolingiens [1].

Au-delà de la mise au jour d'influences, l'étude de sociétés synchrones permet de découvrir d'autres types de faits, en vertu de l'élaboration comparative d'hypothèses de recherche. Le mouvement des enclosures (c'est-à-dire le processus d'appropriation privée des terres anciennement dévolues à l'usage collectif, marqué en Angleterre par la clôture des champs) est un élément incontournable de l'histoire de l'Angleterre du XVIe au XIXe siècle en raison de son lien à l'histoire politique, des polémiques qu'il a suscitées et des traces matérielles qu'il a laissées. Sa connaissance permet à Bloch d'identifier une transformation analogue restée inaperçue dans la Provence du XIVe au XVIIe siècle [2]. Si l'événement, d'importance fondamentale pour les rapports sociaux et économiques, n'a pas été discerné par les historiens spécialistes de la région, c'est que, ayant eu lieu plus tôt qu'en Angleterre, il n'avait donné lieu à aucune polémique publique ni laissé de traces physiques (les champs privatisés n'ayant pas été clôturés). L'usage de la « baguette de sourcier » [3] que constitue la comparaison permet néanmoins d'en retrouver les traces dans des documents locaux (procès, documents administratifs locaux, etc.). À la différence de l'étude de transferts ou d'emprunts, cet usage de la comparaison suppose, pour être fécond, que les sociétés comparées ne soient pas seulement contiguës mais de structure sociale en partie identique. Elle demande donc un travail préalable de comparaison sociologique établissant, par exemple, que

1. *Ibid.*, p. 22-24.
2. *Ibid.*, p. 20-22.
3. *Ibid.*, p. 22.

les sociétés d'Europe occidentale et centrale relèvent d'un type social commun.

C'est à cette même condition que la comparaison permet de dégager des différences, de restituer des « originalités », celles-ci ne pouvant être identifiées de façon non arbitraire que sur fond d'une ressemblance préalablement établie. Bloch prend l'exemple de la différence entre le serf français et le vilain anglais du XIVe siècle, souvent traités comme équivalents en ce qu'ils désignent chacun l'ensemble des hommes non-libres travaillant pour un seigneur féodal. L'institution du vilainage n'en renvoie pas moins à une histoire spécifiquement anglaise, en ce qu'elle suppose une opposition figée entre deux uniques classes d'hommes, libres et non-libres, là où les statuts sont restés beaucoup plus divers et changeants sur le continent. Cette divergence s'explique par le précoce développement la justice royale en Angleterre au XIIe siècle, qui fut alors réservée aux seuls nobles, les séparant ainsi juridiquement des simples sujets de la justice seigneuriale. La contrainte juridique spécifiquement anglaise a ainsi créé un gouffre entre deux uniques classes d'hommes, absent des autres sociétés féodales européennes[1].

Si la comparaison permet également de monter en généralité pour construire des explications, comme nous allons le voir, elle n'en est donc pas moins d'abord en histoire un outil de connaissance du singulier. Elle permet d'indexer temporellement et spatialement les documents comme les événements dont ils témoignent, de construire des questionnaires visant à identifier des phénomènes que les documents ne manifestent pas de façon évidente, ou

---

1. M. Bloch, « Pour une histoire comparée des sociétés européennes », *op. cit.*, p. 27-32.

de comprendre la spécificité des cas historiques. Aucune singularité historique ne saurait être identifiée hors d'un cadre comparatif.

COMPARAISON ET EXPLICATION CAUSALE

Le rôle le plus communément assigné à la comparaison en sciences humaines et sociales est de servir l'explication causale, comme elle le fait au sein des sciences naturelles. Ceux qui contestent que la comparaison puisse tenir ce rôle le font d'ailleurs généralement au motif que la tâche de ces dernières ne serait pas d'identifier des causes au sens générique du terme mais des raisons d'agir, c'est-à-dire d'interpréter[1]. Mais avant d'en venir à l'interprétation, précisons le rôle joue la comparaison dans la transposition aux sciences humaines du modèle d'explication causale qui prévaut en sciences naturelles.

Dans un tel cadre, une cause ne peut être identifiée qu'au terme d'une comparaison entre un grand nombre de cas permettant d'isoler le rapport de cause à effet recherché[2]. L'expérimentation en laboratoire constitue le premier modèle de cette méthode comparative : reproduire à de nombreuses reprises une même expérience en y introduisant à chaque fois une variation permet d'isoler le rôle de chaque facteur dans l'effet observé. Il est vrai que l'expérimentation en laboratoire au sens strict ne joue qu'un rôle limité en sciences humaines (comme d'ailleurs pour certaines sciences naturelles telles la géologie ou l'astronomie). Mais le raisonnement expérimental, substituant à l'observation de cas construits artificiellement en laboratoire

---

1. Voir par exemple W. H. Dray, « Les explications causales en histoire », *Philosophiques*, vol. 4, n°1, 1977, p. 3-34.
2. Voir I. Drouet, « Le quantitatif », *supra*, p. 184-189.

celle de cas présentant spontanément de telles variations, a en revanche joué un rôle majeur dans le développement des sciences sociales[1]. Il est notamment au fondement de la méthode du premier grand ouvrage de sociologie empirique que constitue *Le suicide* d'Émile Durkheim[2].

La mise en œuvre d'une méthode comparative suppose pour Durkheim un travail préalable d'isolement du phénomène à expliquer. Si l'on parle ordinairement de la pluralité des causes des phénomènes sociaux, c'est que l'on tient compte des multiples facettes que présentent ces derniers dans notre expérience. Ainsi les raisons du suicide d'une personne particulière ne laissent pas d'être complexes et irréductibles à une unique cause. En revanche, la comparaison statistique d'un très grand nombre de cas de suicides permet d'isoler le phénomène social du suicide qui, en tant qu'il obéit à des régularités propres (le taux de suicide d'une société, ou d'un groupe particulier en son sein, restant relativement constant d'une année sur l'autre), constitue un phénomène autonome, redevable d'une explication spécifique par l'identification de sa cause. Cette précision permet d'emblée d'écarter les objections qui soulignent l'irréductible singularité de ces événements que constituent les actions humaines[3] : ce n'est précisément pas leur expérience, individuelle ou collective, qu'il s'agit d'expliquer, du moins en premier lieu.

1. S. Dupouy, « L'expérimentation », dans F. Hulak et C. Girard (éd.), *Philosophie des sciences humaines. Concepts et problèmes*, t. 1, Paris, Vrin, p. 213-241.

2. É. Durkheim, *Le Suicide : étude de sociologie*, Paris, P.U.F., (1897) 2013.

3. Voir W. Dilthey, *Introduction aux sciences de l'esprit, op cit* ; W. H. Dray, « Les explications causales en histoire », *op. cit.* Voir P. Demeulenaere, « La causalité », dans *Philosophie des sciences humaines. Concepts et problèmes*, t. 1, *op. cit.*, p. 13.

Or l'isolement de la dimension sociale du suicide, qui sera seule expliquée, suppose déjà de procéder par comparaison. Durkheim fait appel à la méthode – théorisée par John Stuart Mill [1] – des « variations concomitantes » que l'on qualifie désormais de corrélations statistiques : la mise en évidence d'une corrélation durable entre les variations de deux phénomènes permet d'établir l'existence d'un rapport entre eux [2]. Pour y parvenir, il faut toutefois préalablement neutraliser l'effet des variables susceptibles d'interférer dans l'identification de la corrélation, en procédant à une nouvelle comparaison. Ainsi, en chiffre absolu, les célibataires se suicident moins que les personnes mariées en Europe pendant la seconde moitié du XIXe siècle étudiée par Durkheim. Cette corrélation n'est toutefois pas établie *ceteris paribus* : le statisticien Jacques Bertillon a montré qu'il faut tenir compte de la variable de l'âge, les célibataires étant en moyenne plus jeunes et le suicide augmentant avec l'âge. Or, à âge égal, on constate que les célibataires se suicident plus que les personnes mariées. C'est donc entre taux de nuptialité et de suicide qu'il faudrait établir une corrélation. Mais Durkheim découvre que Bertillon a manqué une variable, celle des enfants : le taux de suicide des hommes mariés sans enfant s'avère en effet beaucoup plus proche de celui des célibataires, et celui des femmes mariées sans enfant beaucoup plus fort alors qu'inversement les veufs avec enfants sont tendanciellement plus protégés du suicide [3]. La comparaison statistique permet donc d'isoler progressivement des causes au terme

1. J. S. Mill, *Système de logique déductive et inductive*, t. 1, trad. fr. L. Peisse, Bruxelles, Mardaga, (1843) 1988, livre III, chap. 8, § 6, p. 438-445.

2. É. Durkheim, *Les règles de la méthode sociologique*, Paris, P.U.F., (1885) 1990, p. 129.

3. É. Durkheim, *Le suicide, op. cit.*, p. 174-214.

d'une procédure falsifiable, c'est-à-dire susceptible d'être invalidée si l'on montre que la décomposition des causes n'a pas été poussée assez loin, de la même façon que l'on pourrait reprocher à une expérience de laboratoire de n'avoir pas suffisamment isolé l'élément chimique pertinent.

Si la comparaison produit ici une généralisation, est-elle toutefois de l'ordre du constat ou de l'explication? La différence entre les deux semble ici toute relative : on aura tendance à nommer explication la mise au jour d'une corrélation dont le sens semble évident (ainsi Durkheim aurait-il « expliqué » la différence entre le taux de suicide des célibataires et des personnes mariées par la cause que constitue la présence ou l'absence d'enfant), et à qualifier de constat simple les corrélations dont le sens paraît obscur (ainsi celle qui apparaît entre l'augmentation du taux de suicide et l'approche de la saison chaude) et qui imposent donc de poursuivre l'analyse (pour établir, dans le cas susmentionné, que l'intensité de la vie sociale augmente parallèlement au réchauffement saisonnier). Il n'y a pas ici de différence de méthode entre le constat et l'explication, la seconde n'étant que la dernière des corrélations établie par comparaison de données statistiques. Un phénomène A sera établi comme la cause de B si l'on peut mettre au jour une corrélation constante entre leurs variations, en tenant compte de l'ensemble des variables susceptibles d'interférer dans l'analyse (tout en écartant l'hypothèse selon laquelle B serait la cause de A), et si le sens de cette corrélation ne demande pas d'éclaircissement supplémentaire. La distinction entre une phase d'établissement des faits, soit d'isolement des variables à expliquer, et une phrase d'explication par comparaison, reste donc relative. Elle n'a, en tout cas, pas de fondement méthodologique.

Il reste qu'au niveau de la démonstration d'ensemble proposée par le livre de Durkheim, qui ne porte plus sur les rapports relatifs entre les taux de suicide des différents groupes mais sur l'augmentation massive du taux de suicide dans les pays européens dans la seconde moitié du XIXe siècle, l'explication proposée tend à prendre une forme particulière, qui s'écarte de ce type de constat. Selon Durkheim, cette augmentation des suicides est l'indice d'une aggravation de la « misère morale »[1] qui résulte d'un déficit croissant de participation à la vie sociale, causé par « une altération profonde de notre structure sociale »[2] pendant cette période d'expansion massive de l'économie capitaliste et de l'exode rural qui en découle. Pour le prouver, Durkheim montre que toutes les formes d'intégration sociale forte à un groupe (familial, professionnel, villageois, religieux, etc) préservent tendanciellement du suicide. C'est donc l'affaiblissement des cadres sociaux traditionnels de l'existence individuelle, qui n'ont pas été remplacés par de nouveaux cadres, qui doit être conçu comme la cause de cette augmentation générale du taux de suicide. On sort ici du modèle de l'explication par les variations concomitantes, car il n'existe aucune mesure directe possible de la cause désignée : aucune statistique ne donne accès à quelque chose comme un taux d'intégration sociale, qui pourrait ensuite être corrélé au taux de suicide. Il n'en reste pas moins que c'est par la comparaison d'une série de corrélations établies *ceteris paribus* (entre les variations des taux de suicide de groupes particuliers et celui de l'ensemble de la société) que cette explication peut finalement être construite. Si elle déborde le cadre

---

1. É. Durkheim, *Le suicide, op. cit.*, p. 445.
2. *Ibid.*, p. 446.

naturaliste de l'explication par les variations concomitantes, la construction de l'explication n'en est donc pas moins comparative.

Par ailleurs, cette conclusion générale de Durkheim à propos l'augmentation des suicides fait disparaître la coupure évoquée plus haut entre l'explication de la cause du phénomène social que constitue le suicide et celle des raisons données à un acte singulier. Comme le souligne plus tard Maurice Halbwachs dans le prolongement qu'il donne à l'étude de Durkheim, l'examen des raisons données par les individus s'étant donnés la mort révèle qu'elles expriment par un sentiment de désaffiliation sociale les défaillances de l'intégration que Durkheim avait établies comme la cause générique du suicide dans les sociétés industrielles [1]. L'explication causale établie par comparaison fournit donc un principe d'interprétation de l'évolution des sociétés européennes, également susceptible d'éclairer le sens d'actes individuels.

COMPARAISON ET INTERPRÉTATION

L'explication causale procédant par comparaison se révèle ainsi, au terme du raisonnement, indissociable de l'interprétation. On peut alors se demander si elle n'était pas d'emblée guidée par les hypothèses interprétatives du sociologue, cherchant dans les données statistiques leur simple confirmation. D'autant que le recours à une méthode quantitative s'avère impossible pour de nombreuses recherches menées en sciences sociales. L'activité interprétative, qui déborde très largement l'établissement de corrélations, peut paraître constituer l'essentiel du travail

---

1. M. Halbwachs, *Les causes du suicide*, Paris, P.U.F., (1930) 2002, p. 360-384.

des sciences humaines. Faut-il alors en déduire que la comparaison reste vouée à jouer un rôle limité dans ces disciplines ? Quoiqu'elles utilisent des outils comparatifs, les sciences humaines ne sont-elles pas ultimement orientées vers l'interprétation du singulier, en tant qu'il résiste précisément à toute saisie comparative ?

L'exemple de la démonstration conduite par Max Weber dans *L'éthique protestante et l'esprit du capitalisme*[1] est à cet égard éclairant. En effet, à la différence de Durkheim, Weber soutient que la recherche en sciences sociales est une activité irréductiblement interprétative, en ce que les résultats obtenus dépendent étroitement de la perspective singulière adoptée par le chercheur[2]. L'élucidation des raisons d'agir constitue de plus à ses yeux l'objet premier de la recherche en sciences sociales[3]. Il interroge dans ce livre le sens d'un événement historique singulier ressenti à leur échelle par les individus – la formation et la diffusion massive du mode de vie capitaliste dans le monde – là où l'objet de Durkheim était un taux de suicide construit abstraitement par colligation de données. Cette mise au premier plan de l'interprétation historique peut sembler impliquer une relégation partielle de la comparaison.

L'Éthique protestante cherche à établir un lien à la fois causal et doté de sens pour les acteurs entre l'éthique protestante et le développement du capitalisme : le mode d'analyse qu'il adopte n'est donc pas dérivable d'un modèle

---

1. M. Weber, *L'éthique protestante et l'esprit du capitalisme*, trad. fr. I. Kalinowski, Paris, Flammarion, (1905) 2002.

2. M. Weber, « Essai sur l'objectivité de la connaissance dans les sciences et la politique sociale », dans *Essais sur la théorie de la science*, trad. fr. J. Freund, Paris, Plon, notamment p. 152.

3. M. Weber, « De quelques catégories de la sociologie de la compréhension » (1913), dans *Concepts fondamentaux de sociologie*, trad. fr. J.-P. Grossein, Paris, Gallimard, 2016.

naturaliste. Weber procède toutefois, dans un premier temps, par une méthode analogue à celle de Durkheim, en mettant en évidence une corrélation statistique entre confession religieuse et profession[1] : il montre, chiffres à l'appui, qu'au début du XXe siècle en Europe, le taux de participation à l'économie capitaliste des protestants est plus élevé que celui d'autres confessions. La comparaison de données issues de plusieurs pays révèle qu'ils occupent, proportionnellement à leur nombre, un plus grand nombre de postes clefs de l'économie capitaliste (entrepreneurs, détenteurs de capitaux, main-d'œuvre la plus qualifiée, etc.) que les membres des autres confessions. Afin de valider cette corrélation, Weber entreprend d'éliminer plusieurs variables susceptibles d'interférer dans l'analyse. Il écarte ainsi celle de l'héritage en comparant les trajectoires professionnelles des membres d'un groupe dépourvu de ressources économiques familiales : les compagnons. Il apparaît alors qu'à la fin de leur formation artisanale, les compagnons protestants choisissent plus majoritairement de se tourner vers l'usine que les catholiques, qui restent plus volontiers dans l'artisanat.

La mise en œuvre de cette méthode de corrélation statistique est toutefois loin d'épuiser la démarche comparative de Weber. Son imposante sociologie des religions[2], au sein de laquelle prend place *L'éthique protestante*, est en effet tout entière guidée par un projet

1. M. Weber, *L'éthique protestante et l'esprit du capitalisme, op. cit.*, p. 70-85.

2. Voir notamment M. Weber, *Hindouisme et bouddhisme*, trad. fr. I. Kalinowski, Paris, Flammarion, (1916) 2015 ; *Confucianisme et Taoïsme*, trad. fr. C. Colliot-Thélène et J.-P. Grossein, Paris, Gallimard, (1916) 2000 ; *Le judaïsme antique*, trad. fr. I. Kalinowski, Paris, Flammarion, (1918) 2010.

comparatif : Weber observe les différentes religions sous l'angle du rapport qu'elles établissent entre préceptes éthiques et conduite économique. Il peut ainsi montrer qu'aucune religion autre que le protestantisme n'a développé une éthique aussi favorable au développement du capitalisme [1]. Ainsi, à la différence des méthodes comparatives employées en ethnologie, celle de Weber s'oriente vers l'étude d'un cas historiquement singulier, l'étude d'autres religions ayant pour ultime finalité de faire ressortir la spécificité du protestantisme. L'asymétrie de la comparaison est ici pleinement assumée. Weber ne se contente certes pas d'établir ce lien entre confession et pratique économique par différentes voies comparatives, il entreprend d'élucider le sens historique singulier de l'affinité entre protestantisme et capitalisme. Mais cette dernière l'étude ne laisse pas d'être elle-même comparative.

Elle établit tout d'abord l'idéal-type du phénomène à expliquer. Weber considère comme Durkheim qu'une explication scientifique suppose d'extraire l'effet particulier à analyser de la complexité sociale. Mais parce qu'il entend se situer au niveau de la signification sociale des pratiques, l'isolement statistique de variables s'avère inadapté. La méthode empruntée est à la fois comparative et interprétative. Il ne saurait s'agir, pour Weber, d'identifier par comparaison les éléments objectivement communs d'un ensemble de cas singuliers, une ressemblance n'étant observable qu'au sein d'un cadre donné d'interprétation. Par conséquent, la construction de l'idéal-type sera comparative tout en dépendant du questionnement qui guide unilatéralement

---

1. Voir M. Weber, « Remarque préliminaire au recueil d'étude de sociologie des religions », dans *L'éthique protestante et l'esprit du capitalisme*, *op. cit.*, p. 49-67.

le chercheur et oriente la sélection des éléments [1]. Dans
L'éthique protestante, l'effet étudié n'est pas l'ensemble
des pratiques ou des institutions économiques capitalistes,
qui ont précédé l'avènement du protestantisme, mais la
façon dont les règles de vie imposées par l'éthique
protestante ont permis l'intensification de la pratique
capitaliste et sa diffusion massive dans le monde. Ce que
le protestantisme a, à ses yeux, rendu possible, ce sont des
existences individuelles toutes entières orientées vers
l'accumulation d'un profit capitaliste.

La place occupée par la comparaison au sein de cette
interprétation historique n'est-elle pas alors plus que
secondaire ? On ne saurait l'affirmer, car la singularité du
comportement de l'entrepreneur capitaliste n'apparaît qu'à
travers une comparaison : elle se dégage d'une triple
opposition typologique au comportement du paysan tradi-
tionnel (figure de l'altérité professionnelle), du mandarin
chinois (figure de l'altérité culturelle) et du citoyen romain
(figure de l'altérité historique). Si tous peuvent rechercher
l'enrichissement, leur avidité « peut soutenir toutes les
comparaisons » [2], alors que la logique qui gouverne les
premiers entrepreneurs capitalistes, s'enrichissant sans
jamais profiter de leurs gains, ne trouve aucun équivalent
historique. C'est donc seulement au terme d'une comparaison
que peut être construite la représentation d'une singularité
historique proprement incomparable.

Il est vrai que Weber complète la comparaison par
l'évocation d'une expérience singulière : celle des peuples
rencontrant pour la première fois l'ethos capitaliste, et la
réaction de dégoût et d'incompréhension qu'elle suscite

---

1. Voir M. Weber, « Essai sur l'objectivité », *op. cit.*, p. 183-187.
2. M. Weber, *L'éthique protestante et l'esprit du capitalisme, op. cit.*
p. 99-100.

en eux [1]. Les raisons d'agir des entrepreneurs capitalistes ne font pas sens pour les membres d'autres sociétés. Mais c'est alors de la comparaison spontanée que fait chacun entre sa propre culture et le capitalisme que résulte cette réaction de rejet. Le caractère incomparable de l'ethos capitaliste, établi au terme d'une comparaison typologique, trouve une confirmation dans l'échec de la mise en équivalence éprouvée par les individus, qui ne peuvent lui donner sens. Ainsi la légitimité de la comparaison en sciences humaines se trouve-t-elle ici à nouveau justifiée par le fonctionnement fondamentalement comparatif de la pensée humaine, dont l'ethnologie lévi-straussienne a fait son matériau d'analyse.

Si l'esquisse de l'idéal-type de l'esprit du capitalisme ouvre le livre de Weber, la constitution de celui de l'ethos protestant constitue en revanche l'essentiel de l'ouvrage. Elle vise à identifier dans l'éthique protestante les deux traits présentés comme caractéristiques de l'esprit des premiers entrepreneurs capitalistes, afin de rendre le lien de l'une à l'autre intelligible. Le premier trait est l'idée que le travail constitue la vocation de l'individu, c'est-à-dire le sens de sa vie. La linguistique montre que seules celles des pays à tradition protestante connaissent un équivalent du mot allemand « *Beruf* », signifiant à la fois profession et vocation. Le résultat de cette comparaison se trouve validé par un fait historique : le premier usage de ce terme en ce double sens remonte à la traduction allemande de la Bible par Luther. Weber s'emploie alors à décrire la conception luthérienne du métier, et la rupture qu'elle opère avec la subordination catholique du temporel au spirituel [2].

1. *Ibid.*, p. 95-97.
2. *Ibid.*, p. 126-152.

Le second trait est la conduite ascétique, qui impose de réinvestir le profit obtenu dans un nouvel investissement, sans jamais en profiter. Son isolement exige un travail de comparaison des différents courants protestants, qui permet de montrer qu'il est propre aux seuls calvinistes et puritains. La comparaison est à nouveau construite typologiquement puis confortée par la convocation de l'expérience comparative des individus, c'est-à-dire de l'horreur que la morale calviniste inspire aux catholiques comme aux protestants luthériens[1]. Weber étudie en conséquence la façon dont le protestantisme ascétique a transféré à la vie temporelle et professionnelle le mode de vie ascétique des moines[2]. La conjonction de cet effet légitimant du protestantisme (valorisation de la vie terrestre et de la réussite professionnelle) et de cet effet restrictif du puritanisme (refus des plaisirs) favorise une forme inédite d'accumulation du capital permettant une expansion économique sans précédent.

Si la mise en évidence d'une corrélation entre confession et profession doit être complétée par l'étude des raisons internes de ce lien, cette seconde démarche n'en est donc pas moins comparative. Il faut toutefois se garder d'en déduire que l'analyse aboutit à la découverte d'une ressemblance entre le comportement des puritains et des protestants : elle permet seulement de rendre intelligible le mode de vie de ces porteurs de changement qu'ont été les premiers entrepreneurs, encore puritains et déjà capitalistes. Or en dépit même de l'existence de ces figures historiques mixtes, rien ne ressemble moins à un puritain

---

1. M. Weber, *L'éthique protestante et l'esprit du capitalisme, op. cit.* p. 148.
    2. *Ibid.*, p. 153-251.

qu'un capitaliste aux yeux de Weber : les puritains n'avaient aucun intérêt pour l'argent en tant que tel et ne voyaient en la réussite qu'un signe d'élection divine, là où les capitalistes ont rapidement fait de l'argent lui-même la valeur suprême. En observant un tel retournement, on peut déjà entrevoir l'une des leçons de Lévi-Strauss : au cours d'un transfert culturel, la recomposition de l'élément transféré s'étend souvent jusqu'à son inversion, produisant alors une figure irréductiblement singulière. Pour cette raison, lors même que la comparaison vise à identifier des transferts, elle ne gomme pas les singularités si elle est attentive aux reconfigurations opérées par l'emprunt culturel.

COMPARAISON ET CRITIQUE

Nous pouvons conclure que le raisonnement est, en sciences humaines et sociales, comparatif de part en part. Et ce, qu'il s'agisse de décrire des sociétés, d'identifier des événements, d'isoler des causes ou d'interpréter des cas. Or si la science est comparative, la critique sociale qui en résulte doit l'être aussi. C'est en tout cas ce qui la distingue de celle que pratiquent les philosophes : là où ces derniers peuvent critiquer l'existant au nom d'une théorie spéculative de la vie bonne ou de la justice, les sciences sociales ne peuvent confronter une forme de réalité sociale qu'à une autre [1]. Mettre en évidence la nature comparative du raisonnement scientifique en sciences sociales, c'est donc montrer que le fondement de la critique n'est autre que celui de la démarche scientifique elle-même.

---

1. Voir J. Christ, « La critique », *infra*, p. 261-297.

C'est ce qui justifie l'asymétrie assumée de la comparaison wébérienne : elle est résolument tournée vers notre présent, parce que c'est lui seul qu'il importe d'éclairer d'une lumière critique. Ainsi *L'éthique protestante* aboutit-elle à l'idée que nous n'avons plus de raison substantielle d'observer l'ethos capitaliste : la disparition de la visée religieuse des premiers entrepreneurs prive de sens le comportement capitaliste. Seule reste la contrainte, subjective et institutionnelle, qui nous appelle à travailler toujours plus, sans que cette activité puisse prendre sens à nos yeux [1]. La critique culturelle du capitalisme, soit l'idée qu'il n'est pas en mesure de donner sens aux existences qu'il régit, se voit ainsi fondée par la comparaison. C'est ce qui justifie également le déséquilibre de la typologie durkheimienne des suicides, qui n'accorde à ses formes non modernes qu'un rôle de contrepoint : c'est le sens spécifique de la crise éprouvée par les sociétés contemporaines que Durkheim entend dégager. Son étude oriente l'ensemble de son travail comparatif, par cas comme par corrélation.

Est-ce à dire que le souci ethnologique de traiter les cultures à parts égales, soit le refus de toute asymétrie dans la comparaison, révèle une réticence à la critique ? Il procède plutôt du refus d'un retour trop rapide à nous-même, en tant qu'il nuit à la connaissance des autres sociétés. La symétrisation possède alors une autre vertu critique en ce qu'elle vient à relativiser ce qui apparaît comme la supériorité singulière des sociétés occidentales. Elle permet alors d'éclairer d'une lumière critique la

---

1. M. Weber, *L'éthique protestante et l'esprit du capitalisme*, p. 300-301.

représentation mythique qu'elles se donnent d'elles-mêmes [1]. Une telle démarche constitue l'indispensable corrélat de la première : là où la comparaison asymétrique isole la spécificité des pathologies des sociétés modernes, la comparaison symétrique dégage l'universalité de traits qu'elles pensent avoir en propre.

---

1. C. Lévi-Strauss, *La pensée sauvage*, Paris, Plon, (1962) 2007, chap. 9. Voir F. Hulak, « L'événement », dans *Philosophie des sciences humaines. Concepts et problèmes*, t. 1, *op. cit.*, p. 99-127.

LE PUBLIC

Le *public* n'est pas un objet qui s'impose dans l'expérience. Ce n'est pas un concept forgé afin de décrire ou expliquer un phénomène observable. Les sciences humaines et sociales en héritent plutôt comme d'un problème légué par la philosophie politique : celui des conditions sociales de possibilité de l'*opinion publique* dans les sociétés modernes. Un grand nombre d'individus dispersés sur un vaste territoire, soumis à une division sociale du travail complexe et exposés à la communication de masse, peuvent-ils constituer un groupe dont l'opinion influence de façon délibérée et efficace les élites exerçant le pouvoir ?

Les pensées modernes du gouvernement représentatif doivent le supposer afin d'affirmer la vocation démocratique de ce dernier : c'est l'opinion du public qui est censée permettre aux citoyens non seulement de choisir ponctuellement leurs représentants, mais de contrôler continument leurs actions. La connaissance de la société apportée par les sciences sociales jette toutefois le doute sur l'existence, voire la possibilité, d'un tel acteur. La taille et la complexité des sociétés contemporaines, de même que la médiatisation inévitable de la communication publique en leur sein, paraissent non seulement empêcher la constitution d'un authentique public, autonome et actif, mais en outre favoriser l'émergence d'une opinion publique factice, à la fois manipulée et impuissante.

Loin de se désintéresser de ce concept dont elles ont révélé la nature problématique, les sciences sociales ne cessent, depuis leur constitution en disciplines autonomes, d'interroger le public – qu'elles s'efforcent d'identifier les phénomènes sociaux réellement à l'œuvre derrière cette fiction, telles la foule ou la masse, ou plutôt de déceler les traces de sa réalisation partielle dans des configurations historiques passées, des institutions locales ou des pratiques spécifiques. Elles ne peuvent, en effet, simplement l'ignorer, dès lors qu'elles entendent aussi éclairer l'état démocratique des sociétés qu'elles étudient.

Le public suscite, en conséquence, un défi conceptuel et méthodologique pour ces disciplines. Il leur revient de substituer l'enquête empirique à la seule formulation des réquisits démocratiques par les théories philosophiques ou les idéaux sociaux, c'est-à-dire d'opposer à l'affirmation du désirable le constat de l'actuel et la compréhension du possible. Elles ne peuvent toutefois construire le public en objet d'enquête, dont l'existence ou la possibilité puisse être positivement interrogée, sans prendre en compte de tels réquisits. Il leur faut, en d'autres termes, conduire une étude scientifique, réglée par des méthodes empiriques, telles la comparaison[1] ou le raisonnement expérimental[2], et soumise à l'exigence de neutralité axiologique, c'est-à-dire de séparation entre jugements de fait et jugements de valeurs[3], sur une entité qui n'est pas donnée par l'expérience mais désignée par des discours normatifs.

1. F. Hulak, « La comparaison », *supra*, p. 193-225.
2. S. Dupouy, « L'expérimentation », dans F. Hulak et C. Girard (éd.), *Philosophie des sciences humaines. Concepts et problèmes*, t. 1, Paris, Vrin, p. 213.
3. F. Callegaro et C. Girard, « La neutralité », dans *Philosophie des sciences humaines. Concepts et problèmes*, t. 1, *op. cit.*, p. 243-272.

Quel peut être dès lors leur apport? Peuvent-elles conforter ou réfuter les philosophies du public, en mettant à l'épreuve leurs prémisses factuelles? Voire réviser le concept et reconfigurer par là le questionnement politique qu'il porte? Il faut, pour en juger, considérer les critiques du public élaborées par la psychologie, la sociologie et l'histoire, ainsi que la résistance que ce concept oppose dans chaque cas à sa complète dissolution; puis sa réélaboration par les sciences sociales elles-mêmes.

L'Opinion publique

Le *public* des théories démocratiques n'est ni l'ensemble des individus concrets dont l'existence est administrée par l'État – la *population* [1] –, ni l'entité abstraite supposée exercer la souveraineté – le *peuple*. Il n'est défini ni par sa nature socio-démographique ni par son statut politico-juridique, mais par le rôle qu'il lui est demandé de jouer. Quel est-il?

La requalification des gouvernements représentatifs issus des révolutions modernes en *démocraties représentatives* au cours du XIXe siècle a conduit à attribuer une importance croissante à l'opinion publique. C'est à travers elle que les électeurs sont supposés, non seulement choisir leurs représentants dans les urnes, mais aussi influencer continument leurs actions. Déjà critère de légitimité politique pour les philosophes des Lumières, qui en faisaient « l'âme de la justice » [2] ou le principe formel du droit

---

1. L. Paltrinieri, « La population », *supra*, p. 11-40.
2. J. Bentham, « Bentham's Draught for the Organization of Judicial Establishments, compared with that of the National Assembly », dans J. Bowring (éd.), *The Works of Jeremy Bentham*, IV, New York, Russell & Russell, (1843) 1962, p. 316.

public [1], la publicité apparaît aussi comme la garante du fonctionnement démocratique des institutions représentatives : elle soumet les actions des gouvernants à la vigilance des citoyens et les oblige à leur rendre des comptes. Le « public » devient ainsi, selon John Stuart Mill, le « ressort principal de toute la machinerie de contrôle » [2]. En s'engageant, comme spectateur actif, dans la discussion politique, le représenté en viendrait même à occuper une « position similaire » [3] à celle de son représentant. Dès lors, « ce ne sont pas seulement quelques individus qui se succèdent les uns aux autres, mais l'ensemble du public qui participe au gouvernement » [4].

Son rôle étant décisif, sa défaillance possible a des effets redoutables. Que le public soit « trop ignorant, passif ou négligent et inattentif pour jouer son rôle » et le gouvernement cède à l'incompétence et à la corruption. Or le contrôle du gouvernement par le public a des *conditions* non seulement *morales* – l'élévation du caractère du peuple – et *juridiques* – un régime de publicité et de libre discussion –, mais également *sociales* : il faut qu'existe un espace partagé de délibération. Le projet, d'une confédération réunissant sur un pied d'égalité l'Angleterre et ses colonies apparaît ainsi irréaliste à Mill, puisque ces pays « ne font pas partie du même public : ils ne débattent et ne délibèrent pas dans la même arène, mais de façon

---

1. E. Kant, « Vers la paix perpétuelle », Appendice II, trad. fr. M. Marcuzzi, Paris, Vrin, (1795) 2007, p. 57.

2. J. S. Mill, *Considérations sur le gouvernement représentatif*, trad. fr. M. Bozzo-Rey, J.-P. Cléro et C. Wrobel, Paris, Hermann, (1861) 2013, p. 85.

3. *Ibid.*, p. 238.

4. *Ibid.*, p. 154.

séparée, et n'ont qu'une connaissance très imparfaite de ce qui se passe dans l'esprit de l'autre » [1].

Là où les conditions de possibilité du public sont réunies, sa constitution reste tributaire des rapports de force sociaux. Le public n'est pas, en effet, une entité homogène, définie par le seul face-à-face avec les gouvernants, car les opinions en son sein sont, comme les intérêts, plurielles et contradictoires. Le jugement de chacun étant façonné par l'affrontement public des points de vue, le mouvement de constitution de l'opinion publique est nécessairement réflexif : elle évolue en se découvrant elle-même. Dès lors, la répartition des ressources permettant l'*accès au public* [2] s'avère un enjeu crucial : les uns sont mieux placés que les autres pour lui fournir des opinions [3]. Ainsi, dans les colonies anglaises, les colons ont-ils bien plus que les autochtones, note Mill, les moyens de lui présenter leur vision [4]. L'ambiguïté de l'opinion publique, expression authentique d'un jugement collectif délibéré ou imposition d'une opinion dominante, menace ainsi dès le départ la synthèse philosophique réconciliant le gouvernement représentatif et la souveraineté populaire.

Cette représentation ambivalente de l'opinion publique doit beaucoup à la description *proto-sociologique* des sociétés en voie de démocratisation du XIXe siècle. Alexis de Tocqueville voit en particulier dans l'opinion publique le « pouvoir dirigeant » se tenant au-dessus du roi de France comme du président des États-Unis. Ce principe générateur

1. J. S. Mill, *Considérations sur le gouvernement représentatif*, *op. cit.*, p. 343-344.

2. *Ibid.*, p. 352.

3. *Ibid.*, p. 362.

4. *Ibid.*, p. 354.

des lois, « essentiellement républicain »[1], n'agit cependant
sur les gouvernants que parce qu'il exerce d'abord une
emprise puissante sur les individus, que leur égalité et leur
similitude rendent en démocratie indépendants les uns des
autres mais vulnérables à l'opinion du grand nombre. Si
« le public a [...] chez les peuples démocratiques une
puissance singulière », c'est qu'il impose ses croyances
en les faisant « pénétrer dans les âmes par une sorte de
pression immense de l'esprit de tous sur l'intelligence de
chacun »[2]. Cette pression, qui menace l'individualité,
n'assure pas pour autant le contrôle du pouvoir politique
par le public. D'une part, l'opinion publique peut rester
impuissante face à la tyrannie, si elle ne trouve pas de
relais dans un groupe capable d'agir. « Que peut l'opinion
publique elle-même, lorsqu'il n'existe pas vingt personnes
qu'un lien commun rassemble ; quand il ne se rencontre
ni un homme, ni une famille, ni un corps, ni une classe, ni
une association libre qui puisse représenter et faire agir
cette opinion ? »[3]. D'autre part elle peut elle-même être
façonnée par l'action de ceux qui contrôlent les principaux
canaux de communication publique. « Lorsqu'un grand
nombre des organes de la presse parvient à marcher dans
la même voie, leur influence à la longue devient presque
irrésistible, et l'opinion publique, frappée toujours du
même côté, finit par céder sous leurs coups »[4].

Le public de la philosophie politique est donc un groupe
à la fois spectateur et acteur qui se constitue réflexivement
par la discussion publique et contrôle ainsi le pouvoir

1. A. de Tocqueville, *De la démocratie en Amérique*, dans *Œuvres
complètes*, Paris, Gallimard, (1835-1840) 1957, I, I, 8, p. 126.

2. *Ibid.*, II, I, 2, p. 18.

3. *Ibid.*, I, II, 9, p. 328.

4. *Ibid.*, I, II, 3, p. 191.

politique. Nourrie par l'observation des sociétés modernes, cette vision s'avère toutefois d'emblée problématique, l'opinion publique étant menacée par l'impuissance comme par la manipulation. Peut-elle survivre à l'émergence des sciences de l'homme et de la société ?

LA FOULE ET LE PUBLIC

Le procès en irréalisme fait depuis plus d'un siècle aux philosophies modernes de la démocratie s'est souvent réclamé de la psychologie et de la sociologie, supposées apporter des preuves de l'irrationalité ou de l'inexistence du public.

Les travaux consacrés à la foule par la psychologie ont très tôt alimenté le scepticisme à l'égard des attentes démocratiques. Que ce soit, en Italie, chez Scipio Sighele [1], ou, en France, chez Gustave Le Bon [2] ou Gabriel Tarde [3], la *foule* ne trouve pas son unité réelle dans le fait spatial de la coprésence, mais dans un fait psychologique : l'entraînement collectif produit par l'interaction. Dans la « foule psychologique », sous l'effet d'une interaction intense et éphémère, les sentiments et volontés individuels cèderaient le pas à des mouvements collectifs. Selon Le Bon, « il se forme une âme collective, provisoire sans doute mais présentant des caractères très nets » [4]. Or ces caractères – irritabilité, crédulité, simplisme, intolérance, dépersonnalisation – rendraient raison de l'irrationalité, et parfois de la cruauté, des foules, qui « accumulent non l'intelligence

---

1. S. Sighele, *La foule criminelle. Essai de psychologie collective*, trad. fr. P. Vigny, Paris, Alcan, (1891) 1901.
   2. G. Le Bon, *Psychologie des foules*, Paris, P.U.F., (1895) 1998.
   3. G. Tarde, *L'opinion et la foule*, Paris, P.U.F., (1901) 1989.
   4. G. Le Bon, *Psychologie des foules, op. cit.*, p. 9.

mais la médiocrité »[1]. Ils expliqueraient les phénomènes d'hallucinations partagées et de sacrifices collectifs, les émeutes et les révolutions.

L'analyse de Le Bon a profondément influencé le développement des sciences sociales[2], mais aussi la critique des philosophies du public. Elle nourrit par exemple l'attaque virulente de l'économiste autrichien Joseph Schumpeter contre la « doctrine classique de la démocratie ». Il reproche à cette dernière de ne pas voir que l'homme des sociétés modernes, rationnel lorsqu'il agit de la sphère privée, « régresse à un niveau inférieur de rendement mental »[3] dès qu'il se mêle à une foule – y compris celle des lecteurs de journaux et auditeurs de radio, qu'il est « terriblement facile » de « mettre dans un état de transe au cours duquel toute tentative d'argumentation rationnelle ne fait que surexciter les passions animales »[4]. L'identification du public démocratique à une foule psychologique, qui sert la critique schumpétérienne et sa prétention à la scientificité, ne va pourtant pas de soi, y compris pour certains des psychologues et sociologues qui s'y sont les premiers intéressés. Leurs travaux distinguent déjà en effet sous la foule diverses entités collectives : selon que l'influence sociale s'exerce directement sur une foule rassemblée en un même lieu ou indirectement sur la « foule dispersée » – ce que Tarde appelle « public » –, mais aussi et surtout selon que l'interaction sociale conduit les membres du groupe à « fusionner » ou au contraire à s'opposer.

1. G. Le Bon, *Psychologie des foules*, *op. cit.*, p. 12.

2. S. Moscovici, *L'âge des foules. Un traité historique de psychologie des masses*, Paris, Fayard, 1981.

3. J. Schumpeter, *Capitalisme, socialisme, démocratie*, trad. fr. G. Fain, Paris, Payot, (1942) 1990, p. 346.

4. *Ibid.*, p. 387.

C'est ainsi que le sociologue américain Robert E. Park distingue le *public* (en allemand : *Publikum*) de la foule (*Masse*). Dans cette dernière, « les individus fusionnent de manière involontaire en une unité » sans que cela ait été préconçu : « les membres du groupe sont soumis à un mouvement d'ensemble causé par leur interaction »[1]. Parce qu'elle inhibe tous les états individuels, cette interaction ne laisse actif que le mouvement collectif qu'elle induit. Par contraste, « dans le cas du public, les stimuli et les intérêts individuels émergent du fond flou de la conscience de soi collective et se développent dans une interaction caractéristique »[2]. Le public n'est pas un phénomène moins collectif que la foule, mais il s'en distingue par le type d'interaction qui le constitue : une forme d'opposition sociale qui suppose simultanément l'imitation et la concurrence – ainsi en est-il par exemple de la relation entre libéraux et conservateurs. L'opinion d'un public est le résultat d'une discussion dans laquelle ses membres, en situation de concurrence, prennent des positions opposées.

Si l'opposition entre foule et public élaborée par le fondateur de l'École de Chicago permet de mettre à distance certaines des critiques les plus grossières adressées aux théories de la démocratie, elle ne dissipe pas pour autant les doutes que l'observation méthodique des groupes humains soulève quant à la pertinence de ces dernières. Certes, le public psycho-sociologique se différencie de la foule en ce qu'il suppose un comportement critique de l'individu, donc la reconnaissance d'une pluralité de points de vue subjectifs : l'effort pour faire émerger par la discussion une « volonté » commune ne met jamais un

1. R. E. Park, *La foule et le public*, trad. fr. R. A. Guth, Lyon, Parangon/ Vs, (1904) 2007, p. 82.
2. *Ibid.*

terme à cette pluralité, l'opinion publique étant changeante et ne produisant pas de normes durables. Néanmoins, cette spécificité reste formelle et n'assure par l'émergence d'un public au sens des théories démocratiques : l'expression d'opinions opposées n'offre en effet aucune garantie quant à la rationalité du contenu des opinions. Ainsi, « ce que l'on appelle, de façon habituelle, *public*, est une forme de groupe qui en grande partie est au même niveau de conscience de soi que la foule. Il s'ensuit que ce que nous appelons *opinion publique* n'est fréquemment pas plus qu'un mouvement collectif non réfléchi, guidé ici et là par des slogans »[1]. La qualité du public dépend des circonstances particulières dans lesquelles s'affrontent les opinions.

LE PUBLIC FANTÔME

La plausibilité du public démocratique doit être jugée à l'aune, non d'une supposée « loi de l'unité mentale des foules »[2], mais des conditions *sociales* donnant forme à la discussion publique. Or la sociologie politique a elle aussi nourri, jusqu'à aujourd'hui[3], la critique « réaliste » du public.

La charge menée dans l'entre-deux-guerres par Walter Lippmann[4] contre « l'idéal » du public démocratique est exemplaire. La nouvelle science politique montre à ses yeux que le public vigilant et impliqué invoqué par la philosophie politique ne peut pas exister dans les sociétés

1. R. E. Park, *La foule et le public, op. cit.*, p. 90.

2. G. Le Bon, *Psychologie des foules, op. cit.*, p. 9.

3. C. H. Achen, L. M. Bartels, *Democracy for Realists. Why Elections Do Not Produce Responsive Government*, Princeton, Princeton University Press, 2016.

4. W. Lippmann, *Le public fantôme*, trad. fr. L. Decréau, Paris, Demopolis, (1925) 2008.

modernes : ce n'est qu'un « fantôme ». L'expérience le confirmerait d'ailleurs, le citoyen comprenant qu'il ne lui suffit pas d'écouter des discours, de formuler des opinions et de voter pour gouverner. « Il vit dans un monde qu'il ne parvient pas à voir, qu'il ne comprend pas et qu'il est incapable de diriger » [1]. Cette réfutation factuelle du modèle philosophique du public s'ancre dans un double diagnostic porté sur la « Grande Société » [2].

D'une part, l'environnement que l'individu doit prendre en compte en tant que citoyen y est considérablement plus vaste et changeant que celui où il évolue en tant que personne privée : il n'en a qu'une perception fragmentaire. La société n'étant visible dans son ensemble pour personne, chacun se représente un pseudo-environnement subjectif et partial : tous les citoyens « vivent dans le même monde mais pensent et sentent dans des mondes différents » [3]. Les médias ont de ce fait le pouvoir et la charge de construire artificiellement le pseudo-environnement auquel les individus réagissent; l'opinion publique est donc nécessairement construite. Elle peut en conséquence être manipulée : la « manufacture du consentement » est désormais un art éprouvé [4].

D'autre part, la complexité des affaires publiques est telle que nul ne peut l'embrasser en totalité : une division du travail politique est donc inéluctable. Aucun système éducatif ne peut en effet mettre le membre de la Grande Société en mesure de juger de ce qu'il convient de faire à

1. *Ibid.*, p. 51-52.

2. G. Wallas, *The Great Society. A Psychological Analysis*, London, Macmillan, 1914.

3. W. Lippmann, *Public Opinion*, New York, Free Press Paperbacks, (1922) 1997, p. 13.

4. *Ibid.*, p. 158.

propos des métros de Brooklyn et des chemins de fer en Manchourie, des crédits ruraux dans le Montana et du rôle de la Grande-Bretagne au Soudan. Nul ne peut « savoir ce qui se passe et s'être forgé une opinion valable sur toutes les questions se posant à une communauté qui se gouverne elle-même »[1]. Seules des agences d'information peuvent réunir les savoirs requis pour gouverner, seuls des experts spécialisés peuvent guider la décision.

Le diagnostic de Lippmann fait de la *propagande* le régime inévitable de formation de l'opinion publique, et de l'*expertise* la condition nécessaire du bon gouvernement. Il conduit non seulement à renoncer à l'idéal fallacieux, car irréalisable, du public mais à lui substituer un idéal supposé réaliste, fondé sur l'alliance des médias et des experts politiques. L'opinion publique reste en effet « une force de réserve » qui peut venir appuyer « ceux qui sont prêts à agir selon leur raison »[2], pour peu que les signaux grossiers qui l'orientent soient adéquatement choisis. Le rôle du public ne consiste pas à exprimer ses opinions, mais « à s'aligner ou non derrière »[3] les acteurs politiques : il doit être dirigé selon les techniques bien connues des politiciens et des comités directeurs. La tâche de la science politique est de servir le public en *organisant* l'opinion publique[4].

La vision supposément réaliste d'un gouvernement des élites au service du public, opposée au « dogme démocratique », se révèle ainsi à son tour nettement idéaliste. Elle exprime non seulement une foi étonnante dans le dévouement civique des experts politiques, supposés œuvrer pour

---

1. W. Lippmann, *Le public fantôme, op. cit.*, p. 55.
2. *Ibid.*, p. 87.
3. *Ibid.*, p. 135.
4. W. Lippmann, *Public opinion, op. cit.*, p. 20.

l'intérêt général en l'absence de tout contrôle populaire, mais encore une confiance excessive dans l'efficacité des nouvelles techniques politiques visant à orienter la force de l'opinion publique. Les travaux conduits depuis un siècle en science politique suggèrent pourtant que si les élites politiques peuvent influencer de façon déterminante le cadrage et les termes du débat public, elles sont loin de pouvoir manipuler à loisir les mouvements d'opinions [1].

LA CONSTITUTION DU PUBLIC

Quelles que soient les limites des alternatives « réalistes » qu'il inspire, le défi posé par les sciences sociales doit être pris au sérieux : dans les sociétés contemporaines, l'émergence d'un véritable public peut paraître inconcevable. Comment y répondre ?

La révision des concepts démocratiques s'impose. Telle est notamment la réponse du philosophe américain John Dewey à Walter Lippman. Les idées politiques héritées du passé étaient adaptées au gouvernement local, elles ne le sont plus au gouvernement des vastes communautés qui les ont remplacées. C'est pourquoi « le Public semble être en perdition ; il est certainement désorienté » [2]. Il faut donc reconsidérer la nature du public, si l'on entend en faire autre chose qu'un fantôme. Dewey part pour cela de l'émergence de *problèmes publics*, liés aux conséquences interindividuelles de l'action humaine, plutôt que d'entités politiques supposées déjà données, tel l'État. L'ensemble des personnes concernées par un acte auquel elles ne

1. J. Zaller, *The Nature and Origins of Mass Opinion*, Cambridge, Cambridge University Press, 1992.

2. J. Dewey, *Le public et ses problèmes*, trad. fr. J. Zask, Paris, Gallimard, (1927) 2010, p. 133.

participent pas elles-mêmes (et dont la liberté peut donc être menacée par cet acte) forme, pour cet acte, le *public* particulier pertinent. Loin d'être immuable ou toujours déjà délimité, un public doit d'abord s'identifier lui-même et identifier ses intérêts : les individus affectés par un même problème doivent se reconnaître les uns les autres, puis s'organiser pour recueillir les données nécessaires à son traitement, et enfin créer les institutions spécifiques qui seront à même d'y répondre dans leur intérêt. Or, « l'âge de la machine a si considérablement déployé, multiplié, intensifié et compliqué la portée des conséquences indirectes » de l'action collective « que le public qui en résulte ne parvient pas à s'identifier et à se discerner lui-même »[1].

Le premier obstacle à la constitution du public démocratique, conçu comme une *communauté de publics particuliers* à l'échelle de la société tout entière, est donc le défaut de connaissance de cette dernière. Il faut par conséquent rendre possible l'identification, par les individus eux-mêmes, des données factuelles et des intérêts qui les concernent. Cette réforme de la connaissance sociale passe, selon le philosophe pragmatiste, par la participation active du public à son élaboration – ce que ne permet pas le gouvernement des experts lippmannien, qui ignore le caractère socialement dispersé du savoir. Elle passe aussi par le développement des sciences sociales : les intérêts et vécus sociaux doivent être appuyés par les savoirs et méthodes de ces disciplines. L'*enquête sociale* doit nourrir la délibération : « le besoin essentiel est l'amélioration des méthodes et des conditions du débat, de la discussion et de la persuasion. Ceci est *le* problème du public »[2].

---

1. J. Dewey, *Le public et ses problèmes, op. cit.*, p. 140.
2. *Ibid.*, p. 198.

La réponse pragmatiste à la critique réaliste consiste ainsi à convoquer les sciences sociales non seulement pour critiquer les modèles philosophiques, mais aussi pour les réviser et pour soutenir *en pratique* la constitution du public. Le pragmatisme a de fait inspiré depuis Park et Dewey – ou encore Mead[1] – de nombreuses enquêtes sociologiques étudiant les processus par lesquels certains enjeux en viennent à être constitués en problèmes publics. La prise de conscience d'une expérience partagée, la mobilisation collective, la formulation de revendications ou propositions, la réception de ces discours par un public plus large, enfin la réaction des autorités constituent autant d'étapes potentielles pouvant être étudiées par les sciences sociales[2], que le problème public ainsi construit concerne la pollution produite par une industrie, la propagation d'une épidémie, le défaut de transports publics ou encore les violences faites aux femmes. Si le public démocratique reste en tant que tel évanescent, les *arènes publiques* au sein desquelles des groupes se constituent en publics particuliers peuvent être observées et étudiées – par exemple en conduisant l'analyse culturelle d'un problème public comme l'alcool au volant[3] ou en distinguant les modes possibles d'énonciation publique de revendications ou contestations[4]. Mais comment concevoir l'intégration de multiples publics particuliers au sein d'un public démocratique suffisamment unifié ?

1. G. H. Mead, *L'Esprit, le soi et la société*, trad. fr ; D. Cefaï, Paris, P.U.F., (1934) 2006.
2. D. Cefaï, C. Terzi (éd.), *L'expérience des problèmes publics*, Paris, l'EHESS, 2012.
3. J. Gusfield, *La culture des problèmes publics*, trad. fr. D. Cefaï, Paris, Economica, 2009.
4. L. Boltanski, L. Thévenot, *De la justification. Les économies de la grandeur*, Paris, Gallimard, 1991.

LA MASSE ET LE PUBLIC

La réponse deweyenne est, à cet égard, peu déterminée. Reste notamment à comprendre comment les institutions peuvent évoluer avec les publics, dont les contours varient en fonction des problèmes ou comment les conflits d'intérêts entre publics peuvent se résoudre. Mais surtout l'articulation des publics qui devraient pouvoir émerger aux diverses échelles – locale, régionale, nationale ou transnationale – où se pose la question du contrôle des conséquences indirectes de l'action est difficilement pensable, dès lors que la communication *en face à face* reste une exigence primordiale. La constitution *du* public, englobant les publics particuliers, suppose en effet, pour Dewey, que la Grande Société se fasse Grande Communauté, l'intégration technologique et communicationnelle devant s'accompagner d'une intégration morale. Or dans « son sens le plus profond et le plus riche, une communauté doit toujours rester une question de relations en face à face »[1]. Pour que *le* public se constitue, il faut que les significations que la presse contribue à diffuser passent de bouche en bouche au sein des communautés *locales* : « voilà qui procure une réalité à l'opinion publique, et rien d'autre »[2]. La source ultime de « l'éclipse » du public serait ainsi la dislocation de ces communautés locales, la désagrégation de la famille, de l'église et du voisinage.

Comment concevoir dès lors l'existence d'un public démocratique dépassant les frontières du local ? Il peut paraître introuvable dans les sociétés dominées par la communication de masse. Les sondages d'opinion y produisent certes des représentations unifiées de l'opinion

1. J. Dewey, *Le public et ses problèmes, op. cit.*, p. 200.
2. *Ibid.*, p. 205.

publique, décomposables en une multitude d'opinions collectives dont les contours varient selon les variables privilégiées. Ces représentations toutefois constituent des artefacts, construits par agrégation d'opinions individuelles qui peuvent n'être ni authentiques, ni délibérées et dont la formulation est tributaire des questions posées [1]. L'étude des sondages et leur comparaison sont riches d'enseignements [2], mais l'opinion qu'ils décrivent peut n'appartenir à aucun public réel. Ne reliant les opinions individuelles que de façon agrégative, ils n'assurent pas leur formation réflexive– à moins de mêler, comme dans les « sondages délibératifs » [3], sondages et discussions collectives, mais ces dispositifs ne mesurent alors que l'opinion des groupes locaux qu'ils instituent eux-mêmes.

L'existence d'un public général unifié suppose non seulement des expériences partagées au sein de publics particuliers, ainsi que des intérêts communs (malgré les oppositions de classe [4]), mais encore certaines conditions sociales de communication entre les publics. L'émergence d'un tel public paraîtra en particulier hors de portée si l'on juge que les médias modernes ne peuvent créer que des *masses*. Une formulation radicale de cette thèse est offerte par la sociologie critique de Charles Wright Mills au milieu des années 1950. Il distingue entre le public, qui contient autant de donneurs que de receveurs d'opinions, et la masse, où les receveurs sont beaucoup plus nombreux que les donneurs. Alors que dans le public chacun peut répondre

1. P. Bourdieu, « L'opinion publique n'existe pas », *Les temps modernes*, 318, 1973, p. 1292-1309.

2. L. Blondiaux, *La fabrique de l'opinion. Une histoire sociale des sondages*, Paris, Seuil, 1998.

3. J. Fishkin, *The Voice of the People. Public Opinion and Democracy*, New Haven, Yale University Press, 1997.

4. A. Le Goff, « Les classes », *supra*, p. 103-133.

immédiatement et efficacement à ce qui est dit à tous, dans la masse, seuls quelques-uns peuvent s'adresser à tous : « la communauté de publics devient un assemblage abstrait d'individus qui reçoivent leurs impressions des media de masse »[1]. Tandis que dans le public l'opinion formée par une discussion aboutit à une action réelle, qui peut être dirigée contre le système d'autorité en place, dans une masse l'opinion produite aboutit à une action dirigée par les autorités. Là où le public est relativement indépendant des autorités, « les agents des institutions autorisées pénètrent dans la masse et réduisent toute autonomie qu'elle pourrait avoir dans la formation d'une opinion par discussion »[2].

En résumé, alors que la *discussion* permet à la fois la formation d'une opinion authentique et sa réalisation dans une action autonome, la *diffusion de masse* conduit à une opinion fabriquée et à une action contrôlée. Une communauté de publics ne saurait dès lors émerger dans des sociétés où ces derniers sont remplacés par des marchés de médias : ce « n'est qu'une série d'images tirées d'un conte de fées »[3]. Cette transformation étant, aux yeux du sociologue américain, une tendance essentielle des sociétés modernes[4], il faudrait définitivement renoncer au public.

LA SPHÈRE PUBLIQUE

L'inscription de l'opposition conceptuelle entre masse et public dans une perspective diachronique soulève toutefois plusieurs questions. La thèse de la disparition du

---

1. C. W. Mills, *L'élite du pouvoir*, trad. fr. A. Chassigneux, Paris, François Maspéro, (1956) 1969, p. 311.

2. *Ibid.*

3. *Ibid.* p. 307.

4. *Ibid.*, p. 306.

public ne repose-t-elle pas sur une illusion rétrospective, l'invention d'un âge d'or passé facilitant la critique du présent ? Les espoirs placés par les théoriciens de la démocratie dans le public ne témoignent-ils vraiment que d'un optimisme philosophique naïf, aveugle aux évolutions sociales ?

Au tableau des sociétés modernes dressé par la psychologie et la sociologie manque l'apport d'une analyse *historique*, susceptible d'expliquer l'écart entre la théorie et la pratique politiques. C'est ce manque qu'entend combler le philosophe allemand Jürgen Habermas lorsqu'il interroge, dans *L'espace public* [1] les conditions socio-historiques de possibilité du public. Cet ouvrage, qui a exercé depuis un demi-siècle une influence considérable sur les sciences sociales, se présente comme la synthèse d'une vaste littérature empirique. Habermas y définit la *sphère publique* comme le domaine de la vie sociale constitué par la réunion de personnes privées qui se rassemblent pour former un public, c'est-à-dire pour débattre sur un mode rationnel-critique de sujets d'intérêt public, et donnent ainsi naissance à l'opinion publique face à laquelle l'autorité publique doit se justifier. Elle se situe entre l'État et la société, là où le public s'organise en détenteur d'une opinion. La sphère publique (*Öffentlichkeit*) renvoie toutefois non à un lieu mais à une activité : elle existe partout où intervient une discussion rationnelle et critique à propos des affaires publiques. Si ce concept remonte, sur le plan idéologique, à la Grèce antique, il aurait trouvé son incarnation la plus aboutie dans l'espace public *bourgeois* de l'Europe du

---

1. J. Habermas, *L'espace public. Archéologie de la publicité comme dimension constitutive de la société bourgeoise*, trad. fr. M. de Launay, Paris, Payot, (1962) 1992.

XVIIIᵉ siècle, dont il s'agit d'offrir une analyse « à la fois sociologique et historique »[1].

La dissolution progressive du pouvoir absolutiste a conduit, souligne Habermas, à l'émergence d'un espace privé, lieu de vie de la famille bourgeoise et du développement de l'économie capitaliste, permettant l'émergence d'une classe bourgeoise désirant non gouverner mais protéger ses intérêts contre l'action de l'État. Les membres de cette classe, ayant les mêmes intérêts – limiter l'intervention étatique dans la sphère privée et commerciale –, peuvent délibérer en visant un bien commun. À la même époque, l'idéal de la raison critique propre aux Lumières se répand dans la société, notamment par les débats au sein des *coffee house* anglais, des *salons* français ou des *Tischgesellschaften* allemandes. Dans cette sphère publique littéraire apparaissent des normes discursives qui s'étendent ensuite à la sphère publique politique : les différences de statut social ne jouent pas dans les échanges, où « seule l'autorité des arguments peut s'affirmer »[2] ; le débat peut s'étendre à tous les sujets, même à « ce qui avait pu faire si longtemps autorité sans pouvoir être ni discuté ni expliqué »[3] ; la discussion enfin est en principe ouverte à tous, chaque public se pensant « déjà englobé par un public plus vaste »[4]. L'*égalité de statut*, la *liberté de la critique* et *l'inclusivité du public* dessinent ainsi un idéal qui émerge à l'époque moderne et connaît son apogée au XVIIIᵉ siècle, lorsque la sphère publique devient le « principe » structurant les États constitutionnels et parlementaires. La volonté arrêtée par les représentants politiques étant supposée y

---

1. J. Habermas, *L'espace public, op. cit.*, p. 9.
2. *Ibid.*, p. 46.
3. *Ibid.*, p. 47.
4. *Ibid.* p. 48.

porter la trace de l'opinion publique [1], les conditions juridiques de cette dernière devaient être réalisées, notamment la liberté d'expression et d'association, la liberté de la personne, les droits protégeant la vie privée et le droit de vote.

Il ne s'agit toutefois que d'un *idéal*, trouvant dans les pratiques et les institutions une traduction très partielle. Les rapports de force sociaux n'étaient pas entièrement suspendus dans la sphère publique bourgeoise, le public s'y limitait en pratique aux seuls propriétaires bourgeois, et l'objet essentiel de la discussion était leur intérêt commun. « Il ne s'agit pas de croire que cette idée de public s'est effectivement réalisée à travers les cafés, les Salons et les diverses sociétés ; mais c'est pourtant grâce à eux qu'elle a été institutionnalisée en tant qu'idée, qu'ainsi elle s'est imposée comme une revendication objective et que dans cette mesure-là, si elle n'est pas devenue réalité, elle a néanmoins joué un rôle déterminant » [2].

La sphère publique bourgeoise s'érode, selon le récit habermassien, dès le XIXe siècle en particulier sous l'effet de la *diffusion de masse* liée à la presse de l'ère industrielle. D'une part, les couches non-bourgeoises de la société gagnent l'accès à la sphère publique : l'émergence de la question sociale met au premier plan la lutte des classes et fractionne le public en groupes sociaux aux intérêts concurrents, entre lesquels les rapports de force se substituent à la discussion sur le bien commun. D'autre part, la diffusion de masse menace l'autonomie de la sphère privée, condition sociale de la critique : à mesure que la sphère publique s'étend à son détriment « la force de son

---

1. *Ibid.*, p. 91.
2. *Ibid.*, p. 47.

principe, la *Publicité* critique, perd toute son acuité »[1]. Le développement des médias de masse subvertit donc le principe de publicité : au public délibérant succède un public manipulé et la critique de l'État laisse la place à la propagande. Le constat dressé par Mills trouve ainsi chez Habermas à s'appuyer sur une histoire du public qui montre à la fois comment il en est venu à être investi d'une fonction démocratique décisive et comment ont disparu les circonstances historiques ayant permis sa réalisation partielle.

La reconstruction habermassienne peut cependant se voir reprocher son caractère schématique[2], notamment eu égard à l'homogénéité excessive attribuée à la sphère publique bourgeoise, à l'oubli d'une sphère publique prolétaire parallèle[3] ou au manque d'attention portée à l'exclusion des femmes, rejetées dans la sphère privée[4]. À ces éléments de schématisation d'un espace public bourgeois idéalisé répond en outre le tableau uniformément pessimiste des sociétés de masse, influencé par la première génération de l'école de Francfort. Habermas admet lui-même, dans ses travaux ultérieurs, avoir exagéré l'homogénéité du public contemporain et sa vulnérabilité à la propagande, aggravant ainsi l'écart entre « un passé valorisé de façon idéaliste et un présent déformé par la

1. J. Habermas, *L'espace public*, *op. cit.*, p. 148.

2. G. Eley, « Nations, Public and Political Cultures. Placing Habermas in the Nineteenth Century », dans C. Calhoun (éd.), *Habermas and the Public Sphere*, Cambridge, The M.I.T. Press, p. 289-339.

3. O. Negt, *L'espace public oppositionnel*, trad. fr. A. Neumann, Paris, Payot, 2007.

4. M. P. Rian, « Gender and Public Access : Women's Politics in Nineteenth-Century America », dans C. Calhoun (éd.), *Habermas and the Public Sphere*, *op. cit.*, p. 259-288.

critique de la culture » [1]. Il persiste néanmoins à voir dans l'inégalité d'accès à la parole médiatique et dans le pouvoir de sélection des agents médiatiques deux traits *spécifiques* aux médias de masse contemporains, ce qui lui permet de maintenir le récit historique du basculement d'un public « critique » à un public « vassalisé ». Avec le développement des médias de masse dans le cadre de l'économie capitaliste, « les voies de communication ont été plus fortement canalisées et les chances d'accès à la communication publique ont été soumises à des contraintes de sélection toujours plus puissantes. De cela a résulté une nouvelle catégorie d'influence, le pouvoir médiatique, qui, utilisé de façon manipulatrice, a ravi l'innocence du principe de publicité » [2].

Il est douteux que les journaux du XVIIIe siècle aient jamais ressemblé à cet organe de liaison entièrement dévoué à l'exercice de la raison par le public, reliant sans biais ni sélection les discussions locales de l'espace public bourgeois, que décrit Habermas [3]. C'est pourtant seulement au moment de considérer les médias de l'ère industrielle que son récit introduit les traits structurels de la communication de masse. La *sélection* propre à la diffusion médiatique s'accroît certes inévitablement à mesure que la taille du public augmente, et elle a pris une forme spécifique avec l'extension du marché des médias. Néanmoins cet obstacle à la constitution d'un public était présent, sous une forme atténuée, dès le XVIIIe siècle : la presse n'a jamais été un simple forum également ouvert à tous. De ce point de vue, le récit habermassien n'offre pas

1. J. Habermas, « Préface à l'édition de 1990 », dans *L'espace public*, *op. cit.*, p. XVIII.

2. *Ibid.*, p. XVI.

3. J. Habermas, *L'espace public, op. cit.*, p. 191.

une description plausible de ce que pourrait être, ou aurait pu être, le public dans une société de grande taille, puisqu'il suggère que la seule médiatisation de masse empêche son émergence. Faut-il le croire ?

LE PUBLIC DES MÉDIAS

Les *effets des médias* de masse n'ont cessé de préoccuper depuis un siècle les sciences sociales, suscitant l'éclosion de nouvelles disciplines : sociologie des médias, sciences de l'information et de la communication, *media studies*. Son appréciation importe d'autant plus que le rôle des discours médiatiques dans la détermination des choix politiques n'a cessé de croître : la « démocratie du public »[1] (au sens médiatique, équivalent de l'anglais *audience*) remplace progressivement la « démocratie des partis » du XIXe siècle à mesure que l'expert en communication s'empare du pouvoir hier dévolu à l'homme d'appareil.

Influencées par la psychologie des foules et les théories béhavioristes, marquées par les techniques de propagande déployées lors de la première guerre mondiale, les premières études consacrées aux médias de masse[2] leur prêtaient de redoutables pouvoirs de suggestion. Ainsi le modèle de « l'aiguille hypodermique », attribué à Harold Laswell, les décrit-il comme capables d'induire un effet psychologique choisi, direct, et puissant dans l'esprit des individus. Il fit toutefois très tôt l'objet de critiques empiriquement fondées. Les sociologues Elihu Katz et Paul Lazarsfeld mirent notamment en évidence l'existence d'une communication

---

1. B. Manin, *Principes du gouvernement représentatif*, Paris, Seuil, 1995, chap. VI.

2. H. Lasswell, *Propaganda Techniques in the World War*, New York, Kopf, 1927 ; S. Tchakhotine, *Le viol des foules par la propagande politique*, Paris, Gallimard, (1939) 1992.

à deux étages (*two-steps flow*)[1]. Les médias de masse influencent souvent les attitudes individuelles non pas directement, mais via des leaders d'opinion spécialisés, qui s'en servent eux-mêmes comme sources d'information et guident les choix de ceux qui se fient à leur jugement. De multiples facteurs interviennent plus généralement dans la relation entre le signal médiatique et la réaction individuelle qu'il provoque : l'exposition au medium, la nature du medium, le contenu diffusé, les prédispositions psychologiques des membres du public concerné, et enfin les rapports qui existent entre eux. La réponse d'un individu donné dépend de son environnement social. Les médias de masse ne « manipulent » donc pas directement le public ; ils ne constituent pas « une nouvelle espèce de force unificatrice – une version simplifiée de système nerveux – qui se déploie[rait] jusqu'à atteindre chaque œil et chaque oreille »[2].

Il est plus généralement des raisons simples d'écarter la thèse d'une emprise complète des médias de masse sur les croyances et comportements individuels : d'une part ce ne sont pas les seules institutions qui produisent pour eux une représentation du monde, car les écoles, églises, corporations, partis ou associations le font aussi ; d'autre part, et contrairement à ces autres institutions, ils n'ont aucun moyen direct de sanctionner les individus lorsqu'ils ne réagissent pas de la façon attendue aux contenus diffusés. Il faut en conséquence, comme le note Michael Schudson, substituer au modèle de la propagande un modèle *culturel* : « la contribution première, quotidienne, des médias

---

1. E. Katz et P. F. Lazarsfeld, *Influence personnelle. Ce que les gens font des médias*, trad. fr. D. Cefaï, Paris, Armand Colin, (1955) 2008.

2. E. Katz et P. F. Lazarsfeld, *Influence personnelle*, *op. cit.*, p. 38.

d'information à la société est celle d'acteurs culturels, c'est-à-dire de producteurs et de messagers de significations »[1] qui s'offrent, comme tous les contenus culturels, à des formes variées d'utilisation, d'interprétation et de subversion. La *sociologie des publics* a d'ailleurs renoncé à l'usage d'un concept homogénéisant de « masse »[2] pour privilégier l'étude des publics médiatiques dans leur diversité, s'attachant à identifier les groupes partageant une même expérience de réception, à décrire les interprétations et les usages multiples qu'ils en font ou à expliquer les pratiques diverses qui en résultent. Le chercheur peut enquêter sur le public de la télévision[3] comme sur celui des musées d'art[4], il peut étudier les pratiques de lecture du public incarcéré[5] ou du public adolescent[6], ou encore entreprendre une histoire des publics du livre[7].

Le public *démocratique* ne se réduit toutefois à aucun de ces publics *médiatiques*, ni à leur seule juxtaposition ; l'étude des seconds ne suffit pas nécessairement pour saisir l'impact de la communication de masse sur ses conditions de possibilité. La relativisation des effets médiatiques initiée dans l'après-guerre par l'École de Columbia, autour

1. M. Schudson, *The Sociology of News*, New York, W. W. Norton & Company, 2003, p. 24.

2. P. Bourdieu et J.-C. Passeron, « Sociologues des mythologies et mythologies de sociologues », *Les Temps Modernes* 211, 1963, p. 998-1021.

3. S. Livingstone, *Making Sense of Television. The Psychology of Audience Interpretation*, New York, Routledge, 1990.

4. P. Bourdieu et A. Darbel, *L'Amour de l'art. Les musées d'art européens et leur public*, Paris, Minuit, 1969.

5. J.-L. Fabiani, *Lire en prison. Une étude sociologique*, Paris, BPI/Centre Georges Pompidou, 1995.

6. C. Baudelot, M. Cartier et C. Détrez, *Et pourtant, ils lisent...*, Paris, Seuil, 1999.

7. R. Chartier, *Culture écrite et société. L'ordre des livres (XIVe-XVIIIe siècle)*, Paris, Albin Michel, 1996.

de Lazarsfeld[1], s'est d'ailleurs vue accusée d'avoir affaibli la visée critique de la recherche empirique sur la communication de masse en ignorant ses effets culturels à long terme, difficilement mesurables[2]. Theodor Adorno et Max Horkheimer reprochent ainsi à cette approche de s'être cantonnée à l'étude statistique des attitudes individuelles, par souci de ne considérer que des données supposées certaines. Le sociologue ne devrait pas se laisser imposer son objet par la méthode qu'il emploie, mais adapter sa méthode à l'objet qu'il vise. Le « paradigme dominant » lazarsfeldien aurait fait l'erreur, selon Todd Gitlin, de réduire le pouvoir à l'aptitude à provoquer un comportement donné chez autrui et de n'étudier que les changements d'attitude, au détriment des « non-décisions » et de l'effet possible de *renforcement* par les médias des opinions préexistantes[3]. Ces biais, imputés à l'adoption du « point de vue administratif » des institutions finançant les recherches sur les comportements sociaux, auraient conduit les auteurs à légitimer *in fine* l'ordre capitaliste existant.

Quoiqu'elle renoue avec une vision homogénéisante des effets médiatiques sur la masse – dont la capacité critique serait sapée –, la critique francfortienne des médias révèle l'écueil méthodologique auquel se heurte toute étude des effets médiatiques. Cette controverse fondatrice de la sociologie des médias de masse ne porte pas principalement

1. P. Lazarsfeld, B. Berelson et H. Gaudet, *The People's Choice*, New York, Duell, Sloan & Pearce, 1944.

2. T. Adorno, « Scientific Experiences of a European Scholar in America », dans D. Fleming et B. Baylin (éd.), *The Intellectual Migration. Europe and America 1930-1960*, t. II, Cambridge, Harvard University Press, 1969.

3. T. Gitlin, « Media Sociology. The Dominant Paradigm », *Theory and Society*, 6, 1978, p. 205.

en effet sur l'approche quantitative [1], qu'Adorno et
Horkheimer ne rejettent pas en tant que telle, ou sur le
risque de voir la consommation des produits médiatiques
se substituer à l'action civique, qui inquiétait déjà Paul
Lazarsfeld et Robert Merton lorsqu'ils formulaient
l'hypothèse d'une « dysfonction narcotique » des médias
de masse [2]. De ce point de vue « la recherche "administrative"
et la recherche "critique" ne sont pas » nécessairement
« en opposition directe » [3]. La controverse porte plutôt sur
le mode adéquat d'articulation des méthodes empiriques
et du questionnement politique : quelles méthodes élaborer
pour étudier l'impact de la diffusion de masse sur le public ?

LE PUBLIC REPENSÉ

La diffusion de masse confère à tout le moins aux
agents médiatiques un pouvoir de *sélection*, mais aussi
d'*amplification* et de *cadrage*, des contenus diffusés [4]. Bien
qu'il soit dispersé entre une multitude d'individus
– journalistes agissant comme « portiers » [5] des médias
traditionnels mais aussi désormais utilisateurs contribuant

---

1. I. Drouet, « Le quantitatif », *supra*, p. 163-191.

2. P. F. Lazarsfeld et R. K. Merton, « Mass Communication, Popular
Taste, and Organized Social Action » (1948), dans J. Durham Peters et
P. Simonson (éd.), *Mass Communication and American Social Thought.
Key Texts 1919-1968*, Lanham, Rowman and Littlefield, 2004,
p. 230-241.

3. Frankfurt Institute for Social Research, *Aspects of Sociology*,
Boston, Beacon Press, 1972, p. 127.

4. M. Schudson, *Sociology of News*, p. 27.

5. K. Lewin, « Channels of Group Life », *Human Relations*, 1947,
1 (2), p. 145 ; D. M. White, « The Gate Keeper », *Journalism Quarterly*,
27, 1950, p. 383-390. *Cf.* H. J. Gans, *Deciding what's news. A study of
CBS Evening News, NBC Nightly News, Newsweek and Time*, New York,
Vintage Books, 1979.

à déterminer la visibilité des contenus en ligne [1] –, ce pouvoir est décisif. La contrainte de sélection interdit-elle pour autant à elle seule l'émergence d'une communauté de publics ?

Des travaux sociologiques ont suggéré le contraire, en révisant l'analyse habermassienne de la sphère publique à partir d'une compréhension plus fine des interactions entre la communication de masse et les mobilisations de publics particuliers. Le « modèle des écluses » (*Schleusenmodell*) du sociologue allemand Bernhard Peters décrit notamment les étapes par lesquelles les flux communicationnels informels issus de la société civile doivent passer pour se transformer en un véritable « pouvoir communicationnel », par lequel l'opinion publique influence la volonté politique [2]. Le système juridico-politique peut toujours être influencé par des publics situés à sa périphérie, dans la société civile, car il ne contrôle que partiellement les canaux multiples par lesquels leurs revendications peuvent se propager de la société civile jusqu'aux médias de masse pour capter finalement l'attention du grand public – comme cela a pu être le cas pour les mouvements féministes ou écologiques. Peters s'emploie à repenser, en partant des traits structurels des sociétés modernes, les conditions permettant au public démocratique de s'emparer d'un problème : l'égalité à partir de l'asymétrie communicationnelle, la publicité à partir de la contrainte de sélection, la rationalité discursive à partir de la forme conflictuelle des controverses publiques. Le rôle des « contre-publics »

1. D. Cardon, *La démocratie internet. Promesses et limites*, Paris, Seuil, 2010.

2. B. Peters, *Die Integration moderner Gesellschaften*, Frankfurt am Main, Surkhamp, 1992 ; *Der Sinn von Öffentlichkeit*, Francfort-sur-le-Main, Suhrkamp Verlag, 2007.

subalternes, dans lesquels les membres de groupes sociaux subordonnés peuvent construire leurs contre-discours – comme le souligne Nancy Fraser[1] –, devient dès lors plus aisément intégrable à une représentation unifiée de l'espace public.

La sociologie supplée ici la philosophie politique tout en s'en inspirant ; elle l'oblige par là à se renouveler. La sociologie de Peters notamment a inspiré la théorie de la démocratie finalement élaborée par Habermas, qui conçoit la formation possible d'une opinion publique non manufacturée malgré l'influence des médias de masse, désormais jugés susceptibles de « se concevoir comme les mandataires d'un public éclairé »[2]. La sphère publique repensée englobe une multiplicité d'arènes se chevauchant selon différentes échelles et fonctions ; elle va « de la sphère publique *épisodique* du bistrot, des cafés et des rues jusqu'à la sphère publique *abstraite* créée par les *mass média* et composée de lecteurs, d'auditeurs et de spectateurs à la fois isolés et globalement dispersés en passant par la sphère publique *organisée*, en présence des participants, qui est celui des représentations théâtrales, des conseils de parents d'élèves, des concerts rock, des réunions de partis ou des conférences ecclésiastiques »[3]. Certes le public habermassien n'intervient dans son ensemble que de façon épisodique, pour réagir aux rares discours de contestation ou de revendication qui parviennent à s'imposer dans la communication de masse. Il se distingue néanmoins du

1. N. Fraser, « Repenser l'espace public : une contribution à la critique de la démocratie réellement existante », trad. fr. M. Valenta, E. Ferrarese et Y. Sintomer, dans *Qu'est-ce que la justice sociale ? Reconnaissance et redistribution*, Paris, La découverte, 2005, p. 107-144.

2. J. Habermas, *Droit et démocratie. Entre faits et normes*, trad. fr. R. Rochlitz et C. Bouchindhomme, Paris, Gallimard, (1992) 1997, p. 406.

3. *Ibid.*, p. 401 [trad. modif.].

public lippmannien, car ces discours ne se limitent pas à de signaux grossiers et ne sont pas produits par les seules élites spécialisées : ils proviennent des publics particuliers qui se mobilisent. L'indépendance des médias vis-à-vis de l'État comme du marché, ainsi que leur sensibilité aux réactions que la sélection qu'ils opèrent provoque au sein de la société civile, rendent ainsi possible « la constitution d'opinions publiques influentes à partir de la dynamique effrénée des flux de communication "sauvages" »[1]. Possible, seulement, car la sphère publique reste dominée par les stratégies que mènent les acteurs politiques et économiques pour maîtriser la formation de ces opinions[2].

Le problème demeure toutefois de l'opérationnalisation d'un tel modèle révisé. Il se pose par exemple aux études récentes sur la « sphère publique européenne ». Elles partent d'un souci politique : l'émergence d'une telle sphère permettrait la démocratisation de l'Union européenne en soumettant ses institutions au contrôle d'une opinion publique pan-européenne[3] ; son impossibilité justifierait au contraire que l'on renonce à un processus de fédéralisation qui ne peut être contrôlé par aucun public[4]. Il leur faut en conséquence définir des critères opératoires pour juger si les flux communicationnels actuels suggèrent l'émergence d'un public européen, malgré la diversité linguistique et l'organisation nationale des partis politiques, des associations, et des médias. Comment analyser, par exemple,

1. J. Habermas, « La démocratie a-t-elle encore une dimension épistémique ? Recherche empirique et théorie normative », (2) (2006), trad. fr. I. Aubert et K. Genel, *Participations*, 5, 2013/1, p. 159.

2. J. Habermas, *Droit et démocratie, op. cit.*, p. 394.

3. J. Habermas, « Response to Grimm », *European Law Journal*, 1(3), 1995, p. 301-307.

4. D. Grimm, « Does Europe Need a Constitution ? », *European Law Journal*, 1(3), 1995, p. 282-302.

les réactions suscitées en Europe par les propos de Silvio Berlusconi, alors président du conseil italien, comparant au parlement européen le député allemand Martin Schultz à un *kapo* de camp de concentration? Si l'incident fut surtout discuté au sein de chaque pays, il le fut à travers toute l'Union Européenne, révélant une forme d'européanisation des débats nationaux. Les cadres interprétatifs mobilisés furent en outre souvent les mêmes, mais ils se limitèrent pour l'essentiel à des stéréotypes nationaux (l'italien irrationnel et passionné contre l'allemand rigide et autoritaire)[1]. De telles observations conduisent les chercheurs à des conclusions opposées, faute d'accord sur les critères à privilégier dans l'analyse – il manque non seulement une vision claire de ce que serait une sphère publique transnationale[2] mais aussi sa traduction convaincante en instruments d'enquête. Les études se heurtant à cet écueil tendent souvent à réduire l'idée de la discussion critique-rationnelle, dont la traduction en indicateurs manipulables est difficile[3], à celle de communication commune. La « sphère publique » se mue alors en « espace communicationnel »[4] et le glissement du normatif au descriptif, rassurant pour l'enquêteur, menace de faire disparaître le questionnement originel. Le défi reste ainsi

---

1. J. Downey et T. Koening, « Is There A European Public Sphere ? The Berlusconi-Schulz Case », *European Journal of Communication*, 21(2), 2006, p. 165-187.

2. N. Fraser, « Transnationaliser l'espace public », trad. fr. E. Ferrarese, dans *Qu'est-ce que la justice sociale ?*, *op. cit.*, p. 145-157.

3. J. Steiner, A. Bächtiger, M. Spörndli et M. R. Steenbergen, *Deliberative Politics in Action. Analyzing Parliamentary Discourse*, Cambridge, Cambridge University Press, 2005.

4. J. E. Fossum, et P. Schlesinger (éd.), *The European Union and the Public Sphere. A Communicative Space in the making?*, London, Routledge, 2007.

l'invention conjointe de concepts et de méthodes reliant l'établissement des faits et la compréhension des normes.

Le *public* illustre de façon exemplaire le bouleversement que les sciences humaines et sociales imposent à la philosophie politique [1] en lui opposant un savoir empirique et théorique qui n'est plus ordonné par ses seules visées spéculatives. En corrigeant la représentation qu'elle se fait de l'actuel et du possible, la psychologie, la sociologie, l'histoire ou la science politique altèrent aussi la vision qu'elle nous offre du désirable. Si le concept de public résiste malgré tout à la dissolution, c'est par un effort constant de reconceptualisation dont la philosophie n'a plus le monopole, mais que ces sciences mènent désormais avec elle.

1. B. Karsenti, *D'une philosophie à l'autre. Les sciences sociales et la politique des modernes*, Paris, Gallimard, 2013.

LA CRITIQUE

Au sein de la division du travail des sociétés modernes, les sciences sociales occupent une place spécifique : c'est à elles que revient de dire la vérité de la société, de décrire son fonctionnement, d'expliciter ses principes de justice, de constater son ordre politique effectif. À ce niveau basique du savoir déjà, elles entretiennent un lien privilégié avec la critique entendue comme cette opération qui oppose la vérité effective à toute sorte d'illusions, qu'elles ressortent de la philosophie politique ou de représentations collectives erronées. Mais elles sont également et plus profondément que les autres savoirs liées à ce concept, du fait que la société moderne postrévolutionnaire avec laquelle elles naissent et dont elles parlent est dans sa structure même une société « critique » : comme elle institue des individus – modernes – qui exigent que l'autorité à laquelle ils se soumettent se légitime devant eux (leurs idéaux, leur rationalité), elle est dans son ensemble dans une interrogation permanente sur la légitimité des règles et lois qui la gouvernent. Rien ne hante donc tant les sciences sociales que le rapport entre l'ordre qu'elles constatent et la critique qui en fait partie. Et cette critique effective des acteurs pose problème : est-elle signe d'une crise de la société l'obligeant à se réformer ou d'une résistance arbitraire des individus aux obligations que l'ordre social impose ? On attend en effet des sciences sociales d'y voir clair, et être, de ce fait, elles-mêmes critiques : dénoncer les dysfonctionnements voire les injustices, éclairer les acteurs sur les règles qui guident leurs actions et leur donner par là le moyen de changer, sinon ces règles, du moins leur rapport aux règles.

La question est alors de savoir de quelle forme de critique les sciences sociales sont capables. En quoi leur caractère de « science » et leur conception du social influencent-ils leur concept de critique ? Le concept de critique est bien plus ancien que les sciences sociales, même si l'on situe sa naissance au début de la modernité. Le XVIIIe siècle a été, à juste titre, placé sous le règne de la critique [1], la Révolution française perçue comme effet de cet âge de la critique et la révolution industrielle comprise comme résultat pratique de la critique radicale que la bourgeoisie a adressée au régime féodal. Les sciences sociales s'inscrivent dans cet héritage mais l'altèrent. Quoiqu'elles conceptualisent de différentes manières la critique, elles restent toutes tributaires de cette altération de la critique prérévolutionnaire qu'il faut qualifier de « philosophique ». Sans le repoussoir qu'est la « philosophie », l'intelligence de la critique au sein des sciences sociales aurait été autre pour la simple raison que la réflexion sur la critique des sciences sociales est d'emblée une critique de la critique philosophique, des moyens qu'elle mobilise, des objectifs qu'elle veut atteindre. Nous commencerons par établir les legs avant de passer aux héritages.

---

1. R. Koselleck, *Le règne de la critique*, Paris, Minuit, 1979.

CRITIQUE DE L'AUTORITÉ

Le concept de critique est moderne. En tant que concept opératoire en philosophie, il apparaît d'abord à l'époque de l'humanisme de la Renaissance et de la Réforme, dans le contexte de la critique biblique. La critique ici est liée à une pratique de *lecture* des textes sacrés qui était auparavant réservée au clergé, du moins pour ce qui concerne la chrétienté. La lecture devient dans ce contexte une activité en elle-même critique, vérifiant la correspondance entre le dogme proféré par l'église catholique et la teneur réelle des Écritures. Lui est conjointe une pratique de *traduction* depuis l'hébreu que Luther autant que Spinoza reconnaissent comme le point de départ de toute connaissance réelle de la parole divine [1]. N'ayant originairement été que lecture, la critique devient vite une résistance à l'égard du dogme transmis et plus largement de la tradition. Bien que la critique biblique n'ait pas eu pour but premier de mettre en question la tradition catholique mais fut d'abord nourrie par une volonté de connaître, la réaction de l'Église catholique, opposant la traditionnelle interprétation du texte aux Écritures elles-mêmes, a fait pencher le terme d'abord philologique de critique dans une direction politique. Le libre examen des Écritures devient le *libre examen de la conscience*, rejetant toute autorité spirituelle qui prétend décider à la place du sujet du sens de la parole divine, et du coup de la justice ou injustice de ses pensées et actions.

C'est pourtant de prime abord la critique philologique qui fut mise en avant aux XVIIᵉ et XVIIIᵉ siècles. Le

1. B. Spinoza, *Traité Théologico-politique*, Paris, Flammarion, (1670) 1965, chap. VII, notamment p. 140 *sq.* Sur Luther *cf.* H. Heine, *De l'Allemagne*, Paris, Gallimard, (1855) 1998, p. 74 *sq.*

Dictionnaire historique et critique (1697) de Pierre Bayle constitue en ce domaine l'ouvrage le plus marquant avant l'*Encyclopédie* (1751-1772) de D'Alembert et Diderot. Partant du projet de « compiler le plus gros recueil qu'il me sera possible des fautes qui se rencontrent dans les Dictionnaires » [1], Bayle établira un dictionnaire « qui outre les omissions considérables des autres, contiendra un recueil des faussetés qui concernent chaque article » [2]. La critique ici n'a pas encore d'autre adversaire que les « faussetés », c'est-à-dire les connaissances incomplètes ou inventées, mais elle élargit déjà le modèle de la critique biblique à d'autres formes de sources textuelles, notamment historiques, pour les opposer à ce qui est communément dit sur l'histoire.

Ce projet a été repris par l'*Encyclopédie* de D'Alembert et Diderot. La critique reste ici attachée à l'idée de s'opposer à la fois à toute forme de dogme ou d'opinion factuellement fausse, et à toute forme de savoir qui croit pouvoir tirer sa légitimité de sa seule transmission. Or, en ce second domaine, l'*Encyclopédie* accomplit un geste supplémentaire, en affirmant que « *le premier pas* […] à faire […], est d'examiner […] la généalogie et la filiation de nos connaissances, les causes qui ont dû les faire naître, et les caractères qui les distinguent ; en un mot, de remonter jusqu'à l'origine et à la génération de nos idées » [3]. La critique des savoirs établis adopte ici pour la première fois le modèle d'une *critique généalogique* que Nietzsche et

1. P. Bayle, « Projet d'un dictionnaire critique. A. M. du Rondel », dans P. Bayle, *Dictionnaire historique et critique*, tome XV, Z et *Dissertations*, Paris, Desoer, (1692) 1820, p. 223.

2. *Ibid.*, p. 230.

3. J. le Rond d'Alembert, *Discours préliminaire de l'Encyclopédie*, *op. cit.*, p. 84.

Foucault développeront par la suite. Ce déplacement du regard critique des « vérités admises » vers leur genèse et la séparation ainsi introduite entre « validité » et « genèse » des vérités induit un changement de méthode : désormais on critique non seulement des prétendues « vérités » en leur opposant des « faits », mais on s'interroge sur les conditions mêmes de l'établissement des vérités. La « vérité » doit prouver sa nécessité, c'est-à-dire démontrer qu'elle est plus que le résultat contingent d'une constellation historique particulière : qu'elle est rationnelle.

La critique vise ainsi toute forme de normativité transmise ou admise, qu'elle soit religieuse, morale, éthique ou juridique ; elle est ce mouvement réflexif par lequel virtuellement toutes les vérités admises peuvent être mises en question. En son cœur même, elle est critique des mœurs, donc des règles sociales qui font penser et agir les sujets, souvent à leur insu. Ici se marque la contradiction de la critique des Lumières : détachée du support des Écritures qui, en tant que texte immuable, empêchaient la mise en abîme du questionnement critique, et en inscrivant toute règle normative dans sa genèse contingente, elle produit une perspective sur le bien commun où ce dernier est sujet à des conflits de valeurs pour lesquels aucune instance d'arbitrage n'est disponible. Le libre examen de la conscience est devenu *liberté de la conscience* quant au choix des règles normatives qu'elle veut suivre. Ainsi cette critique se trouve d'emblée devant les affres de l'infini : si tout est critiquable, au nom de quelle norme critique-t-on ? Les Lumières ont recours ici à la « raison », censément capable d'établir la nécessité d'une vérité. Et la suite des Lumières peut sans exagération être conçue comme une longue « critique de la raison », qui porte sur la capacité formelle de la raison (Kant) puis sur la complexion de cette instance de jugement ultime (Hegel, puis les sciences sociales) présente dans tous les individus.

Critique de la raison : Kant

Kant lui-même ne recourt pas au concept de critique pour décrire l'activité d'émancipation de l'autorité qu'est l'*Aufklärung*[1]. Il réserve ce terme à l'activité philosophique consistant à réfléchir sur la capacité objective de la raison à produire des vérités.

Son apport essentiel pour les sciences sociales réside dans sa critique de la raison pratique : de la rationalité des raisons d'agir. Cette critique porte sur l'obligation (le devoir) et est aimantée par la question « quelles sont nos obligations devant le tribunal de la seule raison ? ». En excluant tout mobile de l'action lié à la sensibilité ou à la sensualité (désirs, recherche du plaisir, bonheur, etc.), elle produit un concept de loi qui oblige universellement, tout en étant détachée de toute référence à une transcendance divine (impératif catégorique de la *raison*). Malgré le caractère anti-sociologique du concept kantien de loi – déduit de la raison individuelle considérée dans sa structure formelle –, l'idée d'obligation absolument contraignante pour l'individu, seule capable d'expliquer la cohésion sociale réelle, c'est-à-dire le fait que les individus, de manière d'abord non-intentionnelle, agissent et pensent d'une même façon, est devenue par la suite la pierre angulaire de la réflexion sociologique antérieure. Que les sociologies s'inscrivent dans une filiation kantienne ou non, cette loi universellement contraignante sert en effet

---

1. E. Kant, « Qu'est-ce qu'est les Lumières ? » (1784), dans *Vers la paix perpétuelle. Que signifie s'orienter dans la pensée ? Qu'est-ce que les Lumières ? Et autres textes*, Paris, Flammarion, 2008.

de critère à la critique des pratiques sociales ou inversement de frein à la mise en question de l'ordre social effectif par la critique.

La séparation entre les traditions philosophiques allemandes et françaises qui commence déjà avec la radicalisation du geste critique par Kant, s'accentue tout au long du XIXe siècle. Du côté français, il s'agit de traiter ce qui a été perçu comme les conséquences réelles de l'attitude critique, c'est-à-dire la Révolution française et la destruction complète de l'ordre social ancien qu'elle a produite, ce qui dans un premier temps mène à une critique de la critique, entreprise tant du côté réactionnaire (De Maistre, Bonald) que du côté proto-socialiste et proto-sociologique (Saint-Simon, Comte). Du côté allemand, la réflexion sur la Révolution française a joué un rôle majeur dans le traitement du concept de critique, mais l'urgence politique n'étant pas la même, la critique demeure d'abord un objet de la philosophie. Toutefois, elle y prend également la forme d'une critique de la critique.

Critique de la critique : Hegel, Saint-Simon

En Allemagne, la philosophie dite « postcritique » du XIXe siècle, que nous considérons ici uniquement en vue de sa postérité dans les sciences sociales (Hegel), se préoccupait essentiellement du formalisme de la loi de la raison kantienne. La critique de la raison pratique a vidé la volonté de toute intention qui la reliait à un objet (de toute sensibilité) afin d'obtenir pour cette volonté une loi purement rationnelle. Hegel objecte à cette construction qu'il n'y a pas d'action sans intention, donc pas de volonté sans contenu. Au lieu de purifier la volonté rationnelle de tout contenu, il convient de critiquer les contenus, ce qui met la critique devant la tâche bien plus ardue de déterminer, parmi les contenus qui se trouvent dans la volonté, lesquels sont rationnels. Hegel résout ce problème en sortant la raison, ce tribunal de la critique, de son confinement individuel. Il est le premier à montrer que la loi selon laquelle la raison individuelle juge et agit est universelle, et universellement présente dans tous les individus d'une société donnée, parce qu'elle est sociale. L'action de la loi sociale dans tous les individus, donc l'universalité des catégories de la pensée et de l'action, s'explique par une socialisation commune. Il est en revanche plus délicat d'ériger cette portée générale du commun en universalité rationnelle, capable de servir de critère pour la critique. Hegel résout ce problème en rétablissant le lien entre la genèse des vérités admises et leur validité, c'est-à-dire en montrant que seul le contact de l'individu avec les catégories sociales de la pensée et de l'action institutionnalisées peut le libérer de son « point de vue particulier » et en faire une instance de jugement objectif ; ceci implique que le système normatif du monde moderne, qu'il assimile et qui lui permet, au niveau de l'action, de juger, contient le principe de l'individu critique autonome [1]. Ce principe se voit ainsi maintenu au sein du concept de critique de Hegel, mais comme résultat d'un processus social et historique. Pour Hegel, c'est donc seulement un système éthique produisant des individus capables de juger d'un point de vue objectif qui mérite le nom de rationnel. La critique y est accomplie par des individus, des groupes ou des institutions [2], c'est-à-dire par des instances sociales réflexives. Ce n'est plus la raison qui critique les normes mais la rationalité des

---

1. G. W. F. Hegel, *Principes de la philosophie du droit*, Paris, P.U.F., (1820) 2003, p. 94, 107.

2. *Ibid.*, § 270.

normes qui agit dans les instances réflexives de la société et discerne à travers elles quand un contenu de la volonté (individuelle ou collective) ne correspond pas à leur rationalité.

Hegel fonde ainsi le concept de *critique immanente* : la critique est immanente aux choses, premièrement, car son moteur n'est rien d'autre que la contradiction entre le contenu de la chose et son concept, c'est-à-dire le système de normes qui la rend possible. Elle est immanente aux choses, deuxièmement au sens où ce sont les « choses » elles-mêmes qui l'opèrent. Cette proposition n'est audible que si on considère que les « choses » à critiquer ne sont précisément pas des « vérités » auxquelles on pourrait opposer des faits, mais des représentations catégorielles qui font agir et penser les individus sociaux. Ce sont les formes dans lesquelles la société se pense elle-même qui se corrigent au cours du processus historique critique. Et ce n'est donc pas un hasard si l'« idéalisme absolu » de Hegel engendre le matérialisme radical d'un Karl Marx qui reprend à Hegel le concept de critique immanente dans ses deux dimensions.

Du côté français, la critique de la critique fut menée dans le même esprit d'une critique de la raison formelle, bien que son inspiration fût plus directement politique. Le véritable adversaire de la critique saint-simonienne est ainsi la philosophie politique classique et ses tentatives de bâtir sur la simple raison le meilleur système politique. Pour Saint-Simon, la critique de l'ordre social transmis va de pair avec l'illusion qu'il serait possible de construire, sans égard pour l'ordre moral existant, un nouvel ordre politique. Refusant de penser le progrès sous cette forme de rupture radicale, il s'efforce de dégager dans l'ordre existant – qui est déjà postrévolutionnaire – les principes moraux et politiques poussant l'humanité sur la route du progrès. Ces principes, dans la pensée de Saint-Simon, sont positivement donnés dans la division du travail social comprise comme collaboration solidaire d'individus [1], dont les règles et normes servent de critères à la critique socialiste en un double sens : d'une part, ils sont opposés à la philosophie politique et ses principes abstraits d'ordonnancement de la cité ; d'autre part, ils sont mobilisés afin de juger la « santé » du *corps social*. En effet, Saint-Simon, plus que Hegel, introduit dans la pensée critique l'idée de la société comme corps physiologique, régulé de manière immanente et capable de tomber malade. La sociologie, qu'il appelle encore physiologie sociale [2], est cette science qui dégage les principes régulateurs assurant la vitalité du corps social et, forte de ce savoir, peut dire quelles sont ses *pathologies*.

Avec Saint-Simon et Hegel, on est donc arrivé au moment où le concept de critique passe aux mains d'une science à naître pour qui le sujet de la critique n'est plus l'individu rationnel mais la société. Lorsque l'individu énonce un jugement critique, il ne fait que mobiliser les principes moraux émergeant de la collaboration sociale effective afin de critiquer des injonctions à l'action, catégories de pensée ou représentations collectives qui se trouvent en porte-à-faux vis-à-vis de ces principes. Si la

---

1. Cl.-H. de Saint-Simon, *Du système industriel*, dans *Œuvres complètes III*, Paris, P.U.F., (1820-1821) 2012, p. 2323-2662 ; sur la critique d'inspiration socialiste et son lien avec la sociologie : É. Durkheim, *Le socialisme*, Paris, P.U.F., 1971. Plus récemment : F. Callegaro, A. Lanza (éd), *Le sens du socialisme*, *Incidence* n° 11, Éditions du Félin, 2013.

2. Cl.-H. de Saint-Simon, « De la physiologie sociale », dans *La physiologie sociale, Œuvres choisies*, éd. G. Gurvitch, Paris, P.U.F., 1965, p. 27-35.

critique philosophique classique, dans sa forme politique et morale, continue à exister – les théories de la justice actuelles relèvent de ce genre de critique –, les sciences sociales ont hérité du concept hégélien/saint-simonien de la critique. La philosophie, lorsqu'elle ne se contente pas de proférer le devoir-être, se met depuis lors à leur école lorsqu'il s'agit d'énoncer les principes fondant ses propositions critiques. À une exception notable près : la réactivation de la critique généalogique par Nietzsche et, au XXe siècle, Foucault.

Héritages I

Critique de la société : Marx

Une jonction directe entre la pensée française et allemande est opérée par Marx, qui a marqué de son empreinte la pensée de la critique en sciences sociales jusqu'à aujourd'hui. Marx est hégélien de formation et le reste tout au long de sa vie en demeurant fidèle à l'idée de critique immanente : la contradiction motrice de la critique réside au sein des choses elles-mêmes, et il n'est nul besoin pour les critiquer de les mesurer à l'aune de critères rationnels ou justes importés de l'extérieur, c'est-à-dire depuis la philosophie, la morale, la politique, l'économie, etc.

La critique de Marx a plusieurs dimensions. Elle renvoie premièrement à une « critique des représentations sociales » qui se décline en critique des savoirs sociaux communs (critique de l'idéologie) et des savoirs sociaux organisés (critique de l'économie politique). Elle radicalise deuxièmement l'idée hégélienne et saint-simonienne selon laquelle le sujet de la critique est la société elle-même, en accordant une attention particulière aux pratiques critiques des acteurs (lutte des classes). Elle implique ce faisant, troisièmement, une critique de la science (philosophie hégélienne de l'État ou physiologie sociale) qui prétend dire la critique à la place des acteurs.

Le geste fondateur de Marx tient dans l'introduction d'une scission dans le corps social dont les principes d'ordonnancement et de régulation ont remplacé la loi kantienne et, par là, fourni ses critères à la critique. Le corps social selon Marx n'est pas un, mais structuré par la domination d'une classe sur une autre, qui prend la forme de l'exploitation. Au lieu d'être harmonieusement réglé, il est en profondeur contradictoire. La critique marxienne s'installe dans cette contradiction et s'en nourrit. La première question qui se pose dans cette perspective porte alors sur la validité du système éthique suscitant catégories de pensée et règles d'action d'une société. Dès l'*Idéologie allemande*, Marx constate que ce système est une forme réflexive émanant des pratiques de la classe dominante, bien qu'il soit effectif dans tous les esprits, y compris ceux des dominés [1]. Il l'est davantage encore dans les formes réflexives du savoir social, les sciences sociales, réalisées par des membres de la classe dominante – ceux de la classe dominée doivent travailler et n'ont pas le loisir de faire du travail intellectuel. Marx n'impute aucune intention à la classe dominante, mais constate qu'elle ne saurait penser la société qu'en voilant la contradiction entre dominés et dominants, pour la simple raison qu'elle est la condition de possibilité de son existence. Les catégories dominantes méconnaissent donc nécessairement la réalité de la contradiction. Elles émergent de pratiques sociales servant des intérêts particuliers tout en structurant

---

1. K. Marx, *L'idéologie allemande*, Paris, Éditions sociales, 1973, p. 75 *sq.*

l'ensemble de la pratique sociale (pratiques capitalistes de l'accumulation et de mise à profit du capital). Marx saisit ce mécanisme au moyen du concept d'idéologie, qui recouvre ici celui de « point de vue particulier » de Hegel, à ceci près que Marx montre qu'un point de vue particulier peut se faire passer pour universel, si, *pratiquement*, il s'impose comme celui qui oriente la vie de la société dans son ensemble.

À partir de là, Marx critique le savoir scientifique qui correspond aux prénotions émergeant des pratiques d'une société capitaliste, à savoir l'économie politique[1]. Cette critique prend pour point de départ les catégories centrales de l'économie politique, par exemple celle de travail libre, et démontre que, si cette catégorie est certes structurante pour la formation sociale capitaliste, elle ne l'a pas été pour des formations sociales antérieures[2]. Malgré la dimension historique que Marx introduit ainsi, sa critique n'est pas d'ordre généalogique ou historiciste : il ne conteste pas la validité des catégories de l'économie politique au simple motif de leur ancrage social et historique mais dénonce leur prétention à l'universalité, qui produit l'illusion du caractère anhistorique du système de pensée et d'action capitaliste. La critique ici historicise pour dénaturaliser les catégories de pensée, ce qui restera l'une de ses tâches principales en sciences sociales.

---

1. K. Marx, *Contribution à la critique de l'économie politique, Introduction aux Grundrisse dite « de 1857 »*, Paris, Éditions sociales, (1857) 2014 ; K. Marx, *Le Capital. Critique de l'économie politique*, livre I-III, Paris, Éditions sociales, (1867 *sq.*) 1976. Nous citons par la suite l'édition P.U.F. : K. Marx, *Le Capital*, livre 1, Paris, P.U.F., 1993.

2. K. Marx, *Contribution à la critique de l'économie politique*, *op. cit.*, p. 51 *sq.*

En outre, Marx situe, avec Hegel et Saint-Simon, la critique dans les pratiques sociales elles-mêmes. Ce sont des pratiques de lutte, où les travailleurs libres s'opposent au système social qui produit leur « liberté » sous la forme qu'ils subissent, celle d'être libres de vendre leur force de travail ou de mourir. Mais ces luttes se nourrissent de l'expérience d'une collaboration réelle sur le lieu de travail et donc d'un savoir portant sur la manière dont la collaboration sociale pourrait être réglée sans domination [1]. Si ces pratiques sont critiques, elles le sont à partir de la formation d'un idéal de justice produit au sein de pratiques collectives réelles. En affirmant que les principes de la critique sont immanents aux pratiques, Marx reste proche de Saint-Simon et de Hegel. Mais du fait d'avoir scindé le corps social en dominants et dominés, exploiteurs et exploités, pour Marx ce n'est plus la collaboration au niveau de la société entière qui produit les critères de la critique. Ce sont uniquement les pratiques des dominés – le prolétariat, étant dépossédé de tout et n'ayant donc pas d'intérêt situé est au-delà de tout point de vue particulier – qui produisent les principes véritablement universels de la critique.

À partir de là, enfin, Marx mène une critique radicale de la philosophie : cette dernière doit s'abolir au moment où l'universel qu'elle se donnait pour tâche de formuler émerge des pratiques mêmes. Si chez Hegel l'État était le seul et dernier philosophe, et si chez Saint-Simon la sociologie a pris cette place, chez Marx, le prolétariat l'occupe [2]. Une ambiguïté flotte toutefois sur le rôle que joue la science par rapport au travail réflexif du prolétariat. Marx, d'un côté, fait confiance au savoir que produit ce

1. K. Marx, *Le Capital*, p. 257-332 et 362-415.
2. *Ibid.*, p. 854-857.

dernier ; de l'autre, il écrit *Le Capital*, qui revêt largement l'aspect d'un manuel offert à la classe ouvrière pour mieux se défaire des fausses catégories de pensée de la société bourgeoise. Une certaine science critique des prénotions persiste donc chez Marx, ce qui peut être lié au fait que le prolétariat, tant qu'il n'est pas en position dominante, pense dans les catégories de la société bourgeoise. Si ses pratiques produisent les catégories justes, il semble néanmoins avoir besoin d'une science qui les énonce.

En tout cas, aucune conciliation de la critique marxiste et de la critique sociologique (Comte, Durkheim) fondée sur le proto-socialisme de Saint-Simon n'est possible : ce dernier considère la société, y compris capitaliste, comme un tout dont les parties sont solidaires en ce qu'elles sont « industrieuses ». Sa critique porte seulement sur le fait qu'il y a des parties du tout – les travailleurs – qui malgré leur contribution objective au bien commun restent exclues des prises de décision sur la vie commune. Marx considère la société comme un tout scindé en deux classes opposées, dont l'une (les capitalistes) contraint l'autre (le prolétariat) à œuvrer pour son profit. Aucun principe de justice ou de solidarité ne peut être déduit de cette situation de contrainte ; il faut donc chercher ces principes dans les pratiques de la seule classe ouvrière et le but de la critique marxienne ne peut être qu'un renversement radical d'un ordre social bâti sur la domination. Pour Saint-Simon et l'École durkheimienne, un tel renversement serait délétère, puisque la société est déjà juste, même si elle ne le sait pas et a besoin de la sociologie pour réfléchir ses principes de justice. Cette différence tient à la conception qu'on se fait de la *science*. La science de Marx, affirme la contradiction réelle contre l'apparence homogène des représentations. Elle croit pouvoir le faire sans appui théorique extérieur du fait de la lutte de classes réelle et n'accorde aucune valeur de vérité aux représentations communes. Mais pour cette raison, son statut de science empirique fait problème, car elle se prive du système objectif des normes socialement effectives pour appuyer sa critique. La science de Saint-Simon et de l'Ecole durkheimienne établit la loi qui vaut pour tout le monde et peut le faire empiriquement à partir de l'étude de ce système objectif des normes. Sa critique s'enracine dans cette loi. À ce titre, elle a l'avantage de pouvoir dire que son critère de critique est purement immanent, et la question se pose de savoir si le rapport oblique que le marxisme entretient à l'effectivité normative n'affecte sa prétention d'être une véritable « science » de la société.

Critique généalogique : Nietzsche

Si Nietzsche ne cherche pas, de son côté, l'activité critique et les principes qui l'orientent dans les pratiques sociales, il prend néanmoins acte de la vanité d'une critique philosophique opposant à l'être un simple devoir-être. Sa critique porte essentiellement sur la morale[1], à savoir le système de normes sociales sur lequel Hegel et Saint-Simon fondaient précisément la possibilité de la critique. Nietzsche, comme Marx avant lui, réintroduit un doute sur le lien entre genèse et validité des ordres normatifs : le devenir des normes ne peut leur servir de justification, dès lors qu'on ne le comprend pas comme un processus dialectique de développement de la liberté individuelle et collective (Hegel), mais comme une lutte pour le pouvoir. La morale, au sein de cette lutte, est selon Nietzsche l'arme des faibles

1. F. Nietzsche, *Généalogie de la morale*, Paris, Flammarion, (1887) 1997.

qui, en déclarant coupable la vitalité des « forts », les assujettissent à une vie commune sans action véritable. Peu importe ici le bien-fondé de la critique nietzschéenne, c'est sa méthode qui est novatrice. Elle consiste en une genèse des mécanismes de pouvoir produisant la subjectivité. Cette forme de critique vise la configuration de l'intériorité subjective dans ses convictions les plus intimes – la loi dégagée par Kant qui contraint absolument l'individu – et la présente comme soumise à la morale chrétienne par des rapports de force l'ayant forgée dans le feu et le sang. Son but est de dégager les effets de pouvoir dans le sujet et de montrer ainsi que le sujet pourrait obéir à une autre loi que celle qui objectivement le contraint dans son for intérieur. Cette forme de critique se départit de toute revendication de scientificité : les généalogies de Nietzsche sont des exagérations assumées comme telles. La seule instance critique est le récit généalogique lui-même, présentant la subjectivité comme le résultat contingent d'un devenir historique et l'incitant à une réflexion sur les mécanismes qui l'ont fait être ainsi et pas autrement. Pour cette forme de critique qui ne fait qu'accuser la contingence de l'effectif, et un pouvoir qui la déguise en nécessité, la question des principes ou idéaux qui la fondent ne se pose pas. Elle ne fait que relier la nécessité ressentie par les sujets à une contrainte extérieure intériorisée. À première vue, elle ôte de ce fait seulement son caractère universel à toute loi qui contraint la pensée et l'action ; mais pour la critique ce geste a une conséquence de taille : récusant radialement l'idée de loi, elle ne cherche plus à se justifier normativement. La critique généalogique ne « mesure » pas, ne compare pas, n'essaie pas d'atteindre un état meilleur. Elle ne critique même pas le pouvoir ; elle ne fait que constater que là où tout est le résultat de rapports de force, le sujet, pour être autre chose que passif, doit changer les rapports de force, c'est là la seule activité qui lui reste pour prouver sa liberté[1].

La critique généalogique trouve sa postérité la plus remarquable dans les travaux de Foucault, qui déplace la focale de la morale aux sciences sociales[2], en tant qu'elles produisent les formes de réflexivité permettant à la société de distinguer entre sain et malade, rationnel et fou, normal et anormal, etc. Cette critique des sciences de l'homme a trouvé un écho important dans les réflexions autocritiques de ces sciences sur elles-mêmes, mettant en question les conditions théoriques de leur propre production de concepts (notamment à travers les notions de « pratique théorique »[3] ou de « rupture épistémologique »[4]), mais aussi dans les études postcoloniales et les études sur le genre[5], utilisant la méthode généalogique afin de critiquer les catégories les plus opératoires de nos sociétés occidentales patriarcales, en les ramenant aux effets d'un pouvoir qui vise à s'asseoir lui-même. La critique généalogique est toujours critique du pouvoir ; son objectif consistant non dans l'affirmation d'une autre vérité, mais dans le fait d'inciter les acteurs à réfléchir sur ce que le pouvoir a fait d'eux. Posant le pouvoir comme rapport social fondamental, elle ne saurait être radicale et viser un renversement du « pouvoir » en tant que tel, mais elle ne saurait non plus être réformiste, parce

1. Voir M. Saar, *Genealogie als Kritik*, Francfort-sur-le-Main, Campus, 2007.

2. M. Foucault, *Les mots et les choses. Une archéologie des sciences humaines*, Paris, Gallimard, (1966) 2003. Voir G. Salmon, « Foucault et la généalogie de la sociologie », *Archives de philosophie*, 2016/1, t. 79, p. 79-102.

3. L. Althusser, *Lire Le Capital*, Paris, P.U.F., (1966) 1996, p. 65 *sq.*

4. P. Bourdieu, J-C. Passeron et J-C. Chamboredon, *Le Métier de sociologue*, Mouton, Bordas, 1968.

5. R. Fanciullacci et S. Ferrando, « Le genre », *supra*, p. 135-161.

qu'aucune structure de pouvoir ne peut être dite normativement supérieure à une autre. Elle incite les sujets à comprendre les déterminations qui les traversent, dans l'espoir qu'ils se déplacent par rapport à elles [1]. En dernière instance, elle ne vise pas à changer ou amender la société, mais à permettre aux sujets de produire des points de résistance contre une certaine manière d'être assujetti.

Neutralité axiologique ? La critique dans la
sociologie allemande naissante – Weber

La sociologie allemande naissante a réagi à la science sociale critique proposée par le marxisme. La sociologie historique de Weber est connue pour affirmer sa « neutralité axiologique » (liberté par rapport aux valeurs) [2], c'est-à-dire son refus de s'exprimer en tant que science dans des conflits de valeurs qui se manifestent sous forme de critique de la part des acteurs. La sociologie de l'action peut décrire les conflits des acteurs dans le cadre des règles qui les incitent à l'action, elle peut aussi, à partir de là, décrire les règles qui constituent le cadre des conflits ; elle ne peut cependant pas, selon Weber, se prononcer sur la vérité, justice ou rationalité objective des règles [3]. Weber se refuse à conceptualiser ces conflits sous forme de contradictions

---

1. M. Foucault, « Le sujet et le pouvoir », dans *Dits et Écrits II*, Paris, Gallimard, (1982) 2001, p. 1041-1062.
2. F. Callegaro et C. Girard, « La neutralité », dans *Philosophie des sciences humaines. Concepts et problèmes*, t. 1, Paris, Vrin, 2011, p. 243-272.
3. M. Weber, *La science, profession et vocation*, Marseille, Agone, 2005, p. 9-64. Voir I. Kalinowski « Leçons wébériennes sur la science et la propagande », p. 65-275. Voir aussi C. Colliot-Thélène, *La sociologie de Weber*, Paris, La Découverte, 2014, p. 59-84 ; B. Karsenti, « Le sociologue et le prophète. Weber et le destin des modernes », *Tracés, Hors série 2013 – Philosophie et sciences sociales*, p. 167-188.

qu'il serait possible de surmonter ; la critique est entièrement laissée aux acteurs et aucune philosophie de l'histoire ni aucun évolutionnisme ne tente d'y dégager des tendances vers plus de justice ou de liberté.

Toutefois, cette « pureté » de la sociologie wébérienne se voit entachée par ses travaux de sociologie historique, notamment dans ses travaux sur l'esprit du capitalisme et l'éthique protestante [1]. La description de la genèse de l'esprit du capitalisme, donc des catégories d'action et de pensée valides dans la société capitaliste, aboutit tout de même à un constat critique, qui porte sur le rétrécissement considérable des possibles manières de penser le monde à unique un mode de pensée, capitaliste, dont la logique affecte la totalité des sphères d'action, et non uniquement l'agir économique. Ce constat acquiert une dimension critique non seulement parce que Weber, à la fin de l'*Éthique protestante*, parle ouvertement de la « cage de fer » [2] dans laquelle se trouve enfermé l'esprit de l'individu moderne, mais aussi parce que la simple mise en lumière de la genèse de cet esprit donne une intuition du fait qu'il n'est pas nécessaire, mais un résultat contingent de l'histoire. À ce titre, la sociologie historique de Weber se rapproche de la *critique généalogique* de Nietzsche, sans pour autant recourir à ses principales catégories d'analyse, c'est-à-dire le pouvoir ou la puissance. Weber dénaturalise l'outil d'analyse de Nietzsche et fait de la catégorie de « pouvoir » un fait social historiquement situé. Ceci reconduit la question de savoir au nom de quelles « valeurs », « normes » ou « principes » une critique de la société existante est

---

1. M. Weber, *L'éthique protestante et l'esprit du capitalisme*, Paris, Flammarion, 2008.
2. *Ibid.*, p. 203.

possible. La contradiction de Weber sur ce point reste entière : d'un côté ce sont les acteurs seuls qui décident de s'attacher à certains systèmes de valeurs et de juger en fonction d'eux ; mais de l'autre, là où la sociologie enrichit son analyse des actions d'une généalogie (comparative, qui plus est) de l'esprit commun aux membres de la société malgré leurs conflits de valeurs, elle semble, par la simple dénaturalisation qu'elle opère, être dans une position critique.

Anomie, pathologie : la critique dans la sociologie durkheimienne

Alors que l'Allemagne connaît un éclatement des modèles critiques, le concept suit un cheminement plus paisible en France, sans doute parce que la critique de la critique philosophique y fut d'emblée liée au projet d'une nouvelle science de la société. La fondation de la sociologie en France par Durkheim reste ainsi tributaire des présupposés théoriques élaborés par Saint-Simon et raffinés par Auguste Comte. La société est perçue comme un corps organique doté de principes de régulation spécifiques qui organisent la collaboration de ses membres. Durkheim perçoit d'emblée la nécessité de conférer une normativité morale à ces principes régulateurs, sans quoi la métaphore corporelle mènerait à un fonctionnalisme qui considère chaque membre de la société comme simple fonction remplaçable et le principe de régulation serait nécessairement indifférent à la forme qu'il régule. Il conçoit donc les principes régulant la société, issus de la division du travail social, comme la morale de cette société[1], aimantée par l'idéal de justice

---

1. É. Durkheim, *De la division du travail social*, Paris, P.U.F., (1893) 2003.

sociale que la collaboration solidaire produit spontanément.
Cette justice s'exprime négativement dans les sanctions
d'ordre juridique et moral qui corrigent l'action des
individus et des groupes [1]. La sociologie trouve ainsi un
objet où elle peut positivement apercevoir les idéaux de
justice et leur système et elle s'en sert pour critiquer ce
que Durkheim nomme soit « pathologies », soit « anomies ».
Il y a pathologie lorsqu'un ensemble normatif, par exemple
le droit, est perçu par les acteurs comme unique mobile
de leur action au détriment des multiples obligations morales
qui les lient aux autres acteurs sociaux [2]. Il y a anomie
lorsque le corps social connaît un défaut de régulation [3],
associé à un empiétement de la logique d'action capitaliste,
donc d'un agir en fonction des intérêts individuels, sur la
logique sociale de collaboration solidaire engendrant quant
à elle un agir par conviction morale, soit par devoir.
Durkheim ne conçoit pas la possibilité que le capitalisme
puisse faire lien. Dans son analyse, la logique de l'intérêt
constitue nécessairement une dissolution des obligations
morales qui seules font tenir ensemble la société. De ce
fait, la critique durkheimienne ne porte pas sur le capitalisme
comme mode de production propre à la société moderne,
mais sur la colonisation de la société qu'il essaie
d'entreprendre [4]. Il menace la société, mais ne fait pas
société. L'anomie concerne donc la société tout entière,

1. *Ibid.*, p. 79-102. Voir B. Karsenti « Le dilemme durkheimien en sociologie de la morale », dans *La société en personnes. Études durkheimiennes*, Paris, Economica, 2006.

2. C'est de cette façon qu'il faut comprendre au niveau de la vie sociale dans son ensemble la définition de la pathologie dans *Les règles de la méthode sociologique*, Paris, Payot, 2009, p. 118 *sq.*, comme exagération d'un trait du type moyen.

3. É. Durkheim, *De la division du travail social*, *op. cit.*, p. 343-365.

4. Cf. *ibid.*, p. 402-406.

mais la pathologie uniquement des individus ou des groupes. La sociologie extrait des pratiques réelles les idéaux qui les régulent et les oppose aux tendances anomiques ou pathologiques : aux pathologies, en leur opposant le point de vue du tout, aux anomies en leur opposant l'impossibilité de faire société sans une régulation morale basée sur une pratique de solidarité. Dans les deux cas, la critique est immanente : le point de vue particulier se voit critiqué depuis les conditions de sa propre possibilité, donc depuis le système normatif plus étendu au sein duquel seulement il est possible. Le remplacement de l'obligation par l'intérêt qu'essaie d'effectuer le capitalisme est critiqué depuis une contradiction interne : vouloir faire société avec une logique qui détruit la société. Si Durkheim n'accorde pas encore aux acteurs la capacité réflexive de formuler par eux-mêmes les idéaux qui structurent leur agir et réserve cette capacité réflexive à la pensée religieuse, l'Etat et dans sa forme la plus claire à la sociologie, il extrait pourtant les normes de la critique des pratiques.

HÉRITAGES II

La théorie critique (Adorno/Horkheimer, Habermas, Honneth)

Le programme de recherche de la théorie critique de l'École de Francfort part du présupposé marxien d'une totalité sociale antagoniste. Il retient également de cette tradition le principe de la critique immanente, tout en intégrant des éléments empruntés à Nietzsche et Weber : au premier, le mode d'exposition de la critique (par exagération), au deuxième, le concept d'un esprit du capitalisme qui agit dans tous les individus indépendamment de leur appartenance de classe et le fait paraître légitime à leurs yeux. La nouveauté du diagnostic de la théorie critique par rapport à celui de Marx consiste à considérer que les antagonismes sociaux ne s'expriment plus dans les pratiques réelles. La lutte des classes a été recouverte par un système de représentations communes produisant une méconnaissance systématique de la société sur elle-même et des acteurs sur eux-mêmes, et les sciences sociales (dites « théorie traditionnelle »[1]) font partie de ce système de méconnaissance. C'est une théorie de l'idéologie totale selon laquelle tous les acteurs partagent le même point de vue sur la société. La critique se fait ici généalogie[2], mais elle ne se contente pas de constater la contingence des catégories et représentations de la société capitaliste moderne. Elle essaie au contraire de montrer qu'une certaine attitude de domination de la nature intérieure et extérieure propre à la pensée rationnelle moderne a engendré une réduction de la pensée de ce qui lui est étranger à cette forme de la chose à dominer (pensée identificatrice)[3]. La psychanalyse freudienne, critique lorsqu'elle affirme que la culture est au prix de la répression des pulsions[4], ainsi que la désignation wébérienne de la rationalité capitaliste occidentale comme « cage de fer », trouvent ici leur écho amplifié. La société moderne est analysée comme un système clos de domination, qui parvient à se représenter elle-même dans des catégories déniant cette domination,

---

1. *Cf.* M. Horkheimer « Théorie traditionnelle et théorie critique », dans *Théorie traditionnelle et théorie critique*, Paris, Gallimard, (1938) 1996.

2. M. Horkheimer et Th. W. Adorno, *La Dialectique de la raison*, Paris, Gallimard, (1944/1947) 1974.

3. *Ibid. Cf.* Th. W. Adorno, *Dialectique négative*, Paris, Payot, (1966) 2003, p. 11-76.

4. S. Freud, *Malaise dans la civilisation*, Paris, Seuil, (1926) 2012.

que ce soit au niveau de la pensée sociale ordinaire ou de la réflexion scientifique. Ce constat sur la systématicité de la domination conduit la critique à une problématique inédite : quelles sont les pratiques au sein desquelles sont produites des catégories et représentations qui échappent à la logique de domination ? Qui peut adopter le point de vue depuis lequel on perçoit que la cohésion sociale capitaliste est en réalité un effet de domination ? La théorie critique, pour rester immanente, doit trouver la critique de la domination dans la réalité elle-même, alors qu'elle la dit incapable d'apercevoir cette domination. La solution, hégélienne, consiste à confronter la chose avec son concept. Elle cherche donc dans un monde qu'elle dit complètement aveuglé sur ses propres mécanismes de méconnaissance des pratiques de négation déterminée [1] des catégories de méconnaissance. Ayant fait l'expérience vivante du national-socialisme, les représentants de la première théorie critique ne font pas confiance à un prolétariat qui, fort de ses pratiques, puisse développer une conscience autre que la conscience dominante [2]. Pour Adorno du moins, la résistance contre les catégories dominantes figées s'éprouve dans des activités de création, qu'elles soient artistiques, intellectuelles ou matérielles. Il ne s'agit pas là d'une forme d'élitisme : comme tout acte de pensée est créateur, détermine son autre, la mise en arrêt brutale de cette volonté de savoir par l'obligation de penser dans des catégories figées est conçue comme point de départ de la critique, y compris celle des acteurs ordinaires [3]. Outre la création, la critique

---

1. Ce concept d'origine hégélienne se trouve développé entre autres lieux chez Th. W. Adorno, *Dialectique négative*, *op. cit.*, p. 180-198.

2. M. Horkheimer, *Théorie traditionnelle…*, *op. cit.*, p. 44.

3. Th. W. Adorno, *Dialectique negative*, *op. cit.*, p. 30.

peut s'appuyer sur un deuxième acteur critique, avant tout expressif : les symptômes des individus entravés dans leur activité de pensée. Symptôme ne veut pas dire souffrance individuelle, bien au contraire les individus aiment leurs symptômes qui leur permettent en dernière instance de ne pas vivre un conflit insupportable, opposant selon Adorno les exigences de l'individuation – penser – et celle de la société capitaliste – subsumer la réalité sous des catégories fixes. Mais les symptômes – superstitions, autoritarisme, etc. [1] – permettent à la théorie d'ancrer sa critique dans la réalité.

En général la critique réellement effectuée par la théorie critique passe par la production d'un point de vue oblique sur la réalité, qui non seulement atteste de sa contingence, mais aussi de son irrationalité et injustice. Elle s'ancre dans une prise en compte des symptômes des acteurs, mais elle n'essaie pas de saisir sociologiquement les moments de révoltes des individus face à l'entrave de leurs capacités réflexives, craignant que la révolte elle-même ne fasse encore partie des symptômes et ne s'inscrive dans la logique de méconnaissance. Faire confiance à la résistance des acteurs à l'égard de ces entraves est en revanche le programme de recherche du jeune Habermas et de ses études sur l'espace public, conçu comme lieu de controverses où sont thématisées les entraves à la réflexivité.

---

1. Voir Th. W. Adorno *et al. The authoritarian personality*, New York, Harper and Row, 1950 (une traduction partielle du seul texte d'Adorno se trouve dans Th. W. Adorno, *Études sur la personnalité autoritaire*, Paris, Allia, 2007) ; Th. W. Adorno, *Current of music. Eléments pour une théorie de la radio*, Paris, Éditions de la MSH, (1938-1941) 2009 et Th. W. Adorno, *Des étoiles à terre*, Paris, Exils, (1954) 2000.

Le concept habermasien de critique vient de ses analyses de l'espace public[1], qui dégagent un concept de critique bourgeoise, née des controverses au sein des clubs anglais, qui ont fait naître de nouvelles catégories pour penser la société. Habermas n'abandonnera jamais cette idée que la critique se réalise dans la controverse communicationnelle. La *Théorie de l'agir communicationnel*[2] l'exposera plus amplement : en s'appuyant sur l'idée wébérienne que les acteurs, dans leurs actions, se réfèrent à des règles sociales implicites, Habermas interprète ces règles comme des normes prétendant à une validité morale censée orienter l'action. Il considère alors que l'activité critique consiste à prendre position, par un « oui » ou un « non », par rapport à ces prétentions à la validité normative de l'action, et il affirme que la communication n'est rien d'autre que ce genre de processus critique permanent. Critique invisible si les règles implicites de l'action sont acceptées, l'action ou l'énoncé du partenaire d'interaction étant positivement accueilli, critique visible si l'interaction est interrompue par une demande d'explicitation des normes qui le font agir. Comme Habermas considère tout échange langagier comme un échange, implicite ou explicite, sur les raisons d'agir qui, à tout instant, peut donner lieu à une controverse au sujet de ces raisons, il croit avoir dégagé la pratique critique ordinaire qui manquait à la première génération de l'École de Francfort pour asseoir sa critique. Cette forme de théorie critique qui participe à l'échange des raisons des acteurs est en effet purement immanente aux pratiques

1. J. Habermas, *L'Espace public : archéologie de la publicité comme dimension constitutive de la société bourgeoise*, Paris, Payot, (1962) 1988.

2. J. Habermas, *Théorie de l'agir communicationnel*, Paris, Fayard, (1980) 1987.

sociales. Mais elle reste prisonnière d'un présupposé rationaliste : toutes les règles qui font agir sont, pour Habermas, énonçables. Ce faisant, il prive d'une part la théorie critique du concept d'inconscient[1] et d'autre part en vient à ne pouvoir expliquer la cohésion sociale, dans sa dimension de justice, que comme le résultat de la discussion[2]. Les idéaux, dont la production a été reléguée par la sociologie durkheimienne mais aussi marxienne dans les pratiques matérielles, se forment ici dans la délibération. Pour la sociologie, cela signifie qu'elle doit suivre les acteurs dans leurs controverses et délibérations afin de connaître les critères d'une critique immanente.

Axel Honneth, dernier représentant en date de la théorie critique, a fait valoir que ce modèle ne peut rendre compte des attentes de justice que les acteurs n'arrivent pas à formuler et qui se manifestent sous forme de révoltes multiformes, de la « lutte pour la reconnaissance »[3]. Ce concept indique d'emblée que le critère de la critique est ici la reconnaissance des individus en tant que sujets autonomes par les autres acteurs, mais aussi par les institutions. Honneth, ce faisant, réintroduit des pratiques antagonistes que la critique doit prendre en considération, mais se voit finalement obligé de revenir sur la position que la théorie critique adopte à leur égard : c'est à la théorie de dégager la complexité normative du concept de reconnaissance que les acteurs utilisent afin de critiquer une situation. Aussi Honneth revient-il à la théorie de la

1. J. Habermas, *Connaissance et intérêt*, Paris, Gallimard, (1968) 1979, p. 305 *sq*.

2. J. Habermas, *Droit et démocratie*, Paris, Gallimard, (1992) 1997.

3. A. Honneth, *La lutte pour la reconnaissance*, Paris, Gallimard, (1992) 2013.

production des idéaux communs de Hegel et de Durkheim, mettant l'accent sur la collaboration effective, que ce soit dans la famille, la division du travail social, ou la délibération politique [1]. En tant que pratiques, elles véhiculent déjà les idéaux de justice que les acteurs, souvent en balbutiant, formulent au cours de leurs luttes. Bien que cette critique reste immanente, elle est moins immédiatement corrélée à la réflexivité des acteurs et se permet de traduire le sous-texte des luttes en langage conceptuel.

Notons que Habermas et Honneth abandonnent la conception de la société qui était celle de la première génération de la théorie critique : le premier en plaçant la cohésion sociale, certes dans les mœurs (le monde vécu), mais puis dans la conscience des règles morales auparavant inconsciente et dans la délibération sur leur validité rationnelle ; le deuxième en plaçant le principe de cohésion sociale, la reconnaissance, de nouveau dans la collaboration solidaire entre les individus de la société moderne. Dans les deux cas, l'effectif est déjà juste ou rationnel et procure les ressources normatives dont la critique immanente a besoin. De ce fait, les concepts critiques employés sont ceux de *colonisation* (Habermas) ou de *pathologie* (Honneth), indiquant clairement le fait qu'une totalité fausse, telle que la première génération l'a pensée pour décrire la société capitaliste moderne, est impensable dans ce modèle. La critique ne porte jamais sur la société dans son ensemble mais sur des dysfonctionnements normatifs locaux ; elle est, comme chez Saint-Simon et Durkheim, réformiste.

1. A. Honneth, *Le Droit de la liberté*, Paris, Gallimard, (2011) 2015.

Sociologie critique, sociologie de la critique et sociologie pragmatique

Bourdieu hérite, tout autant que l'École de Francfort, d'un faisceau d'approches critiques de la réalité sociale (Marx, Weber, Durkheim). L'intuition première de sa sociologie critique reste pourtant marxienne, au sens où il part du principe d'une société antagoniste, structurée par la contradiction entre dominés et dominants. Sa critique vise ainsi essentiellement la domination. Bourdieu reprend à Weber l'idée qu'il n'y a pas de domination sans légitimité[1]. Les acteurs sociaux, y compris les dominés, doivent reconnaître la domination subie comme légitime, sans quoi le système de domination ne pourrait se maintenir. Son investigation sociologique vise par conséquent les mécanismes qui produisent la reconnaissance de la domination comme légitime et ici en particulier l'inscription de la domination dans les corps (*habitus*)[2]. L'habitus est ce qui fait agir et penser d'une certaine manière, qui correspond à la place que le corps occupe dans un espace social structuré en dominés et dominants. Le corps aime sa place, ou, dit autrement, déplacer un corps, le sortir de l'interaction avec son *milieu*, provoque la résistance de ce corps, si bien que la reconnaissance de la domination se trouve inscrite dans la régulation des corps mêmes.

Bourdieu se trouve alors confronté à son tour au problème suivant : si la méconnaissance des mécanismes de domination est totale, où la critique peut-elle se formuler ? Elle ne peut pas émaner de pratiques soutenues par des habitus visant à voiler la domination. Sociologie critique

---

1. P. Bourdieu, *Sur l'État. Cours au Collège de France 1989-1992*, Paris, Seuil, 2012, p. 13-77.

2. P. Bourdieu, *Le sens pratique*, Paris, Minuit, 1980.

signifie donc avant tout dévoilement : non pas de la contradiction première entre dominés et dominants, – celle-là serait difficile à saisir pour une science empirique – mais des mécanismes par lesquels la domination est transformée en ordre légitime (dans ses études sur la distinction et la reproduction[1]). L'objet de la sociologie bourdieusienne n'est ainsi pas constitué par les pratiques critiques, mais par les pratiques quotidiennes des acteurs : la description ethnographique vaut dévoilement. L'héritage durkheimien se fait sentir ici, puisque Bourdieu considère ces mécanismes comme des principes de régulation de la société, qui en garantissent la cohésion. Cependant ces principes étant pour Durkheim moraux, l'analyse socio-logique avait une visée non critique mais de connaissance des principes permettant la critique. Chez Bourdieu, comme ce principe est la domination, la description de son activité et sa critique se rejoignent.

Du fait de l'inscription des mécanismes rendant acceptable la domination dans les corps, les pratiques et les possibilités de parler des acteurs, comme le décrit le concept de violence symbolique[2], le rapport de la critique bourdieusienne aux pratiques s'avère compliqué. Ces pratiques sont considérées comme incapables de formuler par elles-mêmes la critique de leurs propres conditions de possibilité et de produire des idéaux dépassant la logique de domination. Les acteurs sont au mieux capables, à l'aide du travail de dévoilement des mécanismes de domination opéré par la sociologie, de se faire eux-mêmes sociologues, mais un tel mouvement d'autoréflexion n'est nullement

---

1. P. Bourdieu et J.-C. Passeron, *Les héritiers : les étudiants et la culture*, Paris, Minuit, 1964 ; P. Bourdieu et J.-C. Passeron, *La reproduction. Éléments d'une théorie du système d'enseignement*, Paris, Minuit, 1970.

2. P. Bourdieu et J.-C. Passeron, *La reproduction, op. cit.*

spontané. Ce constat d'une aliénation en dernière instance totale des acteurs, qui les assigne à la tâche quotidienne de voiler la domination, n'affecte pourtant pas la sociologie en tant que science : tant qu'elle se concentre sur son travail de description fine des mécanismes réels à travers lesquels l'assentiment à la domination se reproduit dans les acteurs, elle peut corriger les habitus originaires des chercheurs. Le travail que Bourdieu a accompli sur le langage de la description sociologique témoigne de l'attention qu'il porte à la nécessité de sortir la science du langage ordinaire (rupture épistémologique) [1], porteur de méconnaissance. Il est en revanche difficile de qualifier cette forme de critique d'immanente puisque les acteurs trouvent, certes contre leur gré, la domination légitime. Afin d'inscrire le dévoilement dans le registre de la critique immanente – ce qui est nécessaire pour échapper au soupçon de faire de la philosophie politique abstraite – Bourdieu établit un parallèle entre sa propre « socioanalyse » et la psychanalyse freudienne. Dans les deux cas, on est face à une entreprise de dévoilement de mécanismes inconscients qui font agir les individus, eux-mêmes incapables de percevoir la vérité sur les mobiles qui les font agir. Dans les deux cas, les individus ne veulent pas voir une vérité, celle de leur désir dans la psychanalyse, celle de la domination dans le cas de la socioanalyse, et dans les deux cas, la science décrit les symptômes qui renvoient à cette vérité. Or la psychanalyse possède un indicateur qui prouve que le dévoilement qu'elle opère correspond à un désir de savoir et du coup de changement des individus : c'est le sujet qui

---

1. P. Bourdieu, *Questions de sociologie*, Paris, Minuit, 1984, p. 19-36, pour le concept de rupture épistémologique P. Bourdieu *et al.*, Le Métier de sociologue, *op. cit.*

veut savoir et s'adresse à l'analyste, ce qui est loin d'être le cas pour les acteurs sociaux dans leur rapport à la sociologie. Bourdieu par ailleurs ne recourt à ce genre d'indicateur que dans l'une de ses dernières enquêtes, la *Misère du monde*[1], qui s'attache à suivre la critique des acteurs sous forme d'expression de leur souffrance.

Ce rapport ambigu aux capacités réflexives des acteurs a non seulement suscité la raillerie des philosophes de gauche, traitant Bourdieu de nouveau philosophe roi[2], mais ce qui a été perçu comme position de surplomb de la sociologie a provoqué la rupture d'une partie des disciples de Bourdieu avec la sociologie critique.

Cette rupture s'est faite sous l'instigation de Luc Boltanski et a mené à un renversement du syntagme « sociologie critique » en « sociologie de la critique ». Cette nouvelle sociologie constate une activité critique permanente des acteurs, leur accorde la compétence pleine et entière de critiquer, et les suit dans leurs activités réflexives afin de mettre au jour les ordres de justification qui sous-tendent leurs critiques, que Boltanski et Thévenot appellent des « cités »[3]. Cette sociologie prend pour objet des « affaires », conflits et controverses, et sa réflexivité propre consiste à élucider les conditions de réussite normative des critiques des acteurs. À ce titre, cette approche s'inscrit dans la filiation de la sociologie de l'action de Weber et de sa transformation par Habermas[4]. Elle leur ajoute une attention aiguë à ce qui entrave le déploiement

---

1. P. Bourdieu (éd.)., *La misère du monde*, Paris, Seuil, 1993 ; sur le rapport à la psychanalyse, p. 1414 *sq*.

2. J. Rancière, *Le philosophe et ses pauvres*, Paris, Fayard, 2002.

3. L. Boltanski, L. Thévenot, *De la justification. Les économies de la grandeur*, Paris, Gallimard, 1991.

4. C. Lemieux, *Le devoir et la grâce*, Paris, Economica, 2009.

des capacités critiques des acteurs, sans pour autant situer ces blocages dans un aveuglement idéologique ou une structure de méconnaissance. Comme cette sociologie a essentiellement pour objet des situations, elle se refuse à toute spéculation sur des tendances générales qui pourraient opérer à travers les acteurs. L'universel qu'elle énonce réside dans les principes moraux mobilisés au cours des conflits et controverses. Cette critique est de nouveau immanente aux pratiques, mais doit considérer, en accord avec la sociologie durkheimienne, que les ordres normatifs ne cachent pas des injustices profondes ou des contradictions réelles. Comme à chaque fois que la critique suit l'activité critique des acteurs, soit en lui faisant simplement confiance sans pour autant lui accorder une capacité réflexive aiguë – comme le fait Durkheim –, soit en considérant les acteurs comme compétents dans la formulation des critiques et de leurs conditions normatives – comme la sociologie de la critique ou Habermas –, elle doit abandonner tout concept conséquent d'inconscient ou d'idéologie. Ceci n'empêche pas cette sociologie de critiquer des prénotions ou de dénaturaliser des catégories et des représentations sociales en énonçant précisément les conditions de la critique qui, objectivement, rendent inadéquat l'emploi de certaines catégories : ainsi, comme la catégorie de droit subjectif dépend d'un système de justice sociale plus complexe, la sociologie peut montrer que sa mobilisation à des fins critiques par les acteurs peut, dans certaines situations, être inadéquate. À ce titre la sociologie de la critique reste critique des points de vue particuliers. Toutefois, l'attention accordée aux formes réflexives et aux compétences des acteurs l'incite à les suivre dans leurs enquêtes sur des situations ressenties comme injustes et à assister à l'élaboration par ces deniers de points de vue de plus en plus universels [1]. Elle doit de ce fait accorder une confiance absolue à l'action du point de vue universel dans les individus, c'est-à-dire au fait que, même si ces derniers mobilisent des principes de moins en moins universalisables dans leurs critiques – comme c'est le cas actuellement où les critiques et luttes deviennent de plus un plus locales [2] – ils sont encore absolument contraints par cette morale sociale que Durkheim déduisait de la division du travail social, qui en dernière instance est toujours collaboration solidaire.

En conclusion, la critique telle qu'elle a été opérée par les sciences sociales après deux révolutions – celle politique de 1789 et celle industrielle du XIXe siècle tout entier – se situe du côté des pratiques sociales et, partant, des acteurs. La rupture de la Révolution française a en effet incité à chercher la loi qui contraint absolument tous les individus dans l'activité de la société elle-même. Rien d'autre que cette loi, (c'est-à-dire un certain système d'obligations morales), ne peut servir de critère à la critique, sinon elle devient abstraite ou simplement philosophique, critique externe et à ce titre socialement stérile. Dans cette constellation, deux orientations se dégagent.

La première – marxienne, et dans une moindre mesure nietzschéenne – ramène la contrainte morale à une contrainte réelle et identifie par là la loi à celle du pouvoir ou des dominants. Cette critique est donc une critique de la loi même. Elle s'expose au problème de trouver dans les pratiques (des dominés) des critères de sa critique, ce qui

---

1. Y. Barthe *et al.*, « Sociologie pragmatique : mode d'emploi », *Politix* 2013/3 (n°103), p. 175-204.
2. Voir B. Karsenti, C. Lemieux, *Socialisme et sociologie*, Paris, Éditions de l'EHESS, 2017.

signifie qu'elle doit montrer que les idéaux de justice émanant de ces pratiques minoritaires sont plus universels que les idéaux qui orientent effectivement l'action de tous. Elle a impérativement besoin d'un concept d'idéologie ou de méconnaissance afin de décrire une cohésion sociale perçue comme effet de la domination, mais aussi d'un concept d'inconscient pour expliquer la causalité en fonction de laquelle les acteurs agissent contre leurs propres intérêts. En dernière instance, cette approche doit radicaliser sa critique jusqu'à l'exigence d'un renversement de l'ordre social qui se fera à partir d'un savoir socialement minoritaire concernant une forme plus exigeante de justice. Cette logique de la rupture avec l'ordre social donné expose toujours ce genre de critique au soupçon de ne pas être suffisamment sociologique, c'est-à-dire de ne pas respecter les régulations réelles de la société. Bref, de faire de la politique au lieu de faire de la science sociale.

La seconde orientation – d'inspiration saint-simonienne, puis durkheimienne – considère la contrainte sociale comme véritablement morale. Pour cette approche, le devoir équivaut au bien, de telle sorte que l'exposition des règles qui obligent les individus coïncide avec l'exposition des critères d'une critique qui vise précisément à apporter une intelligence plus claire du bien commun. Elle trouve les critères de sa critique directement auprès des acteurs, soit en les extrayant de leurs pratiques, soit en les suivant dans leur critique, laquelle mobilise justement de manière réflexive les critères moraux auxquels la sociologie s'intéresse. Cette forme de critique peut constater des entraves à la réflexivité des acteurs, leur fixation sur un point de vue particulier, voire diagnostiquer des défauts de régulation de la société dans son ensemble, attaquée par une logique non d'obligation, mais d'intérêt, qui détruit la cohésion sociale ; elle ne peut pas concevoir la société comme ensemble antagoniste, fondé sur une forme de supercherie de la domination qui se fait passer pour obligation morale. Malgré l'accent mis sur les conflits et controverses qui seuls donnent à cette sociologie l'accès aux principes normatifs effectifs, elle s'appuie sur une représentation en dernière instance harmonieuse de la société, sur l'idée d'un accord qui permet les conflits. Cette critique ici ne touchera jamais à l'accord qui est sa condition de possibilité, elle est inévitablement réformiste, jamais révolutionnaire ; c'est l'auto-compréhension de la science sociale, qui s'est assignée comme objet la cohésion sociale dans sa positivité donnée, qui la cantonne dans cette position.

On aboutit ainsi au paradoxe suivant. D'un côté, la théorisation d'une société antagoniste conduit au constat d'une société non conflictuelle car idéologiquement uniforme. Cette approche n'a qu'une faible confiance envers le débat démocratique en tant qu'il ne saurait que reproduire l'état actuel des choses. De l'autre, la conception d'une société au fond harmonieusement réglée conduit à la représentation d'une société conflictuelle dans laquelle les points de vue particuliers s'affrontent afin de monter en généralité, c'est-à-dire de formuler au bout du compte la loi absolument contraignante pour tous qui a pour effet la société. Dans cette seconde approche, le débat démocratique joue un rôle important, parce que c'est à travers lui que les groupes se critiquent mutuellement et aboutissent, à travers ce processus, à dégager les idéaux de justice qui guident déjà leur action. Ici donc les acteurs se font sociologues, sans rompre avec le langage commun, mais en explorant tous ses possibles.

PRÉSENTATION DES AUTEURS

ÉTIENNE BIMBENET est professeur de philosophie contemporaine à l'Université Bordeaux-Montaigne. Ses travaux portent sur la question de notre origine animale, et sur la possibilité d'une anthropologie philosophique au croisement de la phénoménologie et des sciences humaines. Il est notamment l'auteur de *Après Merleau-Ponty. Études sur la fécondité d'une pensée* (Vrin, 2011) ; *L'Animal que je ne suis plus* (Gallimard, 2011) ; *Le Complexe des trois singes* (Le Seuil, 2017).

JULIA CHRIST est chargée de recherche au CNRS. Ancienne assistante puis maître-assistante à l'Université de Francfort auprès d'Axel Honneth, elle est spécialiste de la théorie critique. Ses premiers travaux visaient à reconstruire la théorie de la société d'Adorno (J. Christ, *Kritik des Spiels, Spiel als Kritik. Adornos Sozialsphilosophie heute*, Baden-Baden, Nomos, 2017). Ses recherches portent actuellement sur le lien entre mouvement d'émancipation et religions monothéistes, comprises, dans leur dimension de discours de justice sociale, comme ressources de la critique des acteurs.

ISABELLE DROUET est maître de conférences en philosophie à l'université Paris-Sorbonne et membre de l'équipe Sciences, Normes, Décision (FRE 3593). Elle travaille sur le raisonnement et s'est intéressée en particulier à l'identification de relations causales à partir de données statistiques. Elle est l'auteur de *Causes, probabilités, inférences* (Vuibert, 2012) et a récemment édité l'ouvrage collectif *Le bayésianisme. Fondements et pratiques* (Matériologiques, 2016).

RICCARDO FANCIULLACCI est post-doctorant à l'Université Ca' Foscari de Venise. Il a écrit un livre sur Louis Althusser et les sciences sociales (*Forme dell'agire*, Napoli 2012) et a dirigé un ouvrage sur la philosophie de la différence de genre (*Donne, uomini. Il significare della differenza*, Milano 2010).

STEFANIA FERRANDO (LIER-EHESS/UFC) est lectrice d'italien et vacataire en philosophie à l'Université de Franche-Comté, après avoir été ATER à l'IEP de Strasbourg. Elle a récemment publié : « Le socialisme à l'épreuve du féminisme. Le défi sociologique de Marguerite Thibert », *Incidence. Revue de philosophie, littérature, sciences humaines et sociales*, n. 11, 2015, p. 133-159.

CHARLES GIRARD est maître de conférences à la faculté de philosophie de l'Université Jean Moulin Lyon 3 et membre de l'Institut de Recherches Philosophiques de Lyon (IRPhiL EA 4197). Ses travaux s'inscrivent en philosophie politique, morale et juridique, au croisement de la philosophie normative et des sciences sociales. Il a notamment publié, avec Florence Hulak, *Philosophie des sciences humaines. Concepts et problèmes* (Vrin, 2011).

FLORENCE HULAK est maîtresse de conférences en philosophie au département de science politique de l'université Paris 8, membre du Labtop-Cresppa et chercheuse associée au Lier-Ehess. Ses recherches portent sur l'histoire, à la croisée de la philosophie des sciences sociales et de la philosophie politique. Elle a notamment publié *Sociétés et mentalités. La science historique de Marc Bloch* (Hermann, 2012) et dirigé, avec Charles Girard, *Philosophie des sciences humaines. Concepts et problèmes* (Vrin, 2011).

ALICE LE GOFF est maître de conférences en philosophie au département de sciences sociales de l'Université Paris Descartes, membre du Cerlis et de l'Institut Universitaire de France. Elle développe des recherches en philosophie pratique et en épistémologie des sciences sociales.

LUCA PALTRINIERI est maître de conférences en philosophie politique et philosophie des sciences sociales à l'université de Rennes 1, chercheur associé au Laboratoire Théories du Politique (Université de Paris 8/CNRS). Il est aussi directeur de programme au Collège International de Philosophie. Spécialiste de philosophie contemporaine, il a publié *L'expérience du concept. Michel Foucault entre épistémologie et histoire* (PUS, 2012). Il a travaillé sur l'histoire des savoirs démographiques, et notamment sur la généalogie du concept de « population ».

LAURENT PERREAU est professeur de philosophie contemporaine à l'Université de Franche-Comté. Il est membre du laboratoire des Logiques de l'Agir (EA 2274) et membre associé des Archives Husserl de Paris (CNRS-UMR 8547). Ses travaux portent essentiellement sur la phénoménologie, l'épistémologie des sciences sociales et la philosophie sociale. Il a publié *L'expérience* (Vrin, 2010), *Husserl. La science des phénomènes* (CNRS-éditions, 2012, avec A. Grandjean), *Erving Goffman et l'ordre de l'interaction* (CURAPP-ESS/CEMS, 2012, avec D. Céfaï), *Le monde social selon Husserl* (Springer, 2013), et *Le phénomène* (Vrin, 2015).

INDEX DES NOMS

TABLE DES MATIÈRES

Dépôt légal : mai 2018
IMPRIMÉ EN FRANCE

Achevé d'imprimer le 4 mai 2018
sur les presses de l'imprimerie *La Source d'Or*
63039 Clermont-Ferrand
Imprimeur n° 20323N